Diversität in Kommunikation und Sprache / Diversity in Communication and Language

Reihe herausgegeben von
Ulrike M. Lüdtke, Hannover, Deutschland

Die zunehmende nationale und internationale gesellschaftliche Heterogenität bringt entscheidende Herausforderungen für die Sprachpädagogik, Sprachtherapie und Sprachdidaktik mit sich, die sich in vielfältigen Forschungsfragen zur kommunikativen und sprachlichen Diversität von Personen in der gesamten Lebensspanne widerspiegeln. In der Reihe „Diversität in Kommunikation und Sprache" werden hierzu bereits bestehende theoretische und empirische Zugänge durch innovative und interdisziplinäre Forschungsperspektiven erweitert. Dabei werden beispielsweise Fragestellungen des Erwerbs, der Beeinträchtigung und des Verlustes der Sprach- und Kommunikationskompetenz sowie Aspekte ihrer institutionellen Förderung im Kontext verschiedenster Professionen beleuchtet und durch international vergleichende Studien ergänzt. Mit Arbeiten des wissenschaftlichen Nachwuchses sowie Studien, Monografien und Sammelbänden etablierter Wissenschaftlerinnen und Wissenschaftler wird die Reihe mit Veröffentlichungen in deutscher und englischer Sprache einen wichtigen und zukunftsweisenden Beitrag zur Weiterentwicklung dieser vielfältigen und spannenden Forschungslandschaft leisten.

The increasing national and international social heterogeneity creates crucial challenges for speech-language pedagogy, speech-language therapy, and language didactics, which reflect in numerous research questions targeting communicative and linguistic diversity throughout the lifespan. The publication series "Diversity in Communication and Language" was created to extend existing theoretical and empirical approaches through innovative and interdisciplinary research perspectives. This includes, for example, questions concerning the acquisition, the impairment, and the loss of language and communication skills as well as aspects concerning their institutional support, which will take into account various professions and international comparative research. The series will include works of young researchers as well as studies, monographs and anthologies of established scholars in both, German and English, and will make important and pioneering contributions to the development of this diverse and exciting research environment.

Weitere Bände in der Reihe http://www.springer.com/series/16339

Senta Lück

Das Zwischen im Dialog

Eine theoretische, empirische
und praktische Annäherung anhand
einer Untersuchung der frühen
Mutter-Kind-Kommunikation

Mit einem Geleitwort von Prof. Dr. Ulrike Lüdtke

 Springer VS

Senta Lück
Bremen, Deutschland

Dissertation, Gottfried Wilhelm Leibniz Universität Hannover, 2018

Leibniz Lab for Relational Communication Research

Der Originaltitel der Dissertation lautet: „Über das Zwischen. Der Dialog in Theorie, Empirie und Praxis anhand einer Untersuchung der frühen Mutter-Kind-Kommunikation."

ISSN 2570-1428 ISSN 2570-1436 (electronic)
Diversität in Kommunikation und Sprache / Diversity in Communication and Language
ISSN 2662-2149 ISSN 2662-2157 (electronic)
Leibniz Lab for Relational Communication Research
ISBN 978-3-658-25832-0 ISBN 978-3-658-25833-7 (eBook)
https://doi.org/10.1007/978-3-658-25833-7

Die Deutsche Nationalbibliothek verzeichnet diese Publikation in der Deutschen National-bibliografie; detaillierte bibliografische Daten sind im Internet über http://dnb.d-nb.de abrufbar.

Springer VS ist ein Imprint der eingetragenen Gesellschaft Springer Fachmedien Wiesbaden GmbH und ist ein Teil von Springer Nature
Die Anschrift der Gesellschaft ist: Abraham-Lincoln-Str. 46, 65189 Wiesbaden, Germany

Abstract

Das theoretische Fundament dieser Arbeit bilden die Annahmen zur „Innate Intersubjectivity" (Trevarthen, u.a. 1979, 2001), die relationale Spracherwerbstheorie (Lüdtke, 2005), die Konzeption der „Vitalitätsformen" (Stern, u.a. 2005, 2011) und die Habitus-Theorie (Bourdieu, 1987), um den affektiv-emotional regulierten Abstimmungsprozess zwischen Mutter und Kind in ihrer Lebenslage im 3./4. Lebensmonat des Kindes zu verstehen und zu erklären. Weiterhin wird der weitreichende Entwicklungsprozess, auf dem Weg zu einer relationalen Methodologie, von einem überwiegend quantitativ ausgelegten hin zu einem rein qualitativen Forschungsansatz dargestellt. Innerhalb des qualitativen Forschungsansatzes wird dann eine relationale Methode, die „relationale Fallanalyse", entwickelt. Sie kann in der kollegialen Beratung eingesetzt werden, um die Tiefenstruktur eines Narrativs aufzudecken und daraus eine Bedeutungskonstruktion abzuleiten. Außerdem wird der Rolle der Pädagogin oder des Pädagogen innerhalb des Beobachtungsprozesses Raum gegeben. Die Schlussfolgerungen widmen sich dem Spannungsverhältnis vom Umgang mit Emotionen innerhalb der pädagogischen Praxis und Forschung

Geleitwort

„Der Mensch wird am Du zum Ich." – und Feusers Replik „Er wird zu dem Ich, dessen Du wir ihm sind." resonieren auf vielfältigste Weise in der hier vorliegenden bedeutsamen Dissertation von Senta Lück, deren wissenschaftliche Wurzeln – ebenso wie meine – in der Bremer Behindertenpädagogik, speziell der entwicklungslogischen Didaktik, gegründet sind. Es ist mir eine besondere Freude, den wissenschaftlichen Werdegang von Senta Lück nun seit knapp zwei Jahrzehnten begleiten zu dürfen: angefangen als das Gegebene stets hinterfragende Studentin, die beispielsweise mit mir in die herausforderndsten heilpädagogischen Institutionen Indiens fuhr und interkulturell konflikthafte Kommunikation de- und rekonstruierte, bis hin zu einer wahrhaftigen Doktorandin, die ihre eigene wissenschaftliche Redlichkeit über alle Gängigkeit und Bequemlichkeit stellte und kurz vor Beendigung ihrer quantitativ ausgerichteten Dissertation noch einmal aus qualitativer Perspektive ganz von vorne anfing, sich ihren Daten und der Beantwortung ihrer Forschungsfrage zu nähern.

In der hier nun vorliegenden Abschlussarbeit untersuchte Senta Lück den frühkindlichen affektiv-emotional regulierten Dialog sowohl auf der theoretischen als auch auf der empirischen Ebene. Ausgehend von dem gemeinsam mit Marie Bansner durchgeführten Forschungsprojekt „SMILE – Sprach- und Kommunikationsentwicklung in unterschiedlichen Lebenslagen"[1] und den daraus entstandenen quantitativen Ergebnissen, entwickelte sie sowohl den theoretischen Zugang als auch einen qualitativen Analyseprozess weiter. Die Lebenslage von Mutter und Kind wird hier als *Zwischen* begriffen,

---

[1] Das Projekt SMILE war am Labor „BabyLab INCLUDE" angesiedelt. Im Zuge der interdisziplinären Kooperation vom Institut für Sonderpädagogik mit dem Institut für Informationsverarbeitung der Leibniz Universität Hannover wurde jedoch der Name verändert: *Leibniz Lab for Relational Communication Research*. Dies geschah sowohl um die Konzeption des Relationalen hervorzuheben, als auch um die Bezugsgruppen auf alle Altersstufen der Sprach-Pädagogik und -Therapie zu erweitern. Die bisherigen Veröffentlichungen dieses Forschungsbereichs sind zurzeit die von Marie Bansner (2017) „Die emotionale Regulation der Mutter-Kind-Dyade in ihrer Lebenslage: Eine in-vivo Studie der frühkindlichen Kommunikations- und Sprachentwicklung" und von Chantal Polzin (2019) „Zum Performativen des frühen Dialogs: Eine Fallanalyse in einem tansanischen Waisenheim".

dem in einer eigens entwickelten qualitativen Methode Raum gegeben wird. Der relationale Aspekt stellt hier die Rolle der Beobachtenden dar. Diese Methode kann als Ausgangspunkt für weitere Forschungsprozesse innerhalb der qualitativen Methodik eingestuft werden. Durch den Bruch innerhalb des Analysevorgangs verfolgt sie auch Fragen, die speziell die relationale Forschungsmethodologie betreffen. Der Dialog, der hier als emotionsbasierter steuernder und generierender Prozess eingeordnet wird, wird zum Ende dieser Studie auch innerhalb der Praxis untersucht.

Als externe, stets beruflich involvierte und engagierte Pädagogin wird gerade dieser stetige Praxisbezug zur Motivation, zum Gegenstand und vor allem zum lebensbedeutsamen Lackmusstreifen ihrer Arbeit. Ich wünsche deshalb nicht nur Senta Lück, sondern allen dialogisch arbeitenden pädagogischen Fachkräften, dass der hier konzipierte relationale Ansatz Erprobung, Evaluierung und Weiterentwicklung erfährt. Denn mit Rückbezug zu Buber: „Das Zwischen muss täglich neu aufgebaut werden."

Hannover, Dezember 2018
Prof. Dr. habil. Ulrike M. Lüdtke
Leibniz Lab for Relational Communication Research
Abteilung Sprach-Pädagogik und -Therapie
Institut für Sonderpädagogik
Leibniz Universität Hannover

Danksagung

Zunächst möchte ich meiner Erstbetreuerin Prof. Dr. habil. Ulrike Lüdtke danken. Der gemeinsame Weg, geprägt durch Irrungen, Wirrungen und Entwicklungen war durch ihre Unterstützung konstruktiv und sie hat mich immer wieder ermutigt meinen Weg zu Ende zu gehen und an meine Fähigkeiten zu glauben. Außerdem danke ich Prof. Dr. Dr. h.c. Monika Schwarz-Friesel für die Zweitbetreuung dieser Arbeit.

Herzlich möchte ich mich bei meiner Kollegin und Freundin Dr. Marie Bansner bedanken. Ohne den Spaß in der gemeinsamen Zusammenarbeit, die aufreibenden Diskussionen, und ihre inhaltliche und emotionale Unterstützung gäbe es diese Arbeit nicht. So gilt mein Dank auch Dr. Chantal Polzin, die mir durch die intensiven Diskussionen zu einem neuen gedanklichen Weg verhalf. Weiterhin bedanke ich mich bei Dr. Bodo Frank, der uns durch seine technische Kreativität die in-vivo Forschung ermöglichte und stets mit seinem großen literarischen Erfahrungsschatz zu Seite stand.

Ich danke meinen Eltern, die die Voraussetzungen für diesen nicht vorhersehbaren Bildungsweg geschaffen und mir immer wieder verdeutlicht haben, wie wichtig es ist, dass ich Freude an dem habe, was ich tue.

Mein ganz besonderer Dank gilt Elke Pomije. Durch ihren zweifellosen Glauben an meine Fähigkeiten hätte ich dieses Vorhaben weder begonnen noch beendet. Meinen Freunden danke ich außerordentlich für unzählige inhaltliche Auseinandersetzungen, dem Auffangen von Krisen und Launen und der großen Unterstützung bei der Korrektur und strapaziösen Formatierung.

Zuletzt danke ich vielmals den Familien und Kooperationspartnern, die an unserer Studie teilgenommen und somit diese Forschungsarbeit ermöglicht haben.

Inhaltsverzeichnis

Tabellen- und Abbildungsverzeichnis

Einleitung

Motiv

> Ich sehe ein Bild vor mir: Mutter und Kind schauen sich an, beide lächeln, machen Laute, imitieren sich, ergänzen sich, mal die eine, dann der andere, dann rücken beide voneinander ab, sammeln sich, kommen wieder zueinander, diesmal noch enger, halten Händchen. Es erinnert mich an ein verliebtes Pärchen, doch ist es irgendwie reiner. Ich kann die Nähe und Wärme förmlich fühlen. (Erste eigene Gedanken in der Videoanalyse)

Zu Beginn des Projektes „SMILE-Sprach- und Kommunikationsentwicklung in unterschiedlichen Lebenslagen" der Abteilung Sprach-Pädagogik und -Therapie am Institut für Sonderpädagogik der Leibniz Universität Hannover und mit Aufnahme meines Dissertationsvorhabens stand immer im Vordergrund zu ergründen, was zwischen Mutter und Kind in einem „intimen" Zwiegespräch stattfindet und wie die Abstimmung zwischen ihnen, im besten Fall ausgewogen, gleich einem Zahnrad, ineinandergreift. Das, was jeder Beobachter in jeder Szene mitfühlen kann, ist das, was mein Interesse geleitet und meinen Forschungsansatz mitbestimmt hat. Immer wieder hatte ich das Gefühl, dass das, was ich beim Beobachten empfand, viel mehr ist als die Summe seiner Teile.

Ich mache mich in dieser Arbeit auf den Weg zum einen die bis heute nicht vollendet ergründete Abstimmung zwischen Mutter und Kind interdisziplinär zu beleuchten und zum anderen eine Methodologie zu entwickeln, die der Analyse dieses Phänomens gerecht wird.

Zu der Thematik „Der Abstimmungsprozess zwischen Mutter und Kind" sind schon zahlreiche Untersuchungen empirisch, theoretisch oder auch beides miteinander verknüpft entstanden. Jedoch blieb in mir nach dem Lesen von Studien, z. B. zum Thema 'Turn-Taking', das Gefühl zurück, dass die Protagonisten auf eine Ebene heruntergebrochen werden, die das Gefühl, welches in mir entsteht, während ich Mutter und Kind

© Springer Fachmedien Wiesbaden GmbH, ein Teil von Springer Nature 2019
S. Lück, *Das Zwischen im Dialog*, Diversität in Kommunikation und
Sprache / Diversity in Communication and Language,
https://doi.org/10.1007/978-3-658-25833-7_1

beobachte, nicht vollständig mitberücksichtigt und das gelungene Zusammenspiel zwischen Mutter und Kind zu sehr beschneidet und somit das „Zwischen" zerstört wird. Ich möchte daher versuchen, dieses Forschungsfeld, sprich die multimodale Abstimmung von Mutter und Kind, durch eine Kontextebene zu erweitern, die es mir nicht nur ermöglicht zu verstehen, was sie tun, sondern auch wie und gegebenenfalls warum sie es tun.

Entstehung

Das BabyLab INCLUDE der Abteilung Sprach-Pädagogik und -Therapie des Instituts für Sonderpädagogik an der Leibniz Universität Hannover ist im Jahr 2012 gegründet worden. Die ursprüngliche Motivation von Prof. Dr. Ulrike Lüdtke war, ihre theoretische Forschung durch Empirie zu prüfen und ggf. zu untermauern. Anfangs wendete sich die Forschung einer eher emotional-kognitivistischen Forschung, z. B. durch die „Eye-tracking Methode" in den Laborräumen des Instituts, zu. Doch im Zuge der Weiterentwicklung wurde bald darauf deutlich, dass der Forschungsansatz durch eine in-vivo Methodologie erweitert werden musste, um die Möglichkeiten der natürlichen Kommunikation auszuschöpfen, somit dem Gegenstand gerecht zu werden und die emotionale Regulation getragen von den relationalen Emotionen zwischen Mutter und Kind in den Mittelpunkt zu rücken. Zusätzlich sollte die Irritation und Verfälschung des Settings durch einen Beobachter im gleichen Raum ausgeschlossen werden. Parallel dazu entstand der interkulturell-vergleichende Forschungsweg des BabyLabs, die sich zunächst an die Datenerhebung des Projektes „SMILE - Sprach- und Kommunikationsentwicklung in unterschiedlichen Lebenslagen" anlehnte.

Doch was bedeutet es eigentlich „in-vivo" zu forschen? Abgesehen von den vielen unberechenbaren Faktoren, mit denen in der späteren Analyse des Videomaterials umgegangen werden muss, sieht die aufmerksame Beobachterin auch den Kontext der Dyade, fühlt die Atmosphäre des Raumes, sieht die Mutter und das Kind in sehr unterschiedlichen Verfassungen, erhält vielleicht den Hauch einer Ahnung von vorangegangenen Ereignissen. Kommunikation findet nicht isoliert statt. Sie ist letztendlich ein Produkt von vielfältigen Faktoren, die den Raum zwischen Mutter und Kind erfüllen.

Weg

Doch wie soll diesem kaum fassbaren Kontext Sorge getragen werden? Herkömmliche Forschung zeichnet sich durch Gütekriterien aus, die berücksichtigt werden müssen und sollen. Forschung sollte demnach reproduzierbar und objektiv sein. Jedoch ist Kommunikation nicht reproduzierbar und streng genommen auch nicht objektiv zu untersuchen. Jede Beobachterin greift auf individuelle Vorerfahrungen zurück und verknüpft sie mit dem Gesehenen, auch wenn alles Forschungsmögliche getan wird, um dies auszuschließen. Im BabyLab Hannover haben wir (namentlich Prof. Dr. Ulrike Lüdtke, Dr. Bodo Frank, Chantal Polzin, Senta Lück) für diese Umstände (noch) nicht die generelle Lösung für dieses Problem gefunden, jedoch möchten wir dieser Erkenntnis Rechnung tragen.

Zu Beginn des Forschungsprojektes „SMILE – Sprach- und Kommunikationsentwicklung in unterschiedlichen Lebenslagen", das unter der Leitung von Prof. Dr. Ulrike Lüdtke zusammen mit meiner Kollegin Marie Bansner im Jahr 2012 entstanden ist, haben wir uns von konservativen Forschungsmethoden leiten lassen, obwohl unser Bedürfnis nach einer „natürlich-experimentellen" Untersuchung im Vordergrund stand. Wir entwickelten zunächst ein Forschungsdesign[2], welches sich überwiegend an quantitativen Faktoren orientierte. Um den Kontext und die Verfassung der Familie zu erkennen, wurden zusätzlich Daten aus dem Leben der Mutter erhoben, um sie mit einer partiell qualitativen Videoanalyse[3] zu verbinden. Aus dieser Perspektive heraus entstand die Dissertation von Dr. Marie Bansner (2017) „Die emotionale Regulation der Mutter-Kind-Dyade in ihrer Lebenslage. Eine In-Vivo Studie der frühkindlichen Kommunikations- und Sprachentwicklung". Durch ihre umfangreiche und sorgfältige Analyse des

---

[2] In der Vorarbeit zum Forschungsdesign wurde unser Team maßgeblich von Dr. Jonathan Delafield-Butt und Prof. Dr. Maya Gratier unterstützt.

[3] Das bedeutet, diese Analyse setzte sich aus quantitativen (sprich dem Auszählen der Zeichenträger) und qualitativen (der Einteilung in Narrative) Teilen zusammen.

Datenmaterials legte sie den Grundstein, um unsere Forschung weiter ausbauen zu können. Die Notwendigkeit, den qualitativen Anteil in der Analyse zu erhöhen, um jede Familie einzeln genauer betrachten und tiefgehender untersuchen zu können, wurde zunehmend deutlich. Es musste also versucht werden, durch die Verflechtung beider Herangehensweisen zu einer Synthese zu gelangen. Der kommunikativen Dyade von Mutter und Kind sollte der Raum gegeben werden, der ihr gebührt. Dies geschieht einerseits durch die bereits erhobenen Daten aus der ursprünglichen Analyse und andererseits durch eine neue und umfassendere Perspektive des Beobachters, der als Teil des Prozesses begriffen wird.

Die Forschungshypothese zu dem Projekt „SMILE – Sprach- und Kommunikationsentwicklung in unterschiedlichen Lebenslagen" lautete:

„Eine soziokulturell benachteiligte Lebenslage beeinflusst die Qualität der emotionalen Regulation in der Mutter-Kind-Dyade und hat Auswirkungen auf den frühkindlichen Kommunikations- und Spracherwerb. "

Diese Forschungshypothese wurde umfassend von meiner Kollegin Marie Bansner (2017) in ihrer Dissertation untersucht. Darauf aufbauend stellte sie u. a. diese zwei Forschungsfragen:

- Welche Dimensionen der Lebenslage stehen in einem Zusammenhang mit welchen Aspekten der emotionalen Regulation zwischen Mutter und Kind in der Phase der primären Intersubjektivität im Alter von drei bis vier Monaten?
- Welche Dimensionen der Lebenslage stehen in einem Zusammenhang mit welchen Aspekten des mütterlichen Interaktionsverhaltens gegenüber ihrem Kind in der Phase der primären Intersubjektivität im Alter von drei bis vier Monaten?

Für die vorliegende Arbeit ist besonders ein Aspekt, das Ergebnis des Zusammenhangs von den quantitativen und qualitativen Merkmalen des mütterlichen Interaktionsverhaltens und der Qualität der emotionalen Regulation, ausschlaggebend. Bansner (a.a.O.,

163) konnte zeigen, dass sich die Quantität des Einsatzes unimodaler Zeichenträger (Stimme oder Körperkontakt oder Blick) bei geringeren Ressourcen der Lebenslage, oder wie sie es treffend bezeichnet, „eingeschränkter Raum der Perspektiven" (a.a.O., 161) (z. B. keine Unterstützung durch ein soziales Netzwerk) innerhalb der Dyade erhöht, jedoch gleichzeitig kein Zusammenhang zur Erhöhung der Qualität in der emotionalen Regulation zu finden ist. Sie vermutet, dass der Hintergrund darin zu suchen ist, dass die Mutter wenig weitere Interaktionspartner in ihrem Umfeld hat oder sich selbst als einzige Interaktionspartnerin gegenüber dem Kind sieht.

Auf diesen Ergebnissen aufbauend und in der Auseinandersetzung mit der ursprünglichen Mikrosequenzanalyse, in der auf diese Ergebnisse nicht weiter eingegangen werden konnte, ergaben sich für weitere Vorgehen folgende Fragen:

- Wie entsteht das „Zwischen"?
- Was zeichnet diese Dyade aus?
- Wie entwickelt sich die Dynamik zwischen Mutter und Kind innerhalb der Sequenz? Entsteht ein „gemeinsamer Moment", den ich mitfühlen kann?
- Welche Mechanismen tragen dazu bei, dass sich Mutter und Kind emotional-regulativ aufeinander abstimmen?
- Wo liegen ihre Stärken und Schwächen, und was entsteht daraus?

Und für die neue theoretische Ausrichtung ergeben sich diese grundlegenden Fragen:

- Woraus besteht ein Dialog?
- Warum brauchen wir Kommunikation, und welchen Zweck hat sie?
- Wodurch erkenne ich die Intention meines Gegenübers? Und wie entsteht Sinn in einer Kommunikation?

Konventionen

Inwiefern Emotionen und ihre Erforschung gegenwärtig Einzug in den wissenschaftlichen Diskursen halten, ist nicht einfach zu beantworten. Einerseits ist zwar generell von einem 'emotional turn' (Lüdtke, 2015, VII) die Rede (z. B. innerhalb der Linguistik, aber auch der Philosophie, Psychologie und in der Pädagogik besonders der Einfluss von Emotionen auf das Lernen). Andererseits ist dieses neue Paradigma noch nicht in die Praxis, sowohl des pädagogischen Handelns als auch in empirischen Untersuchungen, tatsächlich eingedrungen. Die Reduzierung auf neurowissenschaftliche Erkenntnisse und dem Ausklammern von handlungsleitenden, bedeutungsvollen Bedürfnissen und Emotionen, wie Wünsche, Hoffnungen, Sehnsüchte, etc., steht diesem Wandel im Weg[4]. Da doch insbesondere im Zeitalter des Wettbewerbs[5] „die Erziehungswissenschaft" stets bemüht ist, möglichst „Objektivität" zu wahren, um von Wissenschaftlern anderer Forschungsdisziplinen ernst genommen zu werden und ihre Existenz als „alte" Wissenschaft zu begründen, auch wenn der tatsächliche Output für z. B. Problemlösungen eher gering ist.

Daher möchte ich in dieser Arbeit versuchen, den Sinn und die Bedeutung[6], herausgebildet aus den Emotionen, in den Mittelpunkt zu stellen, aber auch die Rolle der Beobachtenden dabei nicht zu leugnen und dementsprechend zu akzeptieren, dass die Forschung aus konstruierter Wirklichkeit[7] besteht. Ich füge mich der Erkenntnis, dass in der Untersuchung eines Phänomens ein „ich nehme wahr"-Punkt entsteht (vgl. Devereux, 1967). Dieser ist zuvor durch meinen Körper und den dazugehörigen Erfahrungen hindurchgegangen, bis er letztendlich in der Wahrnehmungsbewusstwerdung reflektiert werden kann. Negative Empfindungen[8] verzerren unsere Wahrnehmung insbesondere. Das heißt, umso mehr ich versuche, negative Empfindungen zu unterdrücken, desto stärker ist die Tatsache der Verzerrung des Phänomens. Ich wende mich damit bewusst gegen die Unterwerfung naturwissenschaftlicher Methoden, die in den vergangenen Jahrzehnten in den Sozial- und Geisteswissenschaften Einzug gehalten haben.[9]

---

[4] In Anlehnung an Göppel, (2014).

[5] Zechlin, L. (2006).

[6] In Anlehnung an Bruner (1997).

[7] Im Sinne von Berger & Luckmann (1972).

[8] Siehe Kap. 2.1.4.

[9] Vgl. Bruner (1997) und inspiriert durch Devereux (1967).

Wurzeln

Mein Studium der „Behindertenpädagogik" absolvierte ich an der Universität Bremen. In diesem Studium - als Hauptvertreter und Hervorbringer der „Bremer materialistischen Behindertenpädagogik" sind hier Prof. Dr. Wolfgang Jantzen und Prof. Dr. Georg Feuser zu nennen - wurde mir vermittelt, welches tiefe Verständnis für den Menschen notwendig ist, um mit ihm zu arbeiten. Den Menschen als Ganzes zu begreifen, das heißt die Entwicklungslogik[10] zu verstehen, ist die Grundlage für jedes weitere Handeln in der sonderpädagogischen Arbeit und in der sonderpädagogischen Forschung. Mit diesem Fundament, das Bestreben, den Menschen als Ganzes zu begreifen und dessen Übertragung auf die Mutter-Kind-Dyade, ist letztendlich das Motiv, welches mich in dieser Arbeit leitet und welches ich versuche, an jedem Punkt der Auseinandersetzung zu berücksichtigen.

Positionierung

In der theoretischen Ausrichtung dieser Arbeit soll das Prozesshafte, der permanente Wandel im Kommunikationsraum, hervorgehoben werden. Daher wird für die Beziehung zwischen Mutter und Kind das Theorem der 'innate intersubjectivity', die Colwyn Trevarthen (u. a. 1998, 2001) in die Säuglings- und Kleinkindforschung eingebracht hat, in dieser Arbeit eine theoretische Grundlage bilden. Der große Unterschied zu vorherigen Ansätzen besteht hier u. a. in der „Aufeinanderbezogenheit", der Reziprozität der Subjekte und der Kommunikationserwartung des Subjekts als Voraussetzung zur Kommunikation. Das Wechselspiel in der frühen Kommunikation zwischen Mutter und Kind, welches ich bei der Betrachtung eigenständig zu fühlen meine, das heißt, die permanente Abstimmung der Affekte und daraus resultierenden Emotionen beider Interaktionspartner, wird u. a. mit den Thesen von Daniel Stern (u. a. 2011) zu Vitalitätsformen erweitert, um dann die kommunikativen Prozesse innerhalb der Mutter-Kind-Beziehung durch die „Relationale Spracherwerbstheorie" von Ulrike Lüdtke zu vervollständigen,

---

[10] In Anlehnung an Feuser (1989).

die die „relationalen Emotionen als Motor der Kommunikation"[11] einordnet. Damit ein umfassendes Bild der Dyade entsteht, ist es außerdem notwendig, eine Einordnung der Mutter-Kind-Dyade in den gesellschaftlich-historischen Prozess und deren Wechselwirkungen einzubeziehen. Daher greife ich hauptsächlich auf die „Habitus-Theorie" und ihren Bezug auf die „sozialen Felder" von Bourdieu (u. a. 1987) zurück.

Diese Arbeit gründet sich demnach auf einen interdisziplinären Ansatz, der sich nicht nur auf die wissenschaftliche Forschungsdisziplin der Behindertenpädagogik stützt, sondern auch entwicklungspsychologische, spracherwerbstheoretische, neurobiologische und sozialisationstheoretische Grundgedanken heranzieht.

Methoden

In unserer Studie „SMILE – Sprach- und Kommunikationsentwicklung in unterschiedlichen Lebenslagen" (im Folgenden nur noch SMILE) wurden 20 Mutter-Kind-Dyaden in ihrem natürlichen Umfeld (in-vivo), ohne anwesenden Beobachter, videografiert und Daten zur Lebenslage der Familie in Form eines standardisierten Fragebogens (TICS) erhoben. Um dem facettenreichen Datenmaterial gerecht zu werden, wurde von mir eine Methode für die Analyse dieser Daten entwickelt, die für eine kollegiale Beratung genutzt werden kann. Da die Mitarbeiterinnen und Mitarbeiter des BabyLabs INCLUDE Hannover es sich zur Aufgabe gemacht haben, sich einer relationalen Methodologie zu nähern, stellt die von mir entwickelte Methode das „Wie" der Protagonisten und ihren Kontext in den Vordergrund. Außerdem werden die Beobachterinnen ausdrücklich in den Forschungsprozess einbezogen. In die Untersuchung fließen somit sowohl die Daten der ursprünglichen Mikrosequenzanalyse durch das Beobachtungsinstrument INTERACT[12], die erhobenen Daten durch die Befragung der Probanden als auch die Ergebnisse der von mir entwickelten relationalen Beobachteranalyse ein.

---

[11] Lüdtke & Frank (2007, 129).

[12] INTERACT ist eine Analysesoftware der Firma Mangold.

Zusammenfassung

Die Schwerpunkte der vorliegenden Arbeit sind dementsprechend zum einen der Einbezug der Emotionen und Empfindungen innerhalb der Dyade von Mutter und Kind als auch der Beobachtenden und die theoretische Beleuchtung ihrer Funktion im Abstimmungsprozess und zum anderen die Herausforderung eine Methode zu entwickeln, die es ermöglicht, das „Zwischen" in der Kommunikation zu untersuchen.

Begriffe und Form

Da die empirische Grundlage dieser Arbeit eine Untersuchung von Mutter und Kind ist, werden auch diese Begriffe verwandt. Es wird dadurch grundsätzlich keine inhaltliche Präferenz der Mutter gegenüber dem Vater hervorgehoben. In Textteilen, die sich nicht explizit auf die empirische Untersuchung beziehen, werden unter dem Begriff „Bezugsperson" sowohl männliche als auch weibliche Personen zusammengefasst.

Unter dem Begriff „Kind" oder „Säugling" ist hier in erster Linie ein drei bis vier Monate altes Kind gemeint. Sollte ein anderes Alter beschrieben werden, wird es explizit genannt.

Es erscheint mir zum gegenwärtigen Zeitpunkt des notwendigen gesellschaftlichen Wandels als nicht möglich eine Schreibform für jegliche Geschlechtsformen zu verwenden, die sowohl den Lesefluss nicht stört als auch alle Lesenden vollständig schriftlich berücksichtigt. Daher verwende ich nach Möglichkeit eine geschlechtsneutrale Mehrzahlbildung oder die männliche und weibliche Form abwechselnd oder explizit beide Formen. Die weibliche Form wird häufiger verwendet, da die Durchführung der Studie und Analyse ausschließlich durch weibliche Personen erfolgte.

Ich verwende in der vorliegenden Arbeit an ausgewählten Stellen die Bezeichnung

„wir", da ich sozialisationstheoretische Prozesse beschreibe und die Leserin und der Leser sich durchaus als Teil der beschriebenen Prozesse begreifen soll.

1. Intersubjektivität als Voraussetzung für Kommunikation und Entwicklung

> Philosophen, Psychologen und sogar einige Psychoanalytiker haben zuweilen unbestätigte Hypothesen geäußert, in denen behauptet wird, daß die Kommunikation zwischen Mutter und Kind auf außersinnlicher Wahrnehmung (extrasensory perception) oder Telepathie beruhe. (Spitz, 1967, 147)

Die Beziehung zweier Subjekte zueinander wurde von der Philosophie und Soziologie in den vergangenen Jahrzehnten bzw. Jahrhunderten in vielfältiger Hinsicht beschrieben und analysiert. Der Weg führt hin zu einer Perspektive, die das Gegenüber als die maßgebliche Einflussquelle in der Entwicklung des Menschen einordnet. Es gab einen Umbruch von den rein Subjekt-orientierten hin zu intersubjektiv-orientierten Theorien (vgl. Lüdtke, 2015). Wo zunächst die rein subjektiven Denkprozesse im Zentrum standen, wurde zunehmend Sprache mit Handlung verknüpft und darauffolgend die Beziehung zweier Subjekte zueinander in den Vordergrund gestellt.

Ich möchte hier das Konstrukt der Intersubjektivität als Grundlage für kindliche Sozialisation und Entwicklung betrachten, da es für mich das Bild ergibt, welches die theoretischen Mosaiksteine in der Geschichte hervorgebracht haben. In der geschichtlichen Entwicklung sind hier zwar auch viele kritische Ansätze diesbezüglich entstanden (vgl. Schneider, 2004), und das Konstrukt, je nachdem welcher Vertreter hier vorrangig genannt wird, ist noch nicht bis ins letzte Detail ausgereizt, jedoch dient es hier im Betrachten und Erforschen des Gemeinsamen zwischen Mutter und Kind bzw. in der Säuglingsforschung im Allgemeinen als eine geeignete Ausgangslage, um Zusammenhänge zu erkennen und zu verstehen. Es gibt in der Gegenwart eine Vielzahl Autorinnen und Autoren innerhalb der interdisziplinären Säuglingsforschung, die die intersubjektiven Fähigkeiten als Grundlage von Entwicklung betrachten (d. h. als eines der motivationalen Systeme), um innerhalb von Beziehungen zu lernen und zu wachsen und somit sich auch kommunikativ zu entwickeln, so beispielsweise Trevarthen (u. a. 1979, 2001, 1012), Stern (u. a. 1979, 2005, 2012), Brisch (u. a. 2009) Meltzoff & Moore (u. a. 1998), Bråten (1998, 2011), Lüdtke (u. a. 2006, 2012), Tomasello & Carpenter (2011), um nur

© Springer Fachmedien Wiesbaden GmbH, ein Teil von Springer Nature 2019
S. Lück, *Das Zwischen im Dialog*, Diversität in Kommunikation und Sprache / Diversity in Communication and Language,
https://doi.org/10.1007/978-3-658-25833-7_2

einige zu nennen.

Es fällt schwer, das Konstrukt der Intersubjektivität eindeutig zu definieren, da es das umfasst, was eine Person sowohl fühlen als auch mitfühlen kann, wenn Interaktionen betrachtet werden oder in ihnen involviert ist. Auch scheint es, dass an diesem Punkt sprachliche Grenzen erreicht sind. Um das Phänomen dennoch begreifen zu können, werden zunächst verschiedene Betrachtungen auf das Konstrukt der Intersubjektivität als Sozialisationstheorie vorgestellt.

Für Stern (2005) steht die Funktion von Intersubjektivität im Vordergrund. Er beschreibt sie als „basales, primäres Motivationssystem"[13] und verdeutlicht diese These, indem er die Notwendigkeit von intersubjektiven Fähigkeiten für die Gruppenbildung bzw. das Gruppengefüge erläutert:

> Die Intersubjektivität ist eine Bedingung des Menschseins. Ich vertrete die Ansicht, dass sie zudem ein angeborenes, primäres Motivationssystem darstellt, das für das Überleben der Art unverzichtbar ist und einen ähnlichen Status besitzt wie die Sexualität oder die Bindung. (Stern, 2005, 109)

Trevarthen (1979) erläutert schon in dieser Phase seiner Arbeit, dass der Säugling von Geburt an über Subjektivität (die Fähigkeit zu einem individuellen Bewusstsein und zur Intentionalität) und Intersubjektivität (die Fähigkeit, die eigene Subjektivität an andere anzupassen und sie miteinander zu teilen) verfügen muss, um Bedeutung zu teilen. Trevarthen (2012) hat den Zusammenhang von Kommunikation und Intersubjektivität jüngst wie folgt eindrucksvoll zusammengefasst:

> Die unmittelbare Kommunikation mentaler Inhalte über mimetische Körperbewegungen kann durch jede einzelne Sinnesmodalität vermittelt werden – durch Berührung, durch Blickkontakt, durch die Stimme oder aber auch durch jede andere mögliche „intermodale" Kombination. Der zugrunde liegende, wesentliche Prozess ist die Erschaffung eines imitierenden, aber flexibel variierenden „Dialogs", welcher im Handlungsverlauf improvisiert wird. Es ist genau dieses vielschichtige Verhalten zwischen absichtsvoll agierenden Personen, das als „Intersubjektivität" bezeichnet wird (Trevarthen 1998, Trevarthen & Aitken 2001). (Trevarthen, 2012, 85)

---

[13] Kapitelüberschrift, 2005, 109.

Dornes (2006) hat eine eigene Einordnung von Intersubjektivität vorgenommen:

> Ich verstehe darunter die Beziehung zweier Subjekte, in der die Subjektivität
> beider, also ihr Denken, Fühlen und/oder ihre nicht-instinkthaften expressiven
> Äußerungen Gegenstand wechselseitiger Reaktionen oder Antworten sind.
> (Dornes, 2006, 77)

Außerdem hat Bråten (2011) den wechselseitigen Prozess von Intersubjektivität beschrieben:

> Wenn zwei Beteiligte sich wechselseitig unmittelbar einfühlen, füllt jeder den
> Raum des virtuellen Gefährten des anderen aus, und man kann sagen: Sie be-
> teiligen sich an intersubjektiver Gemeinsamkeit. (Bråten, 2011, 836)

Deutlich wird, dass, je nachdem worauf sich der Blick innerhalb der Intersubjektivität richtet, sich auch die Einordnung des Begriffs ändert. Für diese Arbeit ist es grundsätzlich wichtig, Intersubjektivität als die Schnittmenge zwischen zwei Subjekten zu verstehen, die sich miteinander (emotional und kommunikativ) verzahnen und somit ein gemeinsames Erleben, einen kommunikativen Austausch und gemeinsame Bedeutungskonstruktion ermöglichen.

Die intersubjektiven Fähigkeiten des Menschen, die Trevarthen (u. a. 1979, 1998, 2011, 2012) ausführlich in seinen Thesen zur 'innate intersubjectivity' erläutert, bilden in vielen Teilen des psychologischen und pädagogischen Forschungsgebiets zur Entwicklung des Säuglings und der Voraussetzung zum Lernen (und dementsprechend auch den pathologischen Bereich bei irritierten Entwicklungsverläufen) gegenwärtig die Grundlage für weitere Forschung. Durch seine eigene langjährige Forschung, beginnend in den 70er-Jahren, konnte er seine Konzeptualisierung herausbilden und sie durch die immer weiterführende Forschung insbesondere hinsichtlich der Emotionsforschung (siehe

Kap. 2) neurobiologisch untermauern.[14] Trevarthen (1974) und Brazelton et al.

(1974) waren die Ersten, die dem Kind die Fähigkeit in den ersten drei bis sechs Wochen zu-

schrieben, Personen von Objekten zu unterscheiden, im Gegensatz zu anderen Autoren,

die dies erst im zweiten bis vierten Monat einordneten. Trevarthen argumentierte, dass

in den vorherrschenden Experimenten einzelne Verhaltensweisen aus der Interaktion

mit der Mutter heraus gesondert werden, anstatt den kompletten Interaktionsverlauf zu

betrachten. Dies bewerkstelligte er durch die Mikrosequenzanalyse natürlicher Interak-

tionssequenzen (vgl. Dornes, 2006, Fußnote, 120).

Ein bedeutsamer Artikel, der in der Säuglingsforschung noch heute immer wieder zitiert

wird und auf den sich auch Trevarthen in seinen Annahmen stützt, ist der Artikel von

Bateson (1979). Sie prägte den Begriff „Protokonversation":

> A study of these sequences established that the mother and infant were collab-
> orating in a pattern of more or less alternating, non-overlapping vocalization,
> the mother speaking brief sentences and the infant responding with coos and
> murmurs, together producing a brief joint performance similar to conversation,
> which I called "proto-conversation". (Bateson, 1979, 65)

Sie untersuchte zwei bis drei Monate alte Säuglinge dyadisch mit ihren Müttern und

fand heraus, dass der Dialog zwischen Mutter und Kind den Mustern einer Konversa-

tion, wie z. B. Rhythmus oder Synchronisation, ähnelte. Somit konnte sie der vorherr-

schenden Meinung, Säuglinge wären nur fähig zur Imitation, widersprechen. Außerdem

stellte Bateson die These auf, dass die Umwelt als kultureller Lernraum fungiert. Sie

erläuterte weiterhin, dass die Protokonversation multimodal variabel, insbesondere in

---

[14] Obwohl im Feld der Säuglingsforschung schon seit knapp 100 Jahren systematisch theoretisiert und geforscht wird, gibt es noch immer viele Lücken im Wissen über die kommunikativ-emotionale Entwicklung des Säuglings bis zum ca. 6. Monat. Es bestehen in der Forschungslandschaft verschiedene Debatten, die sich auf unterschiedliche Studien beziehen. Auch sind die empirischen Arbeiten häufig durch linguistische Analysemethoden geprägt, obwohl die Notwendigkeit einer interdisziplinären Herangehensweise auf der Hand liegt (vgl. Leimbrink, 2010, 11). Dieser Umstand ist meines Erachtens auch einer der Gründe, weshalb sich die Forschungsergebnisse, insbesondere im Alter von null bis drei Monaten so sehr unterscheiden, denn Reddy & Trevarthen beschreiben die Notwendigkeit des „Einfühlens" (im Original 'engagement'), wenn wir Säuglinge beobachten (vgl. Reddy & Trevarthen 2004). Das bedeutet, dass die Forschungsmethoden in diesem Gebiet, die größtenteils durch quantitative Herangehensweisen bestimmt sind, in diesem Sinn überarbeitet werden sollten.

Blick und Vokalisation, sei (vgl. Bateson, 1979). Trevarthen fasst diesbezüglich zusammen, dass Bateson die Protokonversation als

> emotionale Grundlage für Sprache und das Erlernen von Kultur sowie für die Herstellung emotional regulierter und die emotionale Gesundheit regulierende soziale Bindung interpretiert. (Bateson, 1979 zit. n. Trevarthen, 2012, 100)

Das bedeutet, dass der frühe kommunikative Austausch eine weitaus bedeutendere Rolle einnimmt, als lange Zeit angenommen. Letztendlich bildet er die Grundlage für das Lernen und die Entwicklung innerhalb eines übergeordneten Kontextes an sich und nicht separiert für das Erlernen einer Sprache.

Die Bedeutung der emotional-kommunikativen Dyade hat Trevarthen (2012) mit Bezug auf Stern ausgeführt:

> Die intuitiven intersubjektiven Fähigkeiten des Kindes suchen und sind abhängig von mitempfindend-sympathischen Antworten der Eltern. Diese unterstützen das Kind bei der kooperativen Regulation synchronisierter expressiver Bewegungen durch einen Prozess intuitiven Mitempfindens und intensiven Engagements, das heißt durch eine responsive Verlässlichkeit bzw. „Kontingenz" des Ausdrucks, indem sie so genannte „Vitalitätskonturen" (contours of vitality) innerhalb aller Aufmerksamkeitsmodalitäten koordinieren (Stern 1999, Stern et al. 1985). (Trevarthen, 2012, 92)

Auch Spitz (1967, 194) wies schon auf den dyadisch regulativen Austausch innerhalb der Kommunikation hin. So beschreibt er sie als „wechselseitig, gerichtet, aktiv und intentional".[15]

In der Ausgestaltung einer Konzeption zur Intersubjektivität gibt es jedoch einige Unterschiede, insbesondere hinsichtlich der Anlage-Umwelt-Diskussion ('nature-nurture') und der Einordnung des Bewusstseins bzw. des mentalen Anteils, die einzelne Autoren

---

[15] Obwohl Spitz darauf verweist, dass eine Alterszuteilung in der Säuglingsbeobachtung häufig nicht möglich, unspezifisch und nicht wesentlich ist (1967, 158), stuft er jedoch den wechselseitigen Prozess in der Kommunikation erst gegen Ende des ersten Lebensjahres, vom achten bis zehnten Monat, ein (a.a.O., 194).

vornehmen[16]. Laut Fonagy et al. (2008, 217ff.) gibt es die „starke intersubjektivistische Position", die z. B. Bråten (1998), Trevarthen (1979, 1993) und Stern (1995) vertreten und die „schwache intersubjektivistische Position" wie sie z. B. Tomasello (1999) oder Meltzoff und Moore (1998) vertreten. Der Unterschied besteht darin, dass die Befürworter der starken intersubjektivistischen Perspektive davon ausgehen, dass der Säugling mit einer primären Intersubjektivität geboren wird. Diese bewirkt, dass der Säugling Intentionen und Gefühle innerhalb von sozialen Interaktionen identifizieren und dem Gegenüber zuschreiben kann, er ein Repertoire von Emotionen, Intentionen, Motiven und Zielen hat, die ihm introspektiv zugänglich sind und dass er in der Lage ist, Ähnlichkeiten dieser Zustände zwischen sich selbst und dem Gegenüber wahrzunehmen und somit erkennt, dass sie intersubjektiv teilbar sind. Dies kann auch aus dem Bereich der Neugeborenen-Forschung untermauert werden. Kugiumutzakis (1998, 76) fasst anhand seiner Forschung im Umfeld von Trevarthen zusammen, dass das Neugeborene die Fähigkeit besitzen muss, sich selbst und das Gegenüber als zwei voneinander getrennte Interaktionspartner zu unterscheiden. Diese Annahme stützt er auf seine Forschungsergebnisse, die eine klare dialogische Struktur in den Reaktionen des Neugeborenen nachweisen.

Die Befürworter der schwachen intersubjektivistischen Perspektive hingegen gehen nicht von einer primären Intersubjektivität aus. Demnach können Säuglinge vor dem neunten Lebensmonat noch nicht zwischen den eigenen subjektiven Zuständen und denen des Gegenübers unterscheiden. Tomasello (1999) geht von einer angeborenen biologischen Fähigkeit zur sozialen Anpassung aus. Fonagy et al. (2008) gehen selbst von der Annahme aus, dass der Säugling die Voraussetzungen, Intersubjektivität auszubilden, erst erlernen muss, indem durch die frühen Interaktionen mit der Bezugsperson ein

---

[16] Bråten (1998, 9ff.) gibt dazu einen umfangreichen Überblick in der Einleitung seines herausgegebenen Buches „Intersubjective Communication and Emotion in Early Ontogeny", indem er Autoren zum Dialog eingeladen hat, die verschiedenen Sichtweisen ('between social-emotive and theory-of-mind positions') und Ergebnisse dazustellen. Ein ausführlicher Vergleich der Theorien von Meltzoff, Trevarthen und Stern findet sich außerdem bei Beebé et al. (2003).

Subjektivitätsgefühl ausgebildet wird. Es gibt Forschungsergebnisse, die unterschiedlich interpretiert werden (z. B. Murray & Trevarthen, 1985), und bisher nicht wiederholbar waren und zudem werden die Fähigkeiten des Säuglings bzw. Neugeborenen Gesichtsausdrücke zu „imitieren", unterschiedlich interpretiert. Das Argument gegen die frühe primäre Intersubjektivität von Fonagy et al. (ebd.) lautet, dass die Handlungen des Säuglings nicht intentional sind und er nicht in der Lage ist, die Zustände des Gegenübers „bewusst" wahrzunehmen. In der Definition des Bewusstseins vor dem neunten Lebensmonat des Kindes sehe ich einen essentiellen Aspekt in der Debatte um die primäre Intersubjektivität. Ich werde mich diesem Punkt in einem Exkurs zum Bewusstsein in diesem Kapitel widmen. Doch zunächst möchte ich fortfahren, das Konzept der Intersubjektivität intensiver zu beleuchten.

Eine Konzeption zur Intersubjektivität muss demnach spezifiziert werden, damit deutlich wird, welche Fähigkeiten hier beschrieben und gemeint sind. In der Auseinandersetzung mit den Texten zu Intersubjektivität, sei es aus der neurobiologischen oder auch der philosophischen Sicht, fällt auf, dass der Schwerpunkt noch immer auf den rationalistischen Fähigkeiten und dem Zusammenhang zu intersubjektiven Fähigkeiten in der Entwicklung liegt. Das heißt, die Fähigkeit zur Intersubjektivität soll sich auf mentale Prozesse begründen. Dies widerspricht jedoch den Annahmen von Autoren aus unterschiedlichen Disziplinen wie Trevarthen (u. a. 2012), Stern (u. a. 2011), Reddy (u. a. 2010) oder Neurowissenschaftlern wie Damasio (2000), da sie die Fähigkeit zur Intersubjektivität, begründet auf Emotionen, als Voraussetzung für mentale Prozesse erachten.

Ich möchte meinen Fokus nun auf Trevarthen (u. a. 1979, 2001) richten. In seinen Annahmen ist die Einordnung der Emotionen (insbesondere der 'moral emotions', das heißt Gefühle und Empfindungen, wie Stolz oder Scham, die die Beziehungen regulieren, vgl. Trevarthen, 2012, 84) und ihr Gehalt in der Beziehungsentwicklung erstmals vollständig möglich. Gleichsam wird der Regulierungsprozess im und durch das Gegenüber fokussiert, sprich die Intersubjektivität. Lüdtke (2006a, 163) unterstützt diese Sicht, verwendet jedoch den Terminus „relationale Emotionen"[17], anlehnend an die theoretische Konzeption Bourdieus, um den wechselseitigen und aufeinander bezogenen Prozess zu fokussieren. Trevarthen (2012) geht davon aus, dass das Kind schon direkt nach der Geburt durch Imitation und Anpassung an den Rhythmus des Gegenübers Kommunikation provoziert (vgl. auch Nagy, 2004). In Studien über die Entwicklung blinder Kinder (Fraiberg, 1979) konnte belegt werden, dass zwei Monate alte Säuglinge auf eine Stimme oder ein Kitzeln mit einem Lächeln reagieren, so dass davon ausgegangen werden muss, dass das Lächeln nicht nur auf Imitation beruht (vgl. Trevarthen, 1979, 326). Trevarthen (2001) führt dies in seinen Publikationen auf die intersubjektiven Fähigkeiten zurück. Er unterteilt die frühe Entwicklung des Kindes in drei Phasen, die jeweils eine eigene Ausgestaltung der intersubjektiven Fähigkeiten beinhalten[18]:

Die erste basale Form entsteht pränatal intrauterin. Sie bezieht sich auf motorisch-propriozeptive Verbindungen zwischen Mutter und Kind, die als Kommunikation einzuordnen sind. Dann folgt die zweite primäre Form. Sie besteht bis zum ca. neunten Lebensmonat und basiert auf dem vollständigen Abstimmungsprozess zwischen Mutter und Kind (siehe Kap. 2) und letztlich die dritte sekundäre Form, in der die äußere Welt (z. B. Objekte) den Entwicklungsraum mitbestimmt.

Die Konzeption von Trevarthen soll andere Konzeptionen oder auch Theorien, die seiner vorausgegangenen sind, nicht ersetzen. Durch seinen Ansatz ist es vielmehr möglich, andere Grundlagentheorien zu ergänzen bzw. anderen Theorien seine Ergebnisse

---

[17] Aufbauend auf dem Kernkonstrukt der „relationalen Emotionen" entwickelte sie eine „Relationale Spracherwerbstheorie" sowie eine „Relationale Didaktik" und „Relationale Kommunikationstheorie" (vgl. Lüdtke, 2005).

[18] Trevarthen unterscheidet sich u.a. in dieser Einteilung und insbesondere in seiner Ansicht, dass der Säugling von Geburt an (bzw. vorgeburtlich) über intersubjektive Fähigkeiten verfügt von anderen Autoren und Autorinnen, die auch die Intersubjektivität als Grundlage für Entwicklung einstufen. Diese Diskussion ist für diese Arbeit jedoch nicht maßgeblich, daher verweise ich hier auf z. B. auf Beebe, Knoblauch, Rustin & Sorter (2003).

voranzustellen und somit Lücken zu füllen.[19]

> The claim made, while not questioning that development involves learning or that infants depend on care, underlined that a child is born with motives to find and use the motives of other persons in 'conversational' negotiation of purposes, emotions, experiences and meaning. The efficiency of sympathetic engagement between persons signals the ability of each to 'model' or 'mirror' the motivations and purposes of companions, immediately. It requires a 'virtual other' representation of the kind that Bråten (1988a, 1992) has described. Infants evidently have this. (Trevarthen, 1998, 16)

Worauf Trevarthen hier verweist, ist die Theorie des „virtuellen Anderen", die Stein Bråten aufgestellt hat. Er geht davon aus, dass ein „virtueller Anderer" schon im „Bewusstsein"[20] existiert, bevor das Kind auf die Welt gekommen ist. Nur dadurch ist es überhaupt möglich, dass ich einen realen Kommunikationspartner ablehne oder einlade (vgl. Bråten, 1998). Bevor Bråten seine Theorie entwickelte, gab es zahlreiche andere Autoren, die ähnliche Denkansätze hatten, so z. B. Winnicott, Ogdens, Stern, Mead (vgl. Tiedemann, 2007, 379).

Das bedeutet: Zu allererst muss eine Kommunikationserwartung, entstanden aus relationalen Emotionen (siehe Kap. 2.1.2), existieren, die veranlasst, dass ich ein Gegenüber suche, mit ihm in Kontakt trete und Bedürfnisse und Motive teile, wodurch eine Öffnung

---

[19] Es gab in der Spracherwerbsforschung viele bedeutende Autoren, die die derzeitige intersubjektive Ausrichtung erst möglich gemacht haben. So z. B. in der klassischen Spracherwerbsforschung Vygoskij (Originalausgabe 1934), Bruner (Originalausgabe 1990) oder in der Entwicklungspsychologie Spitz (1967), Stern (Originalausgabe 1977) und Bowlby (1970).

[20] Siehe dazu Exkurs „Bewusstsein" in diesem Kapitel.

bzw. Herausbildung des Selbst[21] hervorgerufen wird. Sie ist der Antrieb, um gemeinsame Bedeutung zu teilen und demzufolge Grundlage für eine Entwicklung des Selbst.

> Intentionen und Emotionen *verursachen* Kommunikation und *erzeugen* Bedeutung – sie sind nicht lediglich Produkt der ihr inhärenten Informationen. (Trevarthen, 2012, 83, Herv. i. O.)

Neurobiologisch begründet sich seine Theorie auf die Funktion des IMF (Intrinsic Motive Formation) und des EMS (Emotional Motor System), die sich auf die Funktionen der Spiegelneuronen[22] beziehen. Durch die aktivierten Spiegelneuronen erlebe bzw. durchlebe ich die beobachtete Handlung praktisch selbst, dadurch ist es mir möglich, die Bedeutung zu „begreifen".[23] Die Deutung der Handlung kann laut Gallese (2013) nicht ausschließlich durch das visuelle System erlangt werden.

> Die rein visuelle, „piktoriale" Analyse reicht mit hoher Wahrscheinlichkeit nicht aus, um zu verstehen, dass ein anderer ein Objekt ergreift, um damit „etwas zu machen". Ohne Bezugnahme auf das in den parietal-prämotorischen kortikalen Schaltkreisen kodierte innere „motorische Wissen" des Beobachters besäße die lediglich piktoriale Dritte-Person-Beschreibung für das beobachtende Individuum keine erfahrungsgestützte Bedeutung (Gallese, Rochat, Cossu u. Sinigaglia, 2009). (Gallese, 2013, 91)

---

[21] Eine Herausforderung besteht darin vielfach verwendete Begriffe, wie „Selbst" und „Geist" und zusätzlich im englischsprachigen Raum 'Self' und 'Mind' (und ggf. 'Me'), zu unterscheiden bzw. sinnhaft zu verknüpfen. Je nachdem aus welcher Forschungsdisziplin der jeweilige Autor bzw. die Autorin stammt, werden unterschiedliche Konzepte der einzelnen Begriffen zugrunde gelegt. Ich begreife das „Selbst" als die Vereinheitlichung von Körper, Seele und Geist. Der Geist steht demnach für sich als „denkendes Wesen" (falls es möglich ist, davon zu sprechen). Bei Begriffen aus dem englischsprachigen Raum ist es meines Erachtens, so nicht ins Deutsche zu übertragen, da 'mind' häufig das ganze handelnde Wesen mit Emotionen und Empfindungen beschreibt und 'self' eher auf die inneren Prozesse des Wesens beschränkt ist. Daher werde ich die Begriffe nicht übersetzen und sie ggf. definitorisch einordnen.

[22] Die Entdeckung der Spiegelneuronen (vgl. Rizzolatti und Arbib, 1998) bedeutete für die Säuglings- und Spracherwerbsforschung die Möglichkeit hin zu einem emotional-kommunikativen Paradigma (vgl. Lüdtke, 2006).

[23] Weitere Ausführung hierzu Kapitel 2.2. In einer Studie von Köhler et al. (2002) konnte nachgewiesen werden, dass die Spiegelneuronen auch aktiv werden, wenn nur das Geräusch einer bekannten Handlung erfolgt, so z. B. bei dem Geräusch einer aufgeknackten Erdnuss (audio-visuelle Spiegelneuronen). Außerdem wurde erforscht, dass der Spiegelungsmechanismus am imitationsgestützten Erlernen komplexer Fertigkeiten beteiligt ist (Buccino et al., 2004; Vogt et al., 2007), und auch der „Chamäleoneffekt" (nichtbewusste Nachahmungen von Körperhaltungen, Verhaltensweisen, etc. durch den Beobachter) kann durch den Spiegelungsmechanismus erklärt werden (Chartrand & Bargh, 1999) (vgl. Gallese 2013, 91). Dies ist für diese Arbeit interessant, da diese Funktionen alle mit intersubjektiven Fähigkeiten in Verbindung gebracht werden können.

Diese Befunde des Spiegelungsmechanismus beziehen sich auch auf das Beobachten von Gesichtsausdrücken. Nach Gallese (2013) werden in dem Beobachter die gleichen Gesichtsmuskeln aktiviert, wenn wir einen anderen Menschen sehen, der eine Basisemotion ausdrückt.

Durch die Aktivierung des IMF, das Trevarthen als einen angeborenen Bereich des Nervensystems darstellt, gelingt die Erzeugung von 'motive state'. Diese wiederum formen sich durch den Austausch relationaler Emotionen. Dies führt dazu, dass das EMS („Emotional Motor System") aktiviert wird und die erzeugten Zustände im Individuum emotional reguliert und durch 'emotional states' nach außen übermittelt werden. Durch die Übermittlung nach außen wird daher eine Spiegelung relationaler Emotionen hervorgerufen (vgl. Lüdtke 2006a). Die Verbindung zur Intersubjektivität besteht nun darin, dass sich die Interaktionspartner durch multimodale Bewegungen („durch polyrhythmische Art und Weise") emotional regulieren und somit intersubjektiv Bedeutung erschaffen (Trevarthen, 2012, 84). Um zu verdeutlichen, dass die intersubjektive, dyadisch regulierte Kommunikation von Geburt an bzw. in seinen Annahmen auch schon pränatal (vgl. Trevarthen, 2001) besteht, zieht Trevarthen weitere Studien hinzu:

> Even more remarkable are demonstrations by Nagy und Molnár (1994, 1997) that newborns a few hours old not only may readily imitate tongue protrusion, mouth opening, lip protrusion, smiles, a surprise expression, head movements and finger movements, but that if the expressive partner waits patiently while looking at the baby after eliciting tongue protrusion, the baby will, after even 2 or 3 minutes, deliberately poke out the tongue to 'provoke' another response from the attentive adult. (Trevarthen, 1998, 30)

Das bedeutet, dass spätestens mit der Geburt eine eindeutige Erwartung an Kommunikation besteht. Und weiterführend sind demzufolge beide Partner gleichberechtigt und fähig zu kommunizieren.

> In dieser Hinsicht sind Säuglinge wie Erwachsene, die das Bedürfnis haben, mit anderen zusammen zu sein, nicht weil sie unter Triebdruck, Angst oder Affektregulierungsproblemen stehen, und auch nicht, weil sie sich anderen im

> Sinne einer Informationsübermittlung mitteilen wollen, sondern weil sie in ihrem momentanen Zustand wahrgenommen werden und ihn mit anderen teilen wollen. (Dornes, 2006, 121)

Durch Trevarthens IMF-EMS-Ansatz konnte somit gezeigt werden, dass intersubjektive Fähigkeiten und die Erwartung an eine Kommunikation intrauterin angelegt sind. Des Weiteren hilft der Ansatz zu verstehen, dass es im Kommunikationserwerb primär um das Teilen von Bedeutungen bzw. der gemeinsamen Bedeutungsentwicklung geht. An diesen Punkt schließt Lüdtke (2006b) an, indem sie zusammenfasst:

> Sprachentwicklung ist primär Bedeutungsentwicklung, und diese gelingt nur auf Basis einer positiven Emotionalentwicklung. (Lüdtke, 2006b, 23)

Aktuell stellt sich nicht mehr die Frage, ob es einem Säugling möglich ist, Beziehungen zu gestalten oder Kommunikation zu provozieren. Vielmehr dreht sich die derzeitige Debatte darum, welche Form von Bewusstsein, Motivation und Intention von Geburt an vorherrschen. In der Frage inwiefern Säuglinge ihre eigene Rolle begreifen bzw. sich über die Interaktionen mit anderen bewusst sind, gibt es noch viele Unklarheiten bzw. unterschiedliche Positionen innerhalb der Forschungsdisziplinen (vgl. Fonagy et al., 2008, 217ff.).

Exkurs: Bewusstsein

Da das Bewusstsein für das Gegenüber innerhalb des intersubjektiv-kommunikativen Austausches von entscheidender Bedeutung ist und die Diskussion, inwiefern ein Bewusstsein vom Gegenüber bei einem drei bis vier Monate alten Säugling vorhanden ist, gilt es, ein Bild zu entwerfen. Außerdem scheint meines Erachtens die Frage nach dem Bewusstsein die Schnittstelle zu sein, um die Problematik der Integration von Wahrnehmungserfahrungen und die Wertigkeit der Emotionen in einen Zusammenhang mit intersubjektiven Fähigkeiten, die die fortlaufende Entwicklung des Säuglings kennzeichnet, zu bringen. Somit wird der Versuch vorgenommen, eine Einordnung zu schaffen, auch wenn einem Anspruch an Vollständigkeit nicht Sorge getragen werden kann.

In der Einordnung des Bewusstseins bewege ich mich an der Schnittstelle von Philosophie und Neurobiologie. Es besteht eine lange Tradition innerhalb der Philosophie, das Bewusstsein zu beleuchten oder zu definieren, und auch in der Geschichte der Psychologie gab es diesbezüglich viele verschiedene Erklärungsansätze. Neuere Erklärungsansätze kamen dann aus der Neuropsychologie bzw. Neurobiologie in der Debatte über den sogenannten „freien Willen". Auch gegenwärtig ist das Forschungs- und Gesellschaftsinteresse an dieser Thematik unverändert groß, wie das Themenheft „Bewusstsein und freier Wille" der Zeitschrift „Gehirn und Geist" vom Februar 2015 zeigt. Eine positive Veränderung in der Erforschung des Bewusstseins hat sich insofern entwickelt, dass Philosophie, Psychologie und Neurowissenschaften mehr und mehr zusammenarbeiten.

Laut Pauen (2012, 26), der der Philosophie zuzurechnen ist bzw. als „Neurophilosoph" bezeichnet wird, gibt es bis heute keine strenge Definition des Begriffs „Bewusstsein". Jedoch ist „eine sinnvolle Verständigung" über den Begriff möglich. In Anlehnung an Lanz[24] unternimmt Pauen fünf Unterscheidungen der bewussten Zustände (a.a.O., 29):

1. Bewusstsein als Wachheit (arousal)
2. Kognitives oder instrumentales Bewusstsein (glauben, dass…)
3. Reflexives Bewusstsein (Empfindungen, Emotionen)
4. Phänomenales Bewusstsein (wie etwas schmeckt, ein Bewusstsein von)
5. Selbstbewusstsein.

Wichtig ist hierbei zu bedenken, dass diese Zustände nicht getrennt voneinander erreicht werden. So können Ebenen gleichzeitig existieren.[25] Das phänomenale Bewusstsein zeichnet sich durch Zustände aus, die an Qualitäten von Empfindungen gebunden sind

---

[24] Lanz, P. (1996).

[25] Es ist fraglich, ob eine Einteilung der unterschiedlichen Bewusstseinszustände tatsächlich zu einer Erhellung dieses komplexen Phänomens beiträgt oder ob diese Kategorien nicht wieder wegführen von dem inklusiven Wesensmerkmal. Jedoch ist unbestritten, dass es Kategorien benötigt, um Komplexität fassen zu können. Hier entsteht demnach ein Paradoxon. Vielleicht ist die scheinbare Unlösbarkeit des Leib-Seele-Problems hierin begründet.

– in der Geschichte der Philosophie bezeichnet als „Qualia". Sie spalten die philosophischen Debatten, und es wurde bisher noch keine befriedigende Lösung für dieses Problem gefunden. Daher gibt es auch im Umgang mit dem Begriff „phänomenales Bewusstsein" sehr große Unterschiede.[26]

Damasio, der der Neurobiologie zugeordnet werden kann, unterscheidet zwischen Kernbewusstsein und erweitertem Bewusstsein. Das Kernbewusstsein hat eine einzige Organisationsebene, die nur im Hier und Jetzt existiert, es bezieht sich nicht auf Vergangenheit oder Zukunft. Das erweiterte Bewusstsein ist komplex und hat viele Ebenen und Abstufungen (vgl. 2009, 28 ff.).

Stern (2005, 133) übernimmt die Einteilung von Zelazo (1995, 1999), die der Entwicklungspsychologie entspringt und aus drei Ebenen besteht:
1. Minimales Bewusstsein (Gewahrsein)
2. Reflexives Bewusstsein (sekundäres oder rekursives)
3. Selbstbewusstsein.

Das minimale Bewusstsein in der Entwicklungspsychologie entspricht dem phänomenalen Bewusstsein in der Philosophie, diese Ebene kann dem drei Monate alten Säugling zugeordnet werden. Stern (2005) folgert, dass das minimale Bewusstsein nicht reflexiv

---

[26] Zur Übersicht der Erklärungsansätze und zum Umgang des Problems innerhalb der Philosophie, siehe Bugge (2008).

ist und daher das Erlebte nicht erinnert wird. Es ist auf den Gegenwartsmoment bezogen.[27] Entscheidend bei dem minimalen Bewusstsein, wie Stern es beschreibt, sind hier
die Funktionen der Sinne bzw. der Emotionen und deren Verknüpfung zum „Selbst".

Jantzen beschreibt den Zusammenhang wie folgt:

> So betrachtet, als von Anfang an subjekthafter Bereich, sind die Emotionen die
> Basis des Bewusstseins (vgl. Wallon 1984), d. h. die Basis jeglicher subjekti-
> ver Wertung objektiver Bedeutung sowie ihrer Neukonfiguration in den Pro-
> zessen des Bewusstseins. (Jantzen, 2008, 360)

Ich schließe mich hier der Ansicht an, dass ein phänomenologisches Bewusstsein, das
die Qualität des Erlebens begreift, von Geburt an existiert. Im Gegensatz zum kognitiven
Bewusstsein ist es im Zustand des phänomenalen Bewusstseins nicht notwendig, ein
Konzept von dem Erlebten zu besitzen. Das bedeutet, ich kann Hunger verspüren, ohne
zu „wissen", was Hunger bedeutet (Pauen, 2012, 30f.).

Genau an diesem Punkt öffnet sich das Leib-Seele Problem bzw. Körper-Geist Problem,
das bis heute nicht vollständig überwunden ist. Kann ein Bewusstsein ohne Körper existieren? Welchen Einfluss haben die sensorischen und motorischen Erfahrungen auf das
sich herausbildende Bewusstsein? Welche Rolle nimmt die mich umgebende Welt ein?
Und welche Bedeutung haben die Spiegelneuronen in dieser Debatte?

Besonders die Frage nach dem Einfluss der Umwelt auf das, was wir als Bewusstsein
bezeichnen, ist ein recht junger Ansatz in dieser Debatte. Hierzu äußert sich Noë (2011),

---

[27] Stern nennt noch eine weitere Ebene: das intersubjektive Bewusstsein, dessen Ausbildung er zeitlich
in die Entwicklung der sekundären Intersubjektivitätsfähigkeit (9.-12. Monat) einordnet. Es basiert
auf gemeinsamen Erfahrungen im Gegenwartsmoment. Die Erfahrungen durchlaufen eine Reentry-
Schleife, das heißt, sie werden reflektiert, um sie dann wieder zurück zu spiegeln (Stern, 2005, 134).
Im Jahr 1998 vertrat Stern noch den Standpunkt, dass der Säugling schon kurz nach der Geburt dazu
in der Lage ist, sich als ein „handelndes Wesen" zu begreifen. „Es versteht, daß Handelnde etwas
tun, es versteht Ziele und Konsequenzen, es kann sich Orte merken in Zusammenhang mit dem, was
dort passiert ist. Damit hat es alle Elemente für eine Handlung zur Verfügung und weiß sehr viel
über die zeitliche Kontur von affektiven Erfahrungen" (Stern, 1998, 6). Ich vermute, dass diese
Schwankungen bezogen auf die Zuschreibungen der Fähigkeiten des Säuglings in einer Altersstufe
auf die nach wie vor unklaren Studien zurückzuführen sind und somit den Status von Spekulationen
kaum verlassen haben.

der die These aufstellt, dass das Bewusstsein nicht im Gehirn, sondern zwischen den Menschen zu suchen ist. Noës zentrale These seiner Theorie lautet:

> Nicht die intrinsische Beschaffenheit eines Sinnesreizes bestimmt die Beschaffenheit der Erfahrung, sondern diese beruht hauptsächlich darauf, wie sich die Sinnesreize in Abhängigkeit von den Bewegungen ändern, mit denen der Wahrnehmende sein Umfeld erkundet. (Noë, 2011, 83)[28]

Damit wir von Bewusstsein sprechen können, benötigen wir demnach eine Dynamik. Einen dynamischen Austausch zwischen dem Selbst und der Welt basierend auf Bewegungen.

Es besteht hier noch eine weitere Schnittmenge zum Thema 'mindreading'. Gallese (2013, 83) benennt in der Erklärung dieser Fähigkeit hauptsächlich zwei Positionen, die sich aus der klassischen Kognitionspsychologie entwickelt haben: die „Simulationstheorie" und die 'theory-theory' (beide sind unter dem Oberbegriff 'Theory of Mind' zu fassen). Die „Simulationstheorie"[29] begründet sich auf der Fähigkeit, das Verhalten des Anderen, seine Intentionen und Wünsche, zu reflektieren, d. h. sich in diese Person hineinzuversetzen. In der 'theory-theory' entwickelt das Subjekt eine Theorie, ähnlich einer wissenschaftlichen Theorie, um das Verhalten des Gegenübers abzuleiten. Das heißt, dass das Subjekt für sich steht, isoliert ist und über die Mentalisierung eine Verbindung zum anderen Subjekt eingeht, sprich eine objektive Perspektive. Das bedeutet autodynamisch, aus der „Ersten-Person-Perspektive" versetze ich mich in die „Dritte-Person-Perspektive". Beide Theorien werden mit rein kognitiven Fähigkeiten erklärt.[30] Reddy (2010, 26, Fußnote 241) sieht in dieser Annahme eine „tiefe psychologische Kluft" zwischen den Subjekten. Sie plädiert daher für die „Zweite-Person-Perspektive", um die Fähigkeit des „Hineinversetzens" und „Mitfühlens" zu beschreiben (ebd.). Sie bezieht

---

[28] Noë (2011, 22) setzt „Bewusstsein" mit „Erfahrung" gleich.

[29] Innerhalb der Simulationstheorie gibt es weitere Unterteilungen, siehe dazu Esken (2006).

[30] Dieser Fakt ist u.a. die begründete Kritik in der Debatte, Autismus auf eine fehlende bzw. unzureichend ausgebildete 'Theory of Mind' zu reduzieren, da sich doch die Auffälligkeiten eben nicht auf mentale, sondern auf emotionale Prozesse beziehen, die in der 'Theory of Mind' jedoch keine Rolle spielen.

sich hier u. a. auf Gallagher (2001), der ausführte, dass sowohl die 'theory-theory' als auch die „Simulationstheorie" als 'first-person-perspective' nicht vollständig greifen. Pauen (2012) unterstützt diese Ansicht, da er schreibt, dass die dritte Perspektive nur durch die zweite begründet werden kann. Seiner Ansicht nach ist die erste Perspektive „subjektiv", die zweite „intersubjektiv" und die dritte „objektiv". Weiterhin beschreibt er, dass für diese Perspektive ein implizites Bewusstsein notwendig ist, da das Subjekt zwischen dem eigenen Selbst, inklusive den Wünschen und Intentionen, und dem anderen Selbst unterscheiden muss (a.a.O., 25).

Es besteht gegenwärtig ein gesellschaftliches Interesse an der Fähigkeit zur Empathie (z. B. „Wie gut ist Mitgefühl? Was Empathie wirklich bedeutet. Hohe Luft Magazin, Zeitschrift für Philosophie vom 24.03.16.). Und es kommt vor, wie in einem Artikel von Spitzer (2013) zu lesen ist, dass Begriffe wie „Empathie", „Intersubjektivität" und 'Theory of mind' miteinander gleichgesetzt und in Verbindung mit dem Begriff „Einfühlen" gebracht werden. In dieser Arbeit wird jedoch die Intersubjektivität als Grundlage für das gemeinsame Erleben, von der Fähigkeit zur Empathie deutlich abgegrenzt. Der Begriff „Empathie" wird häufig für eine gelingende Abstimmung in Interaktionen verwendet, obwohl das zugrundeliegende Konzept immer zunächst definiert werden müsste, welche Fähigkeiten darunter verstanden werden. Häufig bezieht sich der Begriff nämlich auf rein kognitive Prozesse, sich „in jemanden hineinzuversetzen", sich „etwas vorzustellen". Dies macht das wiederkehrende Anführen des 'false belief tests'[31] in diesem Zusammenhang deutlich. Der Prozess der emotionalen Regulation wiederum spielt eher eine untergeordnete Rolle bzw. wird vorausgesetzt. Die Voraussetzung für die Intersubjektivität ist jedoch vielmehr die 'sympathy'[32], nämlich dem intuitiven „fühlen mit" bzw.

---

[31] Vgl. Wimmer, H. & Perner, J. (1983).

[32] In verschiedenen deutschen Wörterbüchern wird „Sympathie" mit „mitleiden" etymologisch hergeleitet, obwohl die eigentliche Verwendung nicht dem entspricht (http://www.duden.de/rechtschreibung/Sympathie). Es besteht eine Debatte innerhalb der historischen Sprachwissenschaft, ob diese Herleitung zulässig ist (http://www.belleslettres.eu/content/wortkunde/sympathie-etymologie.php). Für diese Arbeit wird der deutsche Begriff im Sinne von „Mitfühlen" oder „Einfühlen" verwendet.

„einfühlen". Bereits Smith (1966, zuerst 1759) beschrieb die 'sympathy' als eine Grundlage des Aufbaus von Beziehungen, dem Zusammenhang von Gefühlen und der damit verbundenen Fähigkeit des Mitfühlens.

> But whatever may be the course of sympathy, or however it may be excited, nothing pleases us more than to observe in other men a fellow-feeling with all the emotions of our own breast; nor are we ever so much shocked as by the appearance of the contrary. (Smith, 1966, 10 [zuerst 1759])

1.1 Der Dialog

> Wo ein Gespräch gelungen ist, ist uns etwas geblieben und ist in uns etwas geblieben, das uns verändert hat. (Gadamer, 1993, 211 [zuerst 1972])

Wie im vorherigen Kapitel beschrieben, konnte Bateson in der Mutter-Kind-Kommunikation die Muster einer Protokonversation erkennen. Auch Bruner stellte die These auf, dass das Kind schon in der vorsprachlichen Phase die „Regeln" einer Kommunikation beherrscht:

> Narrative Strukturen sind der Praxis der sozialen Interaktion bereits inhärent, bevor sie sprachlich ausgedrückt werden können. (Bruner, 1997, 90)

Ich möchte hier noch einen Schritt weitergehen und diese Form der Kommunikation „Dialog" nennen. Der Dialog ist charakterisiert durch Aktion-Reaktion, die Initiative zu ergreifen und die Erwartung, dass etwas geschieht (vgl. Spitz, 1976, 74).[33]

Jantzen fasst den Übergang, der nun gestaltet werden soll, treffend zusammen:

> Die historisch-kulturellen Formen der Entwicklung der Menschheit vermitteln sich über emotionalen Austausch, Kommunikation, sozialen Verkehr, Arbeit und Sprache von Anfang an mit dem Entwicklungsweg des Kindes, das daher von Anfang an als sozial gedacht werden muss, dessen elementare Dominanten (zum Zeitpunkt der Geburt als Instinkte gedacht) auf sozialen Austausch, auf

---

[33] Spitz (1976) betitelt die Kommunikation zwischen Mutter und Kind als Dialog zum Ende des ersten Lebensjahres des Kindes, da er hier die Fähigkeit des Kindes, Lebendes von Unbelebtem zu unterscheiden, einordnet. Wie in Kapitel 1 beschrieben, konnte Trevarthen (2002) jedoch nachweisen, dass diese Fähigkeit schon viel früher erlangt wird.

Dialog zielen. (Jantzen, 2012, 4)

Um nun die Wesensmerkmale des Dialogs zu skizzieren, wird die zuvor benannte Aktion-Reaktion detaillierter beschrieben. Spitz macht den Unterschied vom reinen Ausdruck eines inneren Zustands im Gegensatz zu einem Appell innerhalb der dyadischen
Kommunikation. Weiterhin weist er auf eine zunehmende Komplexität hin, die sich seiner Ansicht nach durch „Energieverschiebung" entwickelt (1976, 17). Das heißt, er benennt hier zum einen den Aspekt der Intentionalität und zum anderen eine Dynamik, die
sich innerhalb der Dyade entwickelt. Der ausschlaggebende Faktor ist der Austausch
zwischen außen und innen und innen und außen, eine Brücke, die den Austausch mit
der Welt symbolisiert (vgl. Feuser & Jantzen, 2014, 78).

Reddy (2008, 72) charakterisiert den Dialog eines zwei Monate alten Säuglings mit seiner Bezugsperson mit Hilfe von Trevarthen (2001) anhand dieser Merkmale:
- 'Pre-speech movements' (Bewegungen der betreffenden Organe, z. B. Lippen-
  oder Zungenbewegungen; sie treten koordiniert mit z. B. Lächeln, Vokalisationen oder Armbewegungen auf);
- 'self-synchrony' (Muster, die sich aus der Multimodalität der Zeichenträger ergeben);
- 'conversational turns' (ein sich abwechselndes „Frage-Antwort" Muster, das sich
  nur minimal zeitlich überschneidet);
- 'expressing emotions in relation to the emotions of the other' (der emotionale
  Austausch ist wechselseitig abhängig).

Sie verweist darauf, dass, während die ersten beiden Punkte unbestritten, die letzten
beiden diskutabel sind (vgl. Reddy 2008). Diese Merkmale eines Dialogs entsprechen
dem, was in der neueren Säuglingsforschung mit 'engagement' gemeint ist (vgl. Trevarthen, 2002, 164).

1.2 Kommunikation als Mittel des Dialogs

Um einen Dialog innerhalb einer Beziehung herstellen zu können, braucht es Kommunikationsmittel, die die Dialogpartner multimodal verbindet. Die Kommunikation besteht aus Werkzeugen, den Zeichenträgern, die unsere 'emotional states' ausdrücken und somit dem Gegenüber signalisieren, was wir fühlen bzw. welche Bedeutung wir übermitteln möchten. Der Begriff „Zeichenträger", der in der Semiotik wurzelt, wurde von Trevarthen in die Säuglingsforschung eingeführt und von Lüdtke (2006b) weiter ausgebaut.

Wie im Kapitel 1 beschrieben, entwickelt sich das Selbst u. a. anhand von provozierten Spiegelungen des Gegenübers. Dies trifft auch auf die Emotionen zu, die innerhalb einer Dyade ausgedrückt, hervorgerufen und empfangen werden. Daher spricht Lüdtke (2006b, 18) von einer „emotional-narrativen Dyade".

> Innerhalb kommunikativer Spiegelungen von Bewegungen, Berührungen, Vokalisationen bzw. lautlichen Äußerungen werden so über Imitations-. Synchronisierungs- und Matching-Prozesse emotional bedeutsame Informationen kommuniziert sowie die soziokulturellen Regeln ihrer Übermittlung in mimischen, gestischen, vokalen und verbalen Zeichensystemen sukzessive aufgebaut. (Lüdtke, 2006b, 19)

Explizit wird deutlich, dass sich die kommunikativen Fähigkeiten für den Dialog nur durch einen geringen Teil in der Stimme manifestieren. Die Summe der Bewegungen ist der wesentliche Anteil innerhalb der Zeichenträger, die übermittelt werden.

Wie im vorherigen Abschnitt aufgezeigt wurde, entspricht die Mutter-Kind-Kommunikation von Geburt an konversationsgemäßen Mustern. Diese Muster entstehen durch eine Vielzahl von Zeichenträgern, die durch die Interagierenden genutzt werden, um Bedeutungen mitzuteilen. Lüdtke entwickelte das semiotische Dreieck weiter, indem sie die emotionale Markiertheit auf allen linguistischen Ebenen hinzufügte.

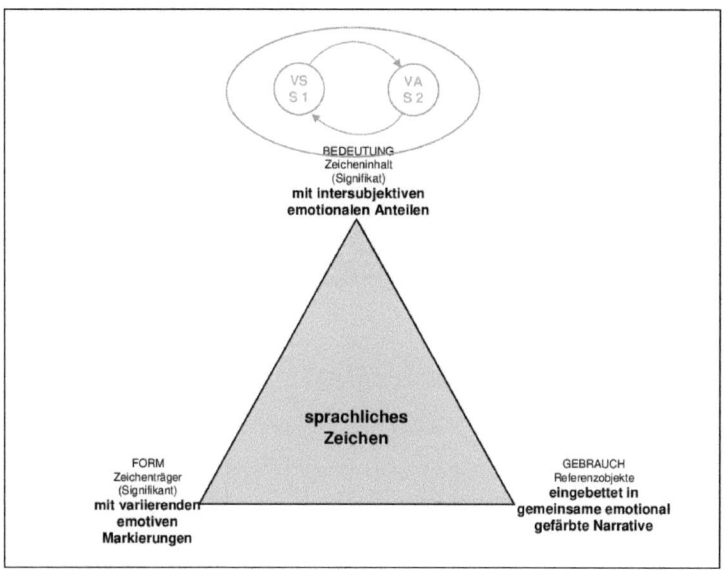

Abbildung 1: Die emotionale Durchdringung der drei Konstituenten eines sprachlichen Zeichens (leicht modifizierte Darstellung nach Lüdtke, 2006b, Abbildung 3).

Zu den Zeichenträgern zählen u. a. der Blick, der Körperkontakt, die Mimik und Gestik, hier auch die Zu- bzw. Abgewandtheit, sprich Bewegungen und natürlich die Stimme. Die Stimme besteht aus vokalen, verbalen und paraverbalen Äußerungen, die sich aus Prosodie, Rhythmus, Lautstärke und Intensität, sprich der Dynamik, zusammensetzt. Um die Kommunikation zu untersuchen, müssen demnach alle Ebenen der multimodalen Zeichenträger Beachtung finden, da erst durch das Zusammenspiel die Bedeutung und somit der Sinn ermittelt werden kann. Das Zusammenspiel der Zeichenträger zeichnet sich dadurch aus, dass sie in einer ganz bestimmten Art und Weise eingesetzt werden (schnell, langsam, intensiv, flüchtig, ...), so dass der emotionale Zustand und die Intention der Agierenden vermittelt wird. An diesem Punkt werden meines Erachtens die kommunikativen Fähigkeiten zum Dialog.

All these authors emphasize that each and every act of communication – in body movement, verbal expression or written language – is primarily an act of intersubjective construction, negotiation and validation, grounded in the body and multimodal perception of the world. (Lüdtke, 2012, 311)

Es macht einen großen Unterschied, ob eine Person, die einer anderen Person zuhört, ihr intensiv in die Augen blickt oder ob sie ihr einen flüchtigen, unruhigen Blick schenkt. Im ersten Fall würde man annehmen, dass die Zuhörerin oder der Zuhörer „ganz bei der anderen Person" ist oder dass sie zumindest so tut als ob. Im zweiten Fall würde man vermuten, dass die Zuhörerin mit „ihren Gedanken woanders" ist. Stern (2011) entwarf für dieses Phänomen ein Konzept, das sein gesamtes Schaffen hindurch wuchs, und nannte es 'forms of vitality' (dynamische Vitalitätsformen).

1.3 Vitalitätsformen innerhalb des Dialogs

Das, was generell z. B. in der Musik oder auch insbesondere im Witz als 'Timing' bezeichnet wird oder auch das, was eine spannende Erzählung von einer langweiligen unterscheidet, ist das, was Stern (2011) als „Vitalitätsformen" bezeichnet. Eine Zuhörerin hängt an den Lippen eines Zuhörers, wenn es dieser schafft, die Aufmerksamkeit des Gegenübers zu behalten. Die Gestaltung der Erzählung ist gekennzeichnet durch Formen von Mimik, Gestik, Prosodie, etc., die das Aufmerksamkeitspotenzial aufrechterhält, ohne jedoch zu künstlich zu wirken oder wiederum die Künstlichkeit bewusst eingesetzt wird, wie im Theater. Ein Witz wiederum kann sich dadurch auszeichnen, dass gerade nur eine minimale Geste zum „richtigen" Zeitpunkt eingesetzt wird. Ein sozialer Akt wird inszeniert. Ohne dynamische Aspekte wären die kommunikativen Elemente nur konventionelle Zeichen (a.a.O., 44). Vitalitätsformen sind essentielle Verbindungen zwischen den intersubjektiven Fähigkeiten und dem emotional-kommunikativen Abstimmungsprozess zwischen Mutter und Kind, weil sie „das Wie" der Abstimmung beschreiben. Um zu verstehen, was zwischen Mutter und Kind innerhalb eines Dialogs passiert, sollte nicht nur betrachtet werden, welche Zeichenträger von den Interagierenden genutzt werden und wie sie sich emotional regulieren. Es sollte weiterhin miteinbezogen werden, wie die Zeichenträger eingesetzt werden und welche Dynamik hierdurch entsteht.

> Im Konzept der dynamischen Vitalitätsformen fließen vier Denklinien zusammen, nämlich die Intersubjektivität, die Trans- und Meta-Modalität, die dynamischen Eigenschaften des Erlebens und eine phänomenologische Fokussierung auf die Subjektivität. (Stern, 2011, 60)

Dieses Konzept eignet sich, um die Regulation und Beeinflussung der Mutter-Kind-Dyade zu beschreiben, da hier das Repertoire ihrer Möglichkeiten aufgezeigt wird und die Zeichenträger eine zeitliche Kontur bekommen. Wie die Mutter ihre Stimme einsetzt, um das Kind z. B. zu beruhigen oder wie das Kind den Arm der Mutter entgegenstreckt, beeinflusst den weiteren Verlauf der Interaktion und ruft wiederum eine Reaktion des Säuglings hervor, die sich an den Vitalitätsformen orientiert.

Stern (2011) verwendete in den vergangenen Jahrzehnten unterschiedliche Begriffe, um die gleichen Zusammenhänge zu beschreiben:

> I have been concerned with the dynamic aspects of experience over many years. Along the way, different terms have been used for this aspect, including 'vitality affects,' 'temporal feeling shapes,' 'temporal feeling contours,' 'proto-narrative envelopes,' 'vitality contours,' and now 'dynamic forms of vitality' (Stern et al., 1984; Stern, 1985, 1994, 1995, 1999, 2004). (Stern, 2010, Fußnote 17)

Vitalitätsformen sind Veränderungen der inneren Gefühlszustände, die durch verschiedenste Stimulationen, die in Gefühlskonturen übertragen wurden, erzeugt werden.

> Alles, was wir tun, sehen, fühlen oder von anderen Menschen hören, besitzt eine zeitliche Kontur [...]. Diese Zeitkonturen der Stimulationen spielen mit und in unserem Nervensystem und werden in Gefühlskonturen transponiert. Eben diese konturierten Gefühle bezeichne ich als Vitalitätsaffekte. [...] Mit dem Begriff 'Vitalitätsaffekt' bezeichne ich die subjektiv erlebten Veränderungen innerer Gefühlszustände, die mit der Zeitkontur des Stimulus einhergehen. (Stern, 2005, 78 f.)

Jantzen (2012) bezieht sich auf Wallon (1984), um diese Prozesse zu beschreiben:

> Emotionen betrachtet er in ihrem Kern als biorhythmische Schwingungen, besser wohl als Melodien des Tonus. (Jantzen, 2012, 6)

Es ist davon auszugehen, dass das phänomenale Bewusstsein die Erlebnisse, die durch die Vitalitätsformen gefärbt wurden, speichert. Die Dynamik impliziert auch den raumzeitlichen Aspekt des Dialogs. Jantzen (2012) beschreibt wie die äußeren raumzeitlichen Prozesse die intrapsychische Entwicklung formt.

> Für alle Formen der Entwicklung gilt das erste Gesetz psychischer Entwick-
> lung, dass intersubjektive raumzeitliche Prozesse, also Dialog, Kommunika-
> tion und sozialer Verkehr nach innen wandern, dass sie zu intrasubjektiven
> raumzeitlichen Prozessen werden. Dies geschieht auf der Basis einer inneren
> und einer äußeren Entwicklungsdynamik, die untrennbar miteinander verbun-
> den sind. (Jantzen, 2012, 7)

1.4 Auszug aus Stand der Forschung

Ich möchte nun noch explizit auf den Stand der Forschung bezüglich des Zusammenhangs von Intersubjektivität und der Mutter-Kind-Kommunikation, das bedeutet überwiegend auf Studien aus dem Bereich „soziale Entwicklung des Säuglings in den ersten
sechs Monaten", eingehen. Wie schon erwähnt, gibt es unzählige Untersuchungen insbesondere in den vergangenen fünfzig Jahren. Daher werden nur die Studien skizziert,
die das Forschungsgebiet grundlegend verändert und die vorliegende Arbeit besonders
beeinflusst haben.

Beginnend seien hier die sogenannten „Still-Face-Experimente" von Tronick, Als,
Adamson, Wise & Brazelton (1978) genannt. Durch diese Untersuchungen wurde verdeutlicht, inwiefern der Säugling durch das „Einfrieren" der Mimik der Mutter irritiert
wird. Dadurch, dass die Mutter nicht das erwartete Verhalten zeigt und dem gemeinsamen Ziel der Aufrechterhaltung der Kommunikation folgt, versucht der Säugling zunächst verstärkt, die Mutter zu weiterer Kommunikation zu bewegen; nach dem Miss-
lingen, zieht sich der Säugling zurück. Dieses Ergebnis konnten Brazelton, Koslowski
& Main (1974), Stern (1971) und Massie (1975) untermauern und zusätzlich langfristige
Folgen auf die Säuglingsentwicklung erheben. Außerdem zeigen diese Ergebnisse, dass
die Fähigkeiten des Säuglings nicht nur auf Imitation zurückzuführen sind.

Field (1977) und Stern (1977) konnten zeigen, dass sich Säuglinge abwenden, wenn sie
durch die Mutter nicht genug Pausen zum Antworten erhalten (vgl. Tronick, 2007,
253f.). Auch aufgrund dieser Ergebnisse kann die frühe Kommunikationsform als Dialog bezeichnet werden.

In den sogenannten „Pertubationsexperimenten" von Murray & Trevarthen (1985) wurde die Mimik der Mutter nicht eingefroren, sondern zeitlich versetzt, so dass sie nicht mehr kontingent war. Die Reaktion des Säuglings war ähnlich der des Still-Face-Experiments: Er zieht sich zurück. Dornes (2006), wie auch die Autoren selbst, ziehen den Schluss, dass eine soziale Erwartung besteht und diese enttäuscht wurde (vgl. Dornes, 2006, 83, 116f.). Auf die Folgen, die durch eine misslungene, gestörte oder irritierte Kommunikation beim Säugling entstehen können, wird im Kapitel 2.5 näher eingegangen.

1.5 Abgrenzung zur Bindungstheorie

Ich möchte an dieser Stelle noch kurz auf die Verbindung zur klassischen Bindungstheorie (u. a. Ainsworth et al., 1978; Bowlby, 1975) eingehen, da sie häufig missverständlich als Gegenpol zur Intersubjektivitätstheorie eingestuft wird und sie im Rahmen eines gelungenen Abstimmungsprozesses in der Literatur und besonders in der Ausbildung von Pädagogen und Pädagoginnen eine große Rolle spielt. Das Missverständnis beruht darauf, dass der Begriff „Bindung" gegenwärtig für sämtliche Prozesse angewandt wird, in denen das Kind soziale Beziehungen herstellt und nicht nur für die Belastungssituationen, für die die Theorie ursprünglich entwickelt wurde (vgl. Papoušek, 2006). Ich verweise hier auf die Erklärung, die Stern getroffen hat. Stern (2005, 113) macht einen deutlichen Unterschied zwischen Intersubjektivität als Motivationssystem und Bindung als Motivationssystem, obwohl sich beide ergänzen. Sie entwickeln sich parallel mit Bezug zum jeweils anderen. Die Unterscheidung ist notwendig, da dadurch verständlich wird, dass Menschen aneinander gebunden sein können, ohne in einem gemeinsamen intersubjektiven Erleben involviert zu sein. Andersherum können Menschen in einem gemeinsamen intersubjektiven Erleben involviert, aber ohne aneinander gebunden zu sein. Letztendlich unterstützen sich beide Systeme, sind aber voneinander zu separieren.

> Die Bindung sorgt für einen engen Zusammenhalt, indem sich Intersubjektivität entwickeln oder vertiefen kann, während die Intersubjektivität die Bedingung schafft, die der Entwicklung von Bindungen förderlich sind. (Stern, 2005, 113)

Frank (2009) beschreibt außerdem, dass erst die intersubjektive Kommunikation zwischen Mutter und Kind es möglich macht, ein (sicheres) Bindungsverhalten aufbauen zu können.

> Die Art und Weise und die rhythmische Qualität in der interaktiven Beziehung zwischen Mutter und Kind sind es, die letztlich Art und Qualität, den Verlauf der Bindung und der Bindungsprozesse bestimmen. (Frank, 2009, 195)

1.6 Fazit und Übergang

In diesem ersten Kapitel wurde das Konstrukt der Intersubjektivität als Ausgangslage für diese Arbeit erläutert. Folglich wurde der Bezug zur (Mutter-Kind)-Kommunikation hergestellt, um letztendlich die Ausgestaltung der Kommunikation aufzuzeigen. Im nachfolgenden Kapitel wird auf den Abstimmungsprozess zwischen Mutter und Kind eingegangen, der sich innerhalb der Kommunikation vollzieht und wesentlich durch die wechselseitige Regulation der Emotionen und Affekte beeinflusst wird.

Ich möchte zuletzt auf Spitz (1967) zurückkommen. Wie durch das Eingangszitat zu diesem Kapitel verdeutlicht, war die Kommunikation zwischen Mutter und Kind zu dieser Zeit noch von vielen Spekulationen in der Forschung geprägt. Spitz beschreibt, dass die Form der Kommunikation zwischen Mutter und Kind auf „coenästhetischen Fähigkeiten" beruht (a.a.O., 155), eine Kommunikation basierend auf Empfindungen (siehe Kap. 2.1.4). Für das Kind ist sie seines Erachtens die maßgebliche Kommunikationsform, die Mutter erlangt diese Fähigkeit während der Schwangerschaft wieder. Sie basiert auf affektiven Signalen. Spitz beschreibt sie als „Druck" und „Nachgeben" oder auch „Ebbe" und „Flut" (a.a.O, 156).

2. Die Abstimmung

Wie können wir nun also das „Zwischen" zwischen Mutter und Kind beschreiben? Was ist das, was wir fühlen, wenn wir Mutter und Kind beobachten? Wann empfinden wir einem anderen Menschen gegenüber das Gefühl, vollkommen verstanden zu sein?

Ich möchte zunächst den emotional-regulierenden Prozess, hervorgerufen durch die multimodale Kommunikation zwischen Mutter und Kind, schwerpunktmäßig beleuchten. Emotionen werden in der Kognitionspsychologie wieder nach und nach als Grundlage für die Entwicklung des Menschen in den Mittelpunkt gerückt (Schwarz-Friesel, 2013; Schroeger & Koelsch, 2013). Doch der Prozess ist noch immer im Gang, so dass bisher lediglich von einer Tendenz gesprochen werden kann, die Emotionen, insbesondere im Spracherwerb, zu berücksichtigen. Innerhalb der Kommunikations- und Sprachentwicklung konnte Lüdtke (2004, 2015) einen entscheidenden Beitrag leisten, indem sie aufzeigte, inwiefern Emotionen in der Sprachwissenschaft lange Zeit negiert wurden und nun reintegriert werden können.

Die Untersuchung von Affekten und Emotionen, die besonders in dieser frühen Phase der kindlichen Entwicklung vorherrschend sind, wird gegenwärtig größtenteils durch neurobiologische Forschung bzw. die Kognitionswissenschaften vorgenommen. Dies bezieht sich allerdings überwiegend auf den Nachweis des Vorkommens von Affekten und Emotionen, die Lokalisierung in den zuständigen Hirnarealen und den Zusammenhang von kognitiver und affektiver Hirntätigkeit im Rahmen einer Informationsverarbeitung (Schroeger & Koelsch, 2013, 3). Es ist fraglich, inwiefern dies gegenwärtig die Entwicklungspsychologie geschweige denn die Pädagogik innerhalb der Säuglingsforschung voranbringt, um das „Zwischen", das heißt die Verzahnung von Affekten, Emotionen, Gefühlen, Empfindungen, Kognitionen und dem Körper innerhalb von Abstimmungsprozessen zwischen zwei Interaktionspartnern zu beschreiben. Deutlich ist jedoch, dass auch im Rahmen der affektiven Neurowissenschaft mittlerweile davon ausgegangen wird, dass an jeglichen kognitiven Prozessen affektive Prozesse beteiligt sind.

© Springer Fachmedien Wiesbaden GmbH, ein Teil von Springer Nature 2019
S. Lück, *Das Zwischen im Dialog*, Diversität in Kommunikation und
Sprache / Diversity in Communication and Language,
https://doi.org/10.1007/978-3-658-25833-7_3

(a.a.O., 4). Der lange Weg zur „Lösung" des Leib-Seele Problems scheint somit bestenfalls im Beginn beschritten zu werden oder trügt dieser Schein (siehe Kap. 6)?

Mit dem Begriff „Abstimmung" wird hier die größtenteils unbewusste jedoch „zielgerichtete und motivierte" (Dornes, 2006, 121) Abstimmung zwischen Mutter und Kind beschrieben, die die Intersubjektivität zwischen beiden Partnern hervorruft bzw. die Grundlage für Intersubjektivität bildet.

Die Abstimmung zwischen Kind und Mutter erfolgt in einem Prozess, der an vielfältige Faktoren gebunden ist und auf unterschiedlichen Ebenen verläuft. Ziel der erfolgreichen Abstimmung ist es, Intersubjektivität zwischen den Agierenden zu erreichen, um ein gemeinsames Erleben zu gewährleisten. Schwarz-Friesel (2013) definiert das Erleben folgendermaßen:

> ... Erleben bedeutet, im Zustand des Bewusstseins die inneren und äußeren
> Zustände des eigenen Ichs wahrzunehmen. (Schwarz-Friesel, 2013, 49)

Durch das gemeinsame Erleben ist es möglich, die Emotionen des Gegenübers zu regulieren und Bedeutung zu generieren (siehe Kap. 2.4). Hierbei muss hervorgehoben werden, dass sich beide Partner (Säugling und Bezugsperson) dyadisch regulieren und Kontakte provozieren. Bruner (1997, 90) stellt im Zusammenhang mit dem Spracherwerb des Kindes die These auf, dass ein „Zwang" besteht, Erzählungen zu konstruieren. Der Ausgangspunkt für eine Provokation des Kontakts ist die Kommunikationserwartung, die von Geburt an besteht (siehe Kap. 1). Die Emotionen werden durch 'emotional states' in eine äußerlich wahrnehmbare Form gebracht. Wie im Kapitel 1.3 beschrieben, sind hier die Vitalitätsformen ausschlaggebend, um Bedeutung zu generieren.

Das Eintauchen in den Dialog wird im englischsprachigen Raum als 'engagement' beschrieben. Dieser Begriff beinhaltet sowohl die dynamische als auch die emotionale Ebene der Kommunikation.

Die Fülle an Untersuchungen zum Abstimmungsprozess zwischen Mutter und Kind, die in den vergangenen fünfzig Jahren stattgefunden haben, ist immens und wird durch die Vielzahl an Forschungsdisziplinen, die sich dem Phänomen widmen, erschwert. Auch die zugrundeliegende Sozialisationstheorie, die dem Säugling unterschiedliche Fähigkeiten in bestimmten Altersstufen zuschreibt, muss bedacht werden, wenn auf Studien zurückgegriffen wird. Daher wird an dieser Stelle auf Studien eingegangen, die die Dialogentwicklung zwischen Mutter und Kind in den ersten sechs Monaten fokussieren.

Zunächst zu den Untersuchungen, die sich mit den Fähigkeiten von Neugeborenen beschäftigen. Meltzoff & Moore (1977, 1983) belegten, dass Neugeborene bereits 18 Stunden nach der Geburt mimetisch auf die Stimme der Mutter reagieren (vgl. Frank, Gratier & Lüdtke, 2011). Außerdem können sie vier verschiedene Gesichtsausdrücke nachahmen, die allerdings nicht lediglich imitiert werden, sondern als zielgerichteter Akt einzustufen sind (vgl. Dornes, 2006). Wie bereits in Kapitel 1 erwähnt, konnten Nagy & Molnár (2004) zeigen, dass Neugeborene wenige Stunden nach der Geburt die Gesten des Dialogpartners nicht nur imitieren, sondern durch leichte Veränderungen weitere Interaktionen provozieren.

Zur Dialogentwicklung bzw. dem 'Turn-Taking' hat Papoušek eine umfassende Studie vorgelegt, in der unter anderem kontingentes und nicht kontingentes Dialogverhalten der Mutter mit einem zwei Monate alten Säugling nachgewiesen werden konnte, das zu einer Erhöhung der Vokalisationsrate führte. Es konnte zusätzlich belegt werden, dass die Sprechmelodik der Mutter das Kind auffordert, den Dialog aufrecht zu erhalten (vgl. Papoušek, 2001, 95).

Bevor auf die emotionale dyadische Regulation eingegangen werden kann, ist es notwendig eine Einordnung der Begriffe „Affekt", „Emotion", „Gefühl" und „Empfindung" vorzunehmen.

2.1 Begriffseinordnung: Affekt, Emotion, Gefühl und Empfindung

Da in der Analyse der Videos unserer Studie SMILE Affekte, Emotionen und auch Gefühle interpretiert werden, ist es notwendig, die einzelnen Begriffe genauer einzugrenzen. Nach wie vor bestehen keine einheitlichen Konzepte von den Begriffen: Affekt
(affect), Emotion (emotion), Gefühl (feeling) und Empfindung (sensation). Die Begriffe
werden häufig vermischt oder synonym verwandt, so dass es schwierig ist, die Begriffe
eindeutig getrennt zu untersuchen (u. a. Pauen, Frey & Gansner, 2014). Außerdem sind
große Unterschiede in der deutschen und englischen Bedeutung vorzufinden. Daher
werden die Begriffe der einzelnen Autorinnen und Autoren nicht übersetzt. Im vorliegenden Kapitel wird auf solche Konzepte und theoretische Überlegungen eingegangen,
die die Rolle von Affekten, Emotionen, Gefühlen und Empfindungen im kommunikativen Prozess beschreiben und einen Zusammenhang zum Bewusstsein herstellen oder
die zu einem Beitrag in der Differenzierung der Begriffe beitragen.

Häufig wird eine hierarchische Ordnung vorgenommen, wenn von den Begriffen Affekt,
Emotion und Gefühl die Rede ist (z. B. Panksepp, 2005). Der eher hierarchischen Ord-
nung in Form von Affekt, Emotion, Gefühl und Empfindung folgend wird zuerst der
Begriff Affekt beleuchtet.

2.1.1 Affekt

Der Begriff „Affekt" (lat. affectus) wird im Pschyrembel[34] folgendermaßen definiert:

> Kurzzeitige und intensive Gemütsregung wie Freude oder Wut meist mit phy-
> siologischem (vegetativem) Korrelat [...].

---

[34] https://www.pschyrembel.de/Affekt/K01S8/doc/; Zugriff: 10.08.2017

Hier wird einerseits die Intensität thematisiert und andererseits die Verbindung zwischen dem Gemüt[35] und der körperlichen Reaktion. Auch wird der Begriff häufig mit Lust/Unlust in Verbindung gebracht. Es gibt Ansätze aus der Schnittstelle von Neurobiologie und Psychologie (in Teilen auch der Psychoanalyse/Bindungstheorie), die eine Einordnung vornehmen. So beispielsweise Duncan & Feldman Barett (2007):

> The word "affect" is generally used to refer to any state that represents how an object or situation impacts a person. (Duncan & Feldman Barett, 2007, 2)

Hier wird deutlich, dass der Begriff Affekt auch impliziert, dass es ein Zustand ist, der einem Menschen widerfährt, d. h. die Person kann keinen Einfluss darauf nehmen. Auch Schwarz-Friesel (2013, 52) verweist in ihrer Definition des Begriffs auf die Passivität:

> Unter Affekt ist heute ein intensiver emotionaler Zustand ohne bewusste, intentionale Erlebenskomponente zu verstehen, eine heftige Erregung, die wie ein Reflex nicht der Kontrolle des jeweiligen Menschen unterliegt. (Schwarz-Friesel, 2013, 52)

Die Eigenschaften, die sie benennt (intensiv, unbewusst, heftig) finden sich in unserer Sprache wider, z. B. „Totschlag im Affekt", „im Affekt umarmen", „im Affekt wegrennen" (ebd.).

Das Adjektiv „affektiert", also ein gekünsteltes, aufgesetztes Verhalten[36] innerhalb der verbalen und non-verbalen Kommunikation wird eher mit dem bewussten Einsetzen von Affekten verbunden - also dem bewussten Einsetzen verstärkender Elemente und Vitalitätsformen. Beim 'Motherese', den intuitiven elterlichen Kommunikationsformen, ist diese Form auch zu finden, jedoch würde ich hier das bewusste Einsetzen, um etwas Besonderes darzustellen, nicht unterstellen. Das Motherese erfüllt eine notwendige

---

[35] https://www.pschyrembel.de/Gem%C3%BCt/P0372/doc/; Zugriff: 10.08.2017. Das Gemüt wird im Pschyrembel als „Gesamtheit des Gefühlslebens (Emotion)…" beschrieben. Hier wird beispielhaft die Vermischung der Begriffe deutlich.

[36] Laut Duden: gekünstelt, geziert. http://www.duden.de/suchen/dudenonline/affektiert. Zugriff: 09.09.2017.

Funktion in der Dialogentwicklung und darin, die Aufmerksamkeit des Kindes „zu halten" (vgl. Papoušek, u. a. 2001).

Schore (2001) bezieht sich auf Sroufe (1996) und beschreibt eine hierarchische Struktur bezüglich der Affekte und der Emotionen und betont dabei die Rolle der Umwelt:

> It is now accepted that affects reflect an individual's internal state and have a hedonic (valenced) dimension and an arousal (intensity) dimension. The crescendos and decrescendos of the infant's peripheral (ANS) and central (CNS) arousal systems underlie emotions, and so the mutual entrainment of affective states in attachment transactions can be defined as the dyadic regulation of emotion (Sroufe, 1996). (Schore 2001, 21)

Panksepp (2012, 2005) unterteilt den Begriff 'affect' in 'emotional affects' und 'sensory affects'. Sie sind auf der 'primary process' Ebene angesiedelt. Das heißt, bevor es zu einer Emotion kommt, die bewusst wahrgenommen werden kann, entstehen unbewusste Formen von 'affects', die z. B. den Abstimmungsprozess in einem Dialog steuern. Auch hier ist wieder eine hierarchische Anordnung erkennbar. Panksepp (ebd.) erläutert außerdem, dass Affektzustände ein Gerüst bilden um andere Bewusstseinsformen zu schaffen.

Der Begriff Affekt ist für diese Arbeit insofern relevant, als dass die Abstimmung zwischen Mutter und Kind, besonders in der psychoanalytischen Literatur, häufig als Affektabstimmung bzw. Affektregulierung bezeichnet wird[37]. Stern (2005, 247) definiert in seinem Glossar, dass die Affektabstimmung nicht die Imitation des reinen Verhaltens darstellt, sondern die Möglichkeit eröffnet, das Gefühl, das hinter dem Verhalten steht und vermittelt wird, in zeitlicher Dynamik der Intensität und die Form oder den Rhythmus des Verhaltens zu imitieren. Hier möchte ich einen Rückbezug zu den Vitalitätsformen von Stern (siehe Kap. 1.3) schaffen. Zu einem späteren Zeitpunkt in seinem

---

[37] Auf die „mütterliche Affektspiegelung" soll an dieser Stelle nicht eingegangen werden, da das Eröffnen dieser strittigen Debatte den Rahmen dieser Arbeit sprengen würde, detaillierte Ausführungen dazu siehe u.a. Fonagy et al. (2008) und Dornes (2006).

Werk setzt Stern (2011, 59) die „Affektabstimmung" mit einer „Angleichung der Vitalitätsformen" gleich.

2.1.2 Emotion

Es besteht bis heute für den Begriff „Emotion" keine einheitliche Definition in der Emotionsforschung. Selbst in unterschiedlichen psychologischen Wörterbüchern wird der Begriff „Emotion" mit dem Begriff „Gefühl" erklärt. Dies führt wiederum zu Unklarheiten oder es wird nur angeführt, dass bisher keine einheitlichen Definitionen bestehen oder sogar, dass der Begriff nicht definierbar ist (vgl. Schwarz-Friesel, 2013, 43ff.). Es gab in der Historie sehr viele unterschiedliche Erklärungsansätze aus verschiedenen wissenschaftlichen Disziplinen, jedoch ist fraglich, ob alle Beteiligten von demselben Gegenstand sprachen (vgl. Plamper, 2012, 20f.). Zu Bedenken ist hierbei allerdings, dass die einzelnen Disziplinen unterschiedliche Ziele in den Erklärungsversuchen verfolgten und somit auch unterschiedliche Paradigmen von Emotionen untersuchten.

In dieser Arbeit wird die Funktion von Emotionen fokussiert bzw. Emotionen als Handlungsauslöser betrachtet. Doch zunächst wird ein kurzer Überblick über wegweisende Entwicklungen in der Forschungslandschaft gegeben.

Der Begriff „Emotion" entstammt dem Verb (lat. emovere) „herausbewegen" bzw. „etwas in Bewegung setzen".[38] Im Gegensatz zu den etymologischen Ursprüngen des Wortes „Affekt", der die Intensität und Plötzlichkeit fokussiert, dem das Subjekt ausgeliefert zu sein scheint, wird hier sowohl ein aktiver als auch ein passiver Anteil im Subjekt deutlich, d. h. „ich setze etwas in Bewegung" und „etwas setzt mich in Bewegung". Die schwierigste Abgrenzung besteht zwischen den Begriffen „Emotion" und „Gefühl", da beide Begriffe häufig miteinander erklärt werden und mit dem Begriff „Bewusstsein" in Verbindung stehen.

---

[38] https://www.dwds.de/wb/Emotion. Zugriff: 29.10.17.

Meines Erachtens ist die ausschweifendste Debatte innerhalb der Emotionsforschung der vergangenen 20 Jahre die der Basisemotionen. Es gibt unzählige Listen, die Autoren verschiedenster Denkrichtungen aufgestellt haben, um eine universale Gleichheit aller Menschen bezüglich ihrer Emotionen aufzustellen. Die Listen sind demnach entweder sehr lang, weil viele Emotionen denkbar wären oder sehr kurz, weil ihre Nachweisbarkeit in der Forschung immer wieder angezweifelt werden kann.[39] Reisenzein (2000) hat die unterschiedlichen Theorieansätze rund um die Basisemotionen sehr deutlich zusammengefasst. Demnach entsteht die erste Teilung der Theorien darin, einerseits von einer teilweisen oder völligen Reduktion auf Basisemotionen zu sprechen oder andererseits auf die Möglichkeit Emotionen in vier nicht-emotionale Zustände zu reduzieren („Handlungstendenzen", „Kognitionen", „Empfindungen körperlicher Veränderungen", „mehreres davon"). Die nächste Teilung ist in einer schwachen Theorie von Basisemotionen oder von einer starken Theorie der Basisemotionen zu finden. Weiterhin besteht ein Unterschied innerhalb der starken Theorie der Basisemotionen, die sich in eine diskrete Reduktionsbasis (wie Freude, Ärger, Angst, Ekel, Überraschung) und eine dimensionale Reduktionsbasis (Lust/Unlust, Aktivierung/Deaktivierung) aufspaltet. Und innerhalb der schwachen Theorie der Basisemotionen besteht die Teilung in diskrete Emotionen und andere Komponenten (insbesondere Kognitionen) und in Grunddimensionen und andere Elemente (insbesondere Kognitionen) (a.a.O., 210).

Und weiterhin besteht kein Konsens darüber, was ein emotionaler Zustand ist. Tronick (2007, 170) weist außerdem darauf hin, dass sich die Forschungen der Vergangenheit zu sehr auf Gesichtsausdrücke beschränken. Emotionen äußern sich auch in Gesten, Körperhaltungen, Vokalisationen und ihren Verbindungen.

---

[39] Es gibt viele verschiedene Konzepte von Basisemotionen. Der Unterschied liegt häufig in der Annahme, welche Emotionen kulturübergreifend nachweisbar sind und welche Emotionen eher primär oder sekundär kategorisiert werden können (Ekman (1992), Izard (1999), Panksepp (1998)). Des Weiteren gibt es die Kritiker dieses Ansatzes wie z. B. Russel (2009). Eine ausführliche Gegenüberstellung der Positionen findet sich bei Reisenzein (2000).

Zusätzlich zu dieser Debatte, die generell von einer biologischen Determiniertheit ausgeht, gibt es auch Autoren, die von einer kulturellen Determiniertheit ausgehen. Holodynski (2004, 7f.) hat versucht, beide Aspekte miteinander zu verbinden, indem er eine entwicklungspsychologische Analyse von Emotionen postuliert. Innerhalb dieser Analyse geht er von fünf Emotionen (Distress, Interesse, endogenes Wohlbehagen [das den Abschluss eines Spannungs-/Entspannungszyklus kennzeichnet], Erschrecken/Furcht, Ekel) aus, die bereits ab der Geburt beobachtet werden können und bei denen davon auszugehen ist, dass sie auch kulturübergreifend sind.

Da der Säugling schon pränatal mit Kultur konfrontiert wird und er überaus anpassungsfähig ist, wird es in dieser Debatte wahrscheinlich nicht zu einem endgültigen Ergebnis kommen. Ich nehme daher die Position ein, dass sowohl (Basis-) Emotionen von Geburt an bestehen (i.S. Holodynskis), aber gleichzeitig der kulturelle Einfluss von Beginn an sehr ausgeprägt ist.

Der Wunsch in der Forschung nach Reduktionen in den Emotionstheorien liegt nah, ist es doch ein wenig handhabbares Thema für die Entwicklung einer Methode. Selbst die Einteilung in sogenannte „positive" und „negative" Emotionen scheint zweifelhaft, da selten Emotionen einzeln existieren und daher immer von Mischformen ausgegangen werden muss (z. B. bei Plutschik, 1982 zit. n. LeDoux, 1998, 123) bzw., dass sie in Wechselwirkung miteinander stehen (Panksepp, 1998 zit. n. Jantzen, 2012). Allerdings steht auch hier die Handhabbarkeit vor der Würdigung der Komplexität des Themas, daher wird auch in dieser Arbeit auf Einteilungen in positive und negative Entwicklungen durch Emotionen zurückgegriffen.

Holodynski (2004, 4) hat meines Erachtens eine sehr umfassende, aber trotzdem arbeitsfähige Definition entworfen, die wichtige Aspekte berücksichtigt:

> Präziser gefasst ist eine Emotion ein sich selbst organisierendes psychisches System, das interne bzw. externe kontextbezogene Anlässe in ihrer Bedeutung für die eigene Motivbefriedigung einschätzt, adaptive Ausdrucks- und Körperreaktionen auslöst, die über das Körperfeedback als Gefühl subjektiv wahrgenommen und mit dem Emotionsanlass in Zusammenhang gebracht werden, so

dass motivdienliche Handlungen ausgelöst werden (können), sei es bei der Person selbst oder beim Interaktionspartner. (Holodynski, 2004, 4)

Was diese Definition missen lässt, ist die frühe dyadisch-wechselseitige Regulation. Holodynski (a.a.O., 5) beschreibt sie, allerdings bezüglich der Rolle der Bezugsperson in der interpersonalen Regulation der Emotionen beim Säugling, da seiner Ansicht nach dieser die Fähigkeit noch nicht erworben hat.

Damasio verwendet den Begriff Affekt nicht, unterscheidet aber zwischen Emotion und Gefühl. Laut Damasio (2009, 58) ist das Gefühl ein rein subjektives Erleben und kann nicht am Gegenüber beobachtet werden. Hingegen ist die Emotion für andere sichtbar. Emotionen stuft er als unbewusst ein, obwohl sie bewusst sein können, es aber nicht müssen. Emotionen haben eine regulierende Funktion der motivationalen Systeme. So können z. B. Triebe gedämpft oder verstärkt werden (vgl. Izard, 1999, 70).

Zusammenfassend ist zu sagen, dass Emotionen nicht separat auftreten. Es bestehen immer Mischformen, so dass eine Einteilung in „negative" und „positive" Formen theoretisch nicht möglich ist. Dieser Aspekt ist besonders für den Forschungsbereich wichtig, da bei Operationalisierungen von Emotionen diese Einteilung immer wieder vorgenommen wird. Bezogen auf Entwicklungsverläufe innerhalb von Interaktionsprozessen ist es jedoch unabdingbar, eine Einteilung in „positive" und „negative" Verläufe vorzunehmen.

Aufgrund der Ergebnisse der wissenschaftlichen Auseinandersetzung mit den Termini „Affekt" und „Emotion" wird nachfolgend der Abstimmungsprozess des Kindes im dritten Lebensmonat mit seiner Bezugsperson als affektiv-emotional reguliert eingestuft, da davon auszugehen ist, dass die affektiv transportierten Informationen in einem emotionalen Zustand münden, der die weiterführende Kommunikation maßgeblich beeinflusst.

2.1.3 Gefühl

Voss (2004, 12) beschreibt das Gefühl als einen Überbegriff von Emotionen, Launen, Stimmungen, Empfindungen und affektiven Einstellungen, worunter sie z. B. auch Sympathie oder Vertrauen fasst. Die Übergänge sind fließend und spielen z. B. dann eine Rolle, wenn zwischen Trauer und einer Depression unterschieden werden muss. Stimmung beschreibt sie als etwas, das einen ergreift, und führt hierzu eine euphorische Stimmung an, die sich durch Diffusität äußert.

Nach Damasio ist das Gefühl an das Bewusstsein geknüpft. Ein bewusster Vorgang, der zusätzlich mit (Selbst)Reflexion in Verbindung gebracht wird. Damasio (2000, 286) hat den Begriff 'background feelings' (Hintergrundgefühle) aufgestellt. Sie sind permanent präsent und spiegeln unseren Zustand wider, z. B. Anspannung/Entspannung, allerdings sind sie, wie der Name schon sagt, im Hintergrund. Hintergrundgefühle entstehen aus Hintergrundemotionen, die für andere sichtbar sind.

2.1.4 Empfindung

Empfindungen unterliegen der (bewussten) Wahrnehmung und werden über die Sinne vermittelt und als sensorische Erfahrung integriert. Spitz (1967, 155) bezeichnet, wie bereits beschrieben, die Kommunikation zwischen Mutter und Kind, basierend auf Empfindungen, als „coenästhetische Kommunikation". Feuser & Jantzen (2014, 77) beziehen sich auf Spitz (1949, 149f.) und differenzieren das „diakritische" und das „coenästhetische" Wahrnehmungssystem. Das diakritische System steuert die „phasische" (sensorisch-motorische) und das „coenästhetische" steuert die „tonische" (sensitive) Regulation.

Die Zeichenträger, wie im Kapitel 1.2 beschrieben, stellen eine Verbindung zu den Wahrnehmungssystemen her. Nach Schwarz-Friesel sind

Empfindungen primäre Erfahrungs- und Erlebniszustände…, deren bewusste

Wahrnehmung von einer Interaktion äußerer Reize mit inneren Aktivitätszuständen abhängt. (Schwarz-Friesel, 2013, 50)

Weiter schreibt sie, dass die Empfindungen neuronal an Repräsentationen von Körperzuständen gekoppelt sind. Sie können auch ohne äußeren Reiz vorkommen. Als Beispiel hierfür nennt sie den Phantomschmerz (a.a.O., 51). Izard (1999, 165) beschreibt sogar, dass „die Empfindung als elementarster Aspekt des Bewusstseins zu betrachten ist". Auch bei ihr ist der ausschlaggebende Faktor wieder die Wahrnehmung, die die Empfindung weiter transportiert. Es besteht eine permanente Abstimmung zwischen den affektiven und emotionalen Prozessen und den Empfindungen. Wenn eine Empfindung Bedeutung bekommt, nehmen wir sie wahr und ordnen sie ein. Die Einordnung kann, Izard folgend (ebd.), zunächst in Affekte und danach in Wahrnehmungen oder Kognitionen erfolgen. Und ein weiterer wegweisender Punkt ist hierbei die Bedeutung, die als Prozessauslöser fungiert. Die Bedeutung in ihrer Definition schließt ein, dass ein gewisses Maß an Emotion und Bewusstsein vorhanden ist. Somit beschreibt der Begriff „Empfindung" die Wechselwirkungen zwischen dem Körper und der affektiv-emotionalen Regulation.

2.2 Verhältnis von Affekt, Emotion, Kognition und dem Körper

In den neunziger Jahren gab es einen Aufschwung in der Debatte um den Zusammenhang von Kognition und Emotion durch Forschungsergebnisse der Neurobiologie.[40] So prägten in dieser Zeit Werke von Panksepp (1998), Damasio (1994) und LeDoux (1998) die Diskussion, und die Forschungsthesen entwickelten sich rasch vorwärts, so dass gegenwärtig verschiedene Autoren eine Trennung nicht mehr unbedingt als sinnvoll erachten (vgl. Duncan & Feldman Barett, 2007). Auch Damasio (1994) vertritt die These, dass die Rationalität durch Emotionen konstituiert wird und weist verstärkt auf eine untrennbare Verbindung von Kognition und Emotion hin. Jedoch bleibt auch bei ihm die Möglichkeit, dass Emotionen ohne Kognition existieren können (vgl. Fonagy et al., 2008). Diese Debatte schließt an das Leib-Seele-Problem an.

---

[40] Vgl. Lüdtke (2015), Schwarz-Friesel (2013, 2015) zu dem Begriff 'emotional turn'.

In der Neurobiologie liegt der Schwerpunkt der Erforschung der Emotionen überwiegend auf der Lokalisation der zuständigen Hirnareale. So beschreibt Le Doux (1998, 171f.) zwei emotionale Reaktionssysteme: in der Amygdala ('quick and dirty', automatisch und eher primitiv oder auch schnell und ungenau) und im Neokortex (verbessert die Reaktionsfähigkeit, ist unter kognitiver Kontrolle). Jedoch interagieren beide miteinander, es gibt keinen zentralen Ort für Emotionen. Der Hippocampus ist maßgeblich beteiligt. LeDoux unterteilt die Emotionssysteme in Typ I und Typ II. Typ I-Emotionen sind unkontrollierbare, automatische Reaktionen und ein Überbleibsel der Evolution (meist zitiertes Beispiel ist das Erblicken eines wilden Tieres). Es besteht eine direkte Verbindung vom sensorischen Thalamus zur Amygdala, der niedere Weg. Diese Form der Emotionen ermöglichen uns z. B. die Fähigkeit zu fliehen. Wahrscheinlich ist es naheliegend hier eine Parallele zu dem Terminus „Affekt" zu ziehen. Typ II-Emotionen werden nicht ausgelöst, sondern ausgesendet. Sie sind nicht an die Art, sondern an das Individuum gebunden und basieren auf Vorerfahrungen. Sie unterliegen unserer Kontrolle. Hier gibt es die Weiterleitung vom sensorischen Kortex über die sensorische Rinde zur Amygdala, der hohe Weg.

Damasio (2009) betrachtet Triebe, Motivation, Schmerz und Lust (Belohnung)/Unlust (Bestrafung) als Auslöser oder Bestandteile von Emotionen, aber nicht als Emotion im engeren Sinn, denn er ist der Meinung, dass Emotionen komplexer als Triebe, Motivation, Schmerz und Lust sind (vgl. Damasio, 2009, Fußnote, 411).

Damasio (2000, 37) unterscheidet drei Zustände: den emotionalen Zustand (state of emotion), der nicht bewusst ist, den Gefühlszustand (state of feeling), der nichtbewusst repräsentiert werden kann und den bewusst gemachten Gefühlszustand (state of feeling made concious). Obwohl sich die Forschungslandschaft noch nicht darüber einig ist, inwiefern Bewusstsein und Emotionen zusammengehören, wird doch zunehmend deutlich, dass Emotionen nicht ohne Kognitionen und Kognitionen nicht ohne Emotionen

existieren können bzw. überhaupt entstehen. Es muss also, auch schon beim Neugeborenen eine Form von Bewusstsein vorliegen, dass im Austausch mit den Emotionen Erfahrungen speichert, Repräsentationen bildet und somit lernt. Daher bringe ich an dieser
Stelle nochmals den Begriff „phänomenales Bewusstsein" ein.

Jantzen (2012) zitiert Vygotskij (2002) und beschreibt den Zusammenhang von Sprache
(Wortbedeutungen) und den Anteilen von Emotionen und Kognitionen:

> Die Wortbedeutung ist also nicht draußen und nicht drinnen. Sie ist im
> Individuum, weil es in der Sprache ist und es ist in der Sprache, weil sie im
> Individuum ist. Und ein paar Seiten weiter, kaum jemals zitiert, spricht
> Vygotskij von einer [sic!] einem *dynamischen Sinnsystem*, „das die Einheit der
> emotionalen und kognitiven Prozesse darstellt. (ebd. 55)." (Jantzen, 2012, 8,
> Herv. i. O.)

Was bei der Betrachtung reiner neurowissenschaftlicher Zugänge zu Emotionen fehlt,
ist der intersubjektive, körperliche und historische Aspekt des Subjekts. Die Einbettung
der Emotion in ein dyadisches Gefüge, die Empfindung und Wahrnehmung durch den
Körper und der Anteil des Rückgriffs auf Erfahrungen werden aus einem nach wie vor
reduktionistischen Herangehen negiert bzw. missachtet. Es besteht also ein permanentes
Zusammenspiel von Empfindungen, Affekten, Emotionen, Gedanken, Erfahrungen und
Gefühlen und der dazugehörigen dyadischen Dynamik („das in der Welt sein" vgl. Heidegger (1967 zuerst 1927[41]), das nicht voneinander getrennt gedacht werden darf und
die Schwierigkeit erhöht, Konzepte von Emotionen oder gar Definitionen zu erstellen.
Scheer (2012, 195) beschreibt, dass die Schwierigkeit der Erstellung einer Definition
darin besteht, dass wir zum einen Emotionen haben und zum anderen Emotionen zeigen
und dies wiederum aus klassischer Sicht auf zwei vollkommen unterschiedlichen Aktivitäten beruht. Neueren Denkrichtungen zufolge, hier insbesondere die 'extended mind
theory', z. B. durch Noë (2011), den Gedanken Merleau-Pontys (1966) folgend, ist es

---

[41] Heidegger (1967, 54) beschreibt, wie zwei Objekte in einem Raum zueinander stehen, der immer
größer wird, so beispielsweise ein Kleid in einem Schrank, in einem Schlafzimmer, in einem Haus,
... in einem Weltraum.

aber durchaus möglich, kognitive und emotionale Strukturen nicht getrennt einzuordnen. Die Verknüpfung der Konzepte „Emotionen zu haben" und „Emotionen zeigen zu können", können mit dem Verb 'do' möglich gemacht werden. Somit kann auf den Terminus 'doing emotion' (Scheer, 2012, 196) zurückgriffen werden.

Scheers (2012, 194) Ansatz versucht, die fehlenden Teile zu ergänzen. Sie stützt sich auf den Terminus 'emotional practices', der ihrer Ansicht folgend nicht ausreichend theoretisch fundiert ist. Notwendig hierbei zu bedenken ist, dass 'emotional practices' nicht bedeutet, dass Handlungen von Emotionen begleitet werden. Dieser Ansatz ist insofern außergewöhnlich, da Emotionen als „unbewusst erlernte Praxis/Handlung" gedacht werden und dadurch eine andersartige Wertigkeit erhalten. Scheer bezieht sich auf das verkörperte Wissen. Das Konzept basiert auf Bourdieus Habitus-Theorie (1987). Der Habitus und die emotionale Regulation innerhalb der Interaktion sind untrennbar miteinander verknüpft und bedingen sich gegenseitig (Scheer, 2012, 212). Demnach äußert sich der Habitus (siehe Kap. 3.1) in Form von Emotionen und Vitalitätsformen.

> Reading emotions in faces, gestures, vocal patterns, bodily postures, or manifestations such as tears, changing skin color, or heavy breathing is a complex process that functions on a multisensory level and involves different modes of knowledge. It includes judgements about the situational context, the actors involved, and social expectations. (Scheer, 2012, 214)

Bourdieu (2009, 190) hat Merleau-Ponty folgend die These aufgestellt, dass das tatsächliche Erleben mit einer „Einverleibung sozialer Strukturen" einhergeht. Dieser Ansatz wird im Kapitel 3.1 dieser Arbeit fokussiert.

2.3 Affektiv-emotionale Regulation und das Arousal im frühen kommunikativen Abstimmungsprozess zwischen Mutter und Kind

In der frühen Kommunikation zwischen Mutter und Kind muss davon ausgegangen werden, dass die affektive und emotionale Regulation nicht nur von Seiten der Mutter auf das Kind passiert, wie es noch bei Gregor (2002) beschrieben ist, sondern dass vielmehr auch das Kind die Mutter emotional reguliert. Dies ist durch variabel eingesetzte Zeichenträger des Kindes möglich, den eigenen affektiven Zustand zu präsentieren und somit eine gewünschte/erwartete Reaktion des Gegenübers zu provozieren (siehe Kap. 1).

> Die intersubjektive Spiegelung von Emotionen ist ein bzw. der wesentliche
> Organisator der kommunikativ-sprachlichen Entwicklung des Kindes. (Lüdtke,
> 2006a, 161)

Stern (2011, 78f.) beschreibt, dass die Kraft und Dynamik, die die emotionale Regulation inklusive der Vitalitätsformen als Motivationssystem antreibt, das Arousalsystem ist. Also das Ausmaß an Erregung oder Beruhigung (Müdigkeit oder Wachheit), das unsere Aktivitäten, Interaktionen, unser Erleben und letztendlich unsere Intentionen (Bedürfnisse) steuert. Neurobiologisch sind die Arousalsysteme in den niederen Hirnzentren (dem Hirnstamm) zu finden. Die Verknüpfung zu den höheren Hirnzentren (dem Kortex) durch die Amygdala (hier bezieht sich Stern auf LeDoux, 1996), die die Zentren für Wahrnehmung, Bewegung, Emotion, etc. steuern, werden als „aufsteigendes retikuläres Aktivierungssystem" bezeichnet. Es bestehen für die unterschiedlichen Arousalsysteme unterschiedliche neuronale Leitungsbahnen, die sowohl als top-down- als auch als bottom-up-Interaktionen funktionieren, und ein spezielles Arousalprofil hervorrufen. Es bestehen zwei Hauptgruppen. Das erste, das unspezifische Arousal, reguliert den Schlaf-Wachzustand. Das zweite, das spezifische Arousal, dient als Antriebskraft und reguliert komplexere Zustände wie Schmerz, Sexualität, Hunger, etc. (a.a.O., 81ff).

Laut Stern (2011) sind die Arousalsysteme nicht immer an kognitive Vorgänge gebunden, allerdings sind die Arousalsysteme nicht ohne Vitalitätsformen aktiv. Als Beispiele führt er an, dass Säuglinge, lange bevor sie „kognitiv bewerten", an Vitalitätsformen, wie gespannter Erregung in der Erwartung des Saugens, gebunden sind (a.a.O., 93). Die Weiterleitung eines Reizes ist immer auch damit verbunden, ob er bekannt, fremd, stark oder schwach ist. Je nachdem steigt oder senkt sich auch das Erregungsniveau.

> Zufrieden und optimal aktiviert ist das Baby in einer Zone kurz vor der Über
> stimulierung. Um es in dieser für das gemeinsame Spiel optimalen Zone zu

halten, müssen die Eltern ihr eigenes Verhalten anpassen, das heißt, die Reiz-
intensität ihrer „Sound- und Lightshow" oder der von ihnen dargebotenen Vitalitätsformen darf weder allzu niedrig noch allzu hoch sein. (Stern, 2011, 140)

Stern et al. (2012, 54) nennen die Fähigkeit dyadisch emotional zu regulieren und Vitalitätsformen einzusetzen, „implizites Beziehungswissen". Hierfür werden keine Aufmerksamkeit, kein bewusstes Erleben und keine Sprache benötigt. Dieses Wissen wird
in einem Repräsentationssystem gespeichert und permanent aktualisiert.

Eine Form der affektiv-emotionalen Regulation vollzieht sich, wie bereits in Kapitel
2.1.1 erwähnt, durch das 'Motherese' (auch als 'Baby-Talk' oder 'Infant Directed Speech' bezeichnet) bzw. durch Papoušek (2001) eindeutiger bezeichnet als das „intuitive
mütterliche Kommunikationsverhalten" bzw. der „intuitiven elterlichen Didaktik". Papoušek (2001) beschreibt neun Interaktionsstile, die sich jedoch nicht gegenseitig aus-
schließen, sondern sich ergänzen: „einfühlsam-warm", „freudig-erregt", „ungeduldig-
ablehnend", „passiv-beobachtend", „signalgeleitet-responsiv", „anregend-bestim-
mend", „zudringlich-überfahrend", „spielbereit", „lehrbereit" (a.a.O., 207).

Diese Interaktionsstile erschaffen den Kommunikationsrahmen und beeinflussen besonders stark die affektiv-emotionale Regulation. Dieser Kommunikationsrahmen durch
das eingesetzte Motherese besteht aus unterschiedlich starken Vitalitätsformen, wie
z. B. der Prosodie, die im optimalen Fall auf das Arousal des Kindes abgestimmt sind
(vgl. Stern, 2011, 141).

Die von Damasio (2009, 68) bezeichneten Hintergrundemotionen beschreiben die Verbindung von Arousal und Vitalitätsformen. Er beschreibt Zustände wie Wohlbeha-
gen/Unbehagen, Ruhe/Anspannung, „nervös oder begeistert sein", die wir an Anderen
wahrnehmen, indem wir das Tempo des Augenaufschlags oder die Körperhaltung interpretieren, ohne dass dies verbalisiert wird. Dieses erscheint sehr folgerichtig, weil auch
diese Empfindungen aus der Interaktion entstehen und die Interaktion leiten. Nun kann
hier der Rückschluss auf die Vitalitätsformen gezogen werden. Die Vitalitätsformen

sind untrennbar mit relationalen Emotionen verbunden. Laut Stern (2011, 42) sind Vitalitätsformen Teil von Emotionen. Er dreiteilt die Substanz von Emotionen: 1. gefühlte Qualität, 2. charakteristische Aktionstendenzen und spezifische, motorische Muster und 3. dynamische Aspekte ihres Auftauchens und ihrer Äußerung.

Damasio (2009, 69) beschreibt, dass Zustände wie z. B. Anspannung/Ruhe durch Bewegungen, Rhythmus, etc. des Gegenübers generiert werden. Hintergrundemotionen haben seinen Untersuchungen zufolge ihren Sitz im Kernbewusstsein, da sie weiterhin verfügbar waren, wenn Schädigungen der Amygdala vorlagen. Weiterhin konnte er zeigen, dass verschiedene Emotionen in unterschiedlichen Hirnregionen vorzufinden sind. So bewirkt Trauer als einzige Emotion eine Aktivierung des ventromedialen präfrontalen Cortex und des Hypothalamus. Anders verhält es sich mit Furcht (dem Erkennen und dem Ausdrücken von Furcht), die wiederum der Amygdala zuzuordnen ist (a.a.O., 80). Das heißt, es gibt jeweils unterschiedliche Systeme für einzelne Emotionsmuster.

Um nun die Regulierung zwischen Mutter und Kind tiefer fassen zu können, ist es wichtig den Begriff „Emotion" einzugrenzen. Wie im Kapitel 2.1.2 beschrieben, gibt es in den Definitionen und Konzepten zu Emotionen unterschiedliche Herangehensweisen. Für diese Untersuchung ist auch die Betrachtung der relationalen (moralischen oder auch sozialen) Emotionen von Bedeutung, wie Stolz, Scham, Besorgnis oder Zuneigung[42]. Denn folglich Lüdtke (2006a) und Lüdtke & Frank (2007, 129) sind es diese, die die Regulation zwischen Mutter und Kind innerhalb des Abstimmungsprozesses ausmachen. Sie sind der „Motor", die den Abstimmungsprozess steuern und beflügeln und somit den Entwicklungsraum des Kindes öffnen, um Kulturgüter, wie z. B. Sprache, zu erfahren und zu begreifen. Die Trennung zu anderen Formen von Emotionen ist sehr schwierig, da sich Emotionen immer in Relation zur Welt entwickeln. Im Fall von Scham und Stolz ist ein entscheidendes Steuerungselement jedoch zusätzlich die Abhängigkeit bzw. die Anerkennung des Gegenübers. So existiert Scham nicht ohne den

---

[42] Häufig wird auch „Peinlichkeit" und „Verlegenheit" als relationale oder soziale Emotion genannt, allerdings ist die Abgrenzung sehr schwierig und für diese Arbeit nicht relevant, siehe dazu Pernlochner-Kügler, 2003, 36.

Blick des Anderen (vgl. Pernlochner-Kügler, 2003, 31).

Das Relationale beschreibt Fuchs (2003, 4) als „Zwischen" und bezieht sich dabei sowohl auf Merleau-Ponty (1966), der die Zwischenleiblichkeit, sprich „zwischen zwei
Leibern", hervorgehoben hat, als auch auf Buber (1983, zuerst 1923), der „das Zwischen" als Raum zwischen Beziehungen beschreibt. Fuchs (2003) beschreibt anhand
von einer Emotion, wie der motorische Ausdruck beim Gegenüber zum Eindruck, im
Sinne einer leiblichen Erfahrung, wird. Dies betrifft auch die Ebene des Arousals, denn
„die Schärfe in einer Stimme" kann (negative) Anspannung bewirken, hingegen kann
ein liebevolles Lächeln zu einer Öffnung, sprich einer Entspannung beitragen
(a.a.O., 5).

> Anders gesagt: Die Resonanz von Gefühl und Ausdruck bei A übersetzt sich
> in die Resonanz von Eindruck und einer komplementären Gefühlsregung bei
> B. Beides zusammen ergibt die *zwischenleibliche Resonanz*. B spürt A förm-
> lich am eigenen Leib. (Fuchs, 2003, 5, Herv. i. O.)

2.4 Gelungene Abstimmung – 'match'

Die Abstimmung zwischen Mutter und Kind wird also unter anderem durch Emotionen
reguliert und der Dialog ist demnach das Produkt der emotionalen Regulation. Was lässt
eine Abstimmung gelingen? Wann ist sie in dem Maße produktiv, dass sie die kommunikative Entwicklung voranbringt und sich ein intersubjektives Erleben ('engagement')
einstellt? Die Wertigkeit ergibt sich aus dem intersubjektiven Sinn, der sich durch eine
gemeinsam erschaffene Bedeutung erschließt. Ist also gemeinsamer Sinn gleichsam gemeinsame Bedeutungsentwicklung?

Der Begriff „Bedeutung" wird in unterschiedlichen Wissenschaften verwendet, allerdings kann nicht davon ausgegangen werden, dass er gleichermaßen erkenntnistheore-
tisch interpretiert wird. Folglich Leont'ev (1987, 129f.) ist die Erschaffung von Bedeutung eine perzeptive Tätigkeit, die Umwandlung von Erfahrung in Wissen. Allerdings
findet sie nicht nur im Individuum statt, sondern auch als soziale Erscheinung (a.a.O.,
131). Weiterhin unterscheidet er drei Existenzformen von Bedeutung:

> Die erste ist die *Wortbedeutung*… Sie existiert auf der *sinnlichen Basis der Sprache* als System spezifischer Quasiobjekte (Zeichen) [...].
>
> Die zweite Form ist die *gegenständliche Bedeutung*. Sie existiert auf der *sinnlichen Basis des perzeptiven Abbilds*, d. h. des Abbilds der Wahrnehmung, des Gedächtnisses, der Phantasie [...].
>
> Die dritte Form kann man als *Rollenbedeutung* bezeichnen. Sie existiert auf der *sinnlichen Basis der Bestandteile der Tätigkeit selbst*. Beispiele derartiger Bedeutungen sind etwa soziale Normen und soziale Rollen.
>
> (Leont'ev. 1987, 134f., Herv. i. O.)

Der Gegenstand der Tätigkeit ist laut Leont'ev das Motiv (ebd.). „Das Motiv *ist gegenständlich*" (a.a.O., 136, Herv. i. O.). Diese Annahme ist insofern für diese Arbeit relevant, da das Motiv mit dem persönlichen Sinn verknüpft wird. Denn „das Motiv konstituiert den persönlichen Sinn des Gegenstandes, der als Träger objektiver Eigenschaften erkannt wird" (a.a.O., 137).

In der Abstimmung der frühen Mutter-Kind-Dyade ist die zweite Existenzform der Bedeutung, die Leont'ev aufgestellt hat, maßgeblich. Die intersubjektive Bedeutungskonstruktion beginnt lange vor dem eigentlichen Spracherwerb. Lüdtke (2006c) stützt sich auf die Annahmen Trevarthens, der die Sprachentwicklung, in seinem Sinne meint dies Bedeutsamkeit zu teilen, pränatal ansetzt. Lüdtke hat die „Stufen der Sprachentwicklung", die Trevarthen (2001) aufgestellt hat, für eine „Relationale Spracherwerbstheorie" weiterentwickelt. Das Konzept setzt sich aus drei Phasen zusammen, die sich in einer „emotional-narrativen Dyade" idealerweise vollziehen: In der ersten Phase werden Motive und Emotionen gespiegelt, indem die kommunikativen Zeichenträger imitiert und subtil verändert werden. Die zweite Phase wird als „Geburt der Bedeutung" bezeichnet. In dieser Phase werden die kommunikativen Zeichenträger bewusst eingesetzt, um Bedeutungen zu übermitteln. In der dritten Phase, der Phase der „Bedeutungspermanenz", wird das Wissen über den gemeinsamen Bedeutungsgehalt impliziert (vgl. Lüdtke, 2006c, 282f.).

> Zusammengefasst ist in Trevarthens Ansatz der Ursprung der Sprachentwicklung das pränatal angelegte, relationale Bedürfnis, jemandem etwas zu bedeuten, und ihr Ziel, mit und für jemanden bedeutsam zu sein. (Lüdtke, 2006c,

283)

Das Motiv zu kommunizieren wäre Trevarthen und Lüdtke folgend also, Bedeutung zu erlangen bzw. für einen Gegenüber bedeutsam zu sein und gleichsam meinen Gegenüber als bedeutsam anzuerkennen. Daraus erschließt sich ein subjektiver Sinn. Lüdtke (2006c, 11) zieht als Teilkonzept innerhalb dieser relationalen Spracherwerbstheorie die These von Bråten (1998) des „Virtuellen Anderen", die in Kapitel 1 erläutert wurde, hinzu. Die Kommunikation ist demnach dann gelungen, wenn es möglich ist, eine „positiv bewertete emotionale Repräsentation des virtuellen Anderen" herzustellen. Um zu erläutern, inwiefern die wechselseitige Bedeutungsentwicklung emotional durchdrungen ist, zieht Lüdtke (2006c, 286) außerdem Kristevas Konzept der Intertextualität (1978) heran, die das Subjekt, das Zeichen und die Bedeutung dessen in einem sich permanent transformierenden Prozess einordnet, da sie sich stets affektabstimmend in Zeit und Raum bewegen und somit auch ständig neue Bedeutungen konstruieren. Durch die Erweiterung der Kategorie des Kontextes (Bedeutung-in-process), in dem sich das Subjekt befindet, komplettiert Lüdtke ihren Ansatz, indem die Bedeutung demgemäß immer im Wandel und sinnstiftend ist (siehe Abb. 2).

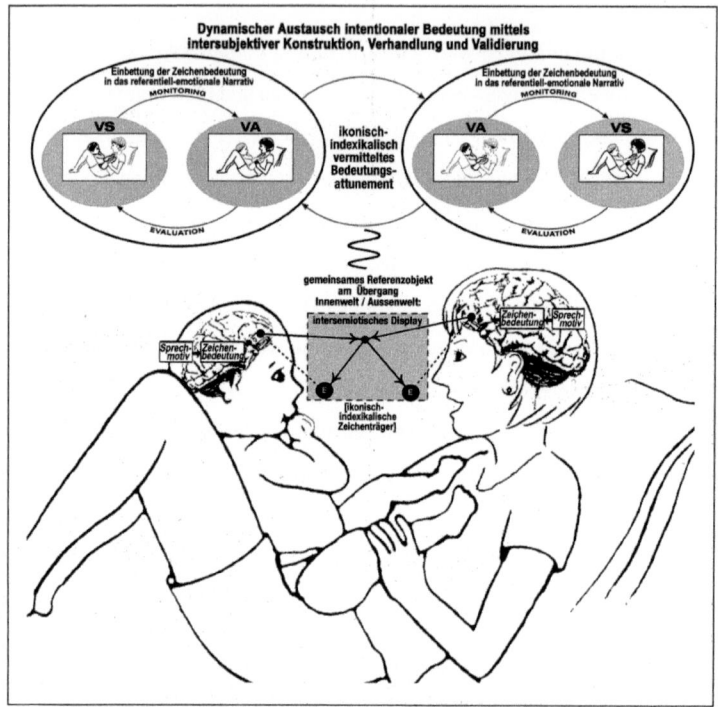

Abbildung 2: Die Protokonversation der Mutter-Kind-Dyade in der Phase der primären Intersubjektivität (mit freundlicher Genehmigung aus Lüdtke, 2006a, Abbildung 7b). Erläuterungen: VS = Virtuelles Selbst; VA = Virtueller Anderer

Der Sinn eines Phänomens erschließt sich nur, wenn er in die bisherigen soziokulturellen Erfahrungen und das gegenwärtiges Erleben integriert werden kann; dieser Prozess ist von Beginn an emotional und wird auch gleichzeitig emotional bewertet. Ein prägnantes Beispiel hierfür ist der Tanz (vgl. Reddy 2010, in Anlehnung an Tronick, 2007). Jemand, der tanzt, ist nur als solcher erkennbar, indem das Gesehene gespürt und gleichzeitig das Gesehene in einen Erfahrungs- bzw. Kulturkontext eingeordnet werden kann. Die Bewegungen eines tanzenden Menschen können nicht kontextlos begriffen werden. Wenn nun zwei Menschen zusammen tanzen, ist die Einbettung in den kulturellen Kontext (dass sie es überhaupt tun und wie sie es tun) erkennbar, und auch der historische Aspekt (wie gestaltet sich der Tanz, z. B. wie nah/fern sind sich die Tänzer, was ist modern), und zusätzlich kann die wechselseitige Abstimmung zwischen beiden Partnern betrachtet werden (emotional durch Vitalitätsformen), die sich im Gegenwartsmoment befinden (Stern, 2005) oder anders ausgedrückt im intersubjektiven Raum. Das gleiche Phänomen kann bei der Kommunikation betrachtet werden, genauer gesagt, ist der Tanz eine Form der Kommunikation. Alle diese Parameter zusammen genommen ergeben den Inhalt bzw. lassen die Bedeutung entstehen (vgl. Tronick, 2007, 13).

Bei einer gelungenen kommunikativen Abstimmung zwischen zwei Subjekten können vier Phasen, eine narrative Struktur, beobachtet werden, die z. B. Mutter und Kind durchleben. Malloch & Trevarthen (2009)[43] haben aufgezeigt, dass diese Struktur eines Narrativs sowohl in Theaterstücken, in der Musik als auch in sozialen Interaktionen bzw. Protokonversationen vorzufinden sind. Daher verwenden sie die Bezeichnung 'communivative musicality' für ihre Theorie (a.a.O., 4). Es beginnt mit einer Initiierung ('initiation' oder 'introduction') eines Partners oder beider Partner parallel, es folgt ein möglichst multimodaler Aufbau ('build') durch verschieden eingesetzte Zeichenträger mit einem rhythmisch aufeinander abgestimmten Arousal, der sich zu einem Höhepunkt ('climax') entwickelt und durch eine Konklusion ('resolution' oder 'conclusion') wieder herunter reguliert wird, um in einer Erholungsphase zu enden, in der sich beide Partner abwenden, um neue Kraft zu schöpfen (vgl. auch Delafield-Butt & Trevarthen, 2015). Nach erfolgreichem Durchlaufen der Phasen ist ein Narrativ entstanden. Die Wahrscheinlichkeit, alle vier Phasen zu durchlaufen erhöht sich, wenn die Kommunikation multimodal ist, das heißt verschiedene Zeichenträger eingesetzt werden und sie alle den gleichen Inhalt transportieren. Studien dazu bestehen überwiegend in „negativen" Verläufen, das bedeutet bei nicht gelungener Abstimmung (siehe Kap. 2.5). Wir stimmen uns mit weiteren Interaktionspartnern unbewusst immer wieder anhand von affektiven Merkmalen und Vitalitätsformen ab. Laut Stern (1998, 1ff.) besteht ein Narrativ aus einer Oberflächenstruktur ('surface narrative') und einer Tiefenstruktur ('deep narrative'). Die Oberflächenstruktur des Narrativs ist die Geschichte an sich, das, was verbal

---

[43] In Anlehnung an Malloch (1999).

erzählt wird, getragen durch eine Handlung. Die Tiefenstruktur des Narrativs ist implizit und wird unbewusst wahrgenommen.

> Es ist die Art und Weise, wie man etwas wahrnimmt, wie man menschliche Interaktion erlebt und über diese nachdenkt. (Stern, 1998, 3)

Die Tiefenstruktur des Narrativs wird anders repräsentiert als die Oberflächenstruktur, da sie zum impliziten Wissen gehört. Wir können uns diese Struktur bewusstmachen, tun es aber nicht ständig. Säuglinge verfügen über dieses Wissen, das Stern „Beziehungswissen" nennt (ebd.).

> Das menschliche Gegenüber ist mit bemerkenswerten integrativen und kommunikativen Fähigkeiten ausgestattet, die ihm erlauben, in Bruchteilen von Sekunden und überwiegend unbewußt das beobachtete Verhalten in seiner Subtilität, Komplexität und Multimodalität wahrzunehmen, zu bearbeiten und zu beantworten. (Papoušek, 2000, 612)

Inwiefern ein Narrativ gelungen ist, das heißt bei den Interaktionspartnern Harmonie und Zufriedenheit hervorruft, überträgt sich wiederum auf die wechselseitige, emotionale Regulation. Für einen positiven Entwicklungsverlauf sind „gemeinsame Momente eines intersubjektiven Zusammenseins" notwendig, das heißt das Durchlaufen der vier Phasen, reguliert durch beide Interaktionspartner. Essentiell für den positiven Verlauf einer Kommunikation und somit für die Sinnkonstruktion ist auch, dass die Erwartungshaltung des Gegenübers bestätigt wird. Narrative können sowohl auf der Mikro- als auch auf der Makroebene entstehen. So entstehen Narrative in Narrativen. Die Narrative, besonders die, die auf der Mikroebene stattfinden, können durch eine Mikrosequenzanalyse beobachtet werden. Dieses Vorgehen wird im Methodenteil dieser Arbeit eingehender beschrieben.

2.5 Nicht gelungene Abstimmung – 'mismatch'

> Der Mensch, dem man als Säugling den Dialog vorenthält, wird zu einer leeren Hülle, geistig tot, ein Anwärter auf Anstaltsbetreuung. Leben im menschlichen Sinne kann nicht asozial, es muß sozial sein. Leben in unserem Sinne wird durch den Dialog geschaffen. (Spitz, 1976, 26)

Ich erwähnte bereits im Kapitel 1.4 die Still-face-Experimente von Tronick et al. (1978) und im Kapitel 1 die Perturbationsexperimente von Murray & Trevarthen (1985). Sie zeigten erstmals, welche Formen von Irritationen und Frustrationen beim Säugling zu beobachten sind, wenn der Dialog gestört oder irritiert ist. Es entstanden eine Fülle an Untersuchungen, die dieses Phänomen als Schwerpunkt hatten. Die Formen der Störungen sind weitreichend, jedoch sehr häufig bezogen auf unterschiedliche psychische Beeinträchtigungen der Mutter und deren Auswirkungen auf die Abstimmungsprozesse (vgl. Deneke & Lüders, 2003). Auch untersuchten besonders Papoušek & Papoušek viele verschiedene Formen von Störvariablen (z. B. Depressionen der Mütter, genetische Syndrome der Kinder, z. B. Kinder mit Trisomie 21) und den daraus folgenden Regulationsstörungen (Papoušek, 2001). Diese Forschungsansätze liegen nahe, wenn der theoretische Rahmen miteinbezogen wird, den ich bisher aufgezeigt habe, da durch die Beeinträchtigung eines Dialogpartners auch die Möglichkeit des Eintauchens in ein gemeinsames intersubjektives Erleben eingeschränkt sein kann. Besonders deutlich wird dies, wenn die Oberflächenstruktur, sprich das Erzählte, und die Tiefenstruktur, wie es erzählt wird, nicht zueinander passen. Es kommt zwangsläufig zu Irritationen im Dialog und die gemeinsame Bedeutungsentwicklung kann nicht oder nur eingeschränkt stattfinden. Die emotional-kommunikativen Erwartungen werden immer wieder enttäuscht.

Die etwas unspezifische Bezeichnung „nicht gelungen" soll hier die Annahme verdeutlichen, dass die dialogische Abstimmung der emotional-narrativen Dyade nicht zwangsläufig negativ verlaufen muss bzw. negative Konsequenzen nach sich zieht, da sich permanent innerhalb von Dialogen jedweder Art nicht gelungene Abstimmungen finden lassen, die jedoch im besten Fall repariert werden können und das nicht nur von Seiten der Mutter, sondern auch durch den Säugling (vgl. Tronick, 2007,156f.). Tronick konnte sechs Coping-Strategien des Säuglings ermitteln: 1. Signal (positive, neutral, negative), 2. Alternate Focus, 3. Self-Comfort, 4. Withdrawal, 5. Escape (increase the distance from mother), 6. Avert/Scan (ebd.). Allerdings weist er auch darauf hin, dass die Reparatur Anstrengung und Aufmerksamkeit erfordert.

Spitz (1967, 91ff.) hat sich als erster mit den Störungen des frühen Dialogs (bzw. in seinen, auf der Psychoanalyse basierenden Worten, mit den „Störungen der Objektbe-ziehungen") zwischen Mutter und Kind und den Auswirkungen des Entzugs affektiver Zufuhr beschäftigt. Zusätzlich zu deprivierenden Zuständen, beschreibt er auch die emo-tionale Überforderung einerseits auf Seiten des Kindes, z. B. durch eine „Überdosis an affektiver Stimulierung" und andererseits der Mütter, durch z. B. psychische Beein-trächtigungen oder durch eine Reizüberlastung, hervorgerufen durch Umwelteinflüsse.

> Alle diese Mütter, und jede von ihnen aus eigenen, persönlichen Gründen, kön-nen das Verhalten ihrer Kinder nur im Hinblick auf ihre eigenen Bedürfnisse, Mängel, ihre Verwirrung und ihre Schuldfähigkeit auslegen. Die Kommunika-tion solcher Mütter mit ihren Kindern wird zum sinnlosen Dialog. (Spitz, 1976, 105)

Dadurch, dass der subjektive Sinn nicht mehr erkennbar ist, wird auch das Motiv zum Dialog eingeschränkt. Spitz (1967, 219) unterteilt die Ursache der Störungen auf unge-eignete und unzureichende Mutter-Kind-Beziehungen. Ungeeignete Beziehungen ent-stehen durch qualitative Einschränkungen und unzureichende Beziehungen durch quan-titative Einschränkungen. Beide Formen haben weitreichende physiologische und psychologische Folgen für die Entwicklung des Säuglings (ebd.).

Field et al. (1988) konnten zeigen, dass die Kommunikation von depressiven Müttern und ihren drei Monate alten Säuglingen maßgeblich eingeschränkt ist. Außerdem, und dies ist, was andere Studien zuvor noch nicht gezeigt haben, konnten sie zeigen, dass diese Säuglinge auch in der Kommunikation mit Fremden, nicht depressiven Menschen, Auffälligkeiten zeigen. Das bedeutet, sie entwickeln einen bestimmten Stil der Kommu-nikation (ebd.). Trevarthen (2011) drückt diese Entwicklung wie folgt aus:

> Kurz gesagt, wenn eine Mutter eine diffuse und schwermütige Wahrnehmung von sich selbst und ihren Platz in der Gemeinschaft hat, verliert ihre stimmliche Interaktion mit ihrem Baby an Vitalität, wird depressiver oder rigider und be-steht aus mehr Wiederholungen. Mutter und Kind scheinen nicht länger fähig zu sein, „innere Zeit" miteinander zu teilen – weder zur Konsolidierung ihrer Beziehung noch zur Erfindung neuer Wege für gemeinsam zu machende Er-fahrungen. (Trevarthen, 2011, 106)

Gratier & Apter-Danon (2008) untersuchten Dyaden, die unter der erschwerten Situation der Migration lebten. Außerdem untersuchte Gratier (2003) auch solche mit einer Beeinträchtigung der Mutter durch eine Borderline-Störung. Diese Studien werden hier erwähnt, da Gratier & Apter-Danon ihre theoretische Untermauerung u. a. mithilfe von Bourdieu erstellten und daraufhin den Begriff des „Protohabitus" prägten (siehe Kap. 3). Sie untersuchten außerdem die Dialoge anhand von Narrativen. Gratier & Apter-Danon (2008, 322) konnten aufzeigen, dass in beiden Fällen das Zusammengehörigkeitsgefühl ('sense of belonging') nachhaltig gestört wurde.

2.6 Fazit und Übergang

Zusammenfassend lässt sich festhalten, dass eine gelungene Abstimmung als eine intersubjektive Bedeutungsentwicklung[44] aufgefasst werden kann. Die Bedeutungsentwicklung manifestiert sich auf verschiedenen Ebenen, die ineinander verflochten sind. Hierarchisch dargestellt vollzieht sich die Abstimmung zunächst in Form von vielfältigen Vitalitätsformen innerhalb der Tiefenstruktur eines Narrativs, die überwiegend affektiv gesteuert sind und auch die physiologische Ebene, die Ebene des Arousals betreffen. Dies dient der emotional dyadischen Regulation, die sowohl verkörperte Empfindungen als auch kognitive Erfahrungen beinhalten und im Fall der frühen Kommunikation zwischen Mutter und Säugling das phänomenale Bewusstsein formt. Die emotional dyadische Regulation findet immer in einem soziokulturellen Kontext statt, indem sich kulturelle Praktiken, zum Beispiel in Form eines 'sense of belonging' (siehe Kap. 3.1), manifestieren.

Im nächsten Kapitel wird die theoretische Grundlage der Einflussfaktoren auf eine Familie untersucht, die wir in unserer Studie SMILE erhoben haben. Die Einflussfaktoren, die vorläufig außerhalb im sozialen Raum vorherrschen, generalisieren eine individuelle Kultur, die als verkörpertes Erfahrungswissen gespeichert wird. Um diesen Prozess dar-

---

[44] i.S. von Lüdtke (2006).

zustellen, wird die Habitus-Theorie von Bourdieu (u. a. 1987) herangezogen und anlehnend an diese, der theoretische Ansatz des „Protohabitus" von Gratier & Apter-Danon
(2008), außerdem wird eine Einordnung der emotionalen Praktiken von Scheer (2012)
erfolgen.

3. Die Lebenslage, die Kultur der Familie

Im Folgenden wird dargestellt, wie sich die Abstimmung zwischen Mutter und Kind verkörpert. Das heißt, einerseits die Tatsache, dass die Abstimmung zwischen Mutter und Kind von Beginn an mit Kultur durchdrungen ist und andererseits wie sich die Erfahrungen in einer Kultur verfestigen. Dazu wird u. a. die Habitus-Theorie (1987) von Bourdieu genutzt.

Zu Anfang wird der Begriff „Kultur" eingeordnet. Im Gegensatz zur „Natur" ist „Kultur" das, was im Bereich der Veränderbarkeit liegt (vgl. Bauman, 2000, 199). Jedoch ist es durchaus möglich, dass Dinge, die vorher als naturgegeben eingeordnet wurden, zu einem späteren Zeitpunkt durch gesellschaftlichen Wandel oder technische Entwicklungen zu kulturellen Praktiken gezählt werden. Bauman nutzt hier das Beispiel des medizinischen Fortschritts. Umstände, die in der Vergangenheit noch als naturgegeben hingenommen wurden, können nun durch medizinische Eingriffe verändert werden und unterliegen somit der Verantwortung des einzelnen Individuums. Die Entscheidung wiederum wird von der sozialen Gruppe anerkannt oder abgelehnt, je nachdem welches Reglement in der sozialen Ordnung vorherrscht. Die Ordnung steht im Gegensatz zum Chaos oder dem Zufall. Aber so, wie es viele verschiedene Arten von Chaos gibt, gibt es auch viele verschiedene Arten von Ordnungen, die parallel existieren. Durch die Ordnung entsteht ein eher reibungsloses Miteinander (a.a.O., 201ff.). Und es entsteht allen voran Sinn. Sinnvolles Handeln, das es ermöglicht, gemeinsame Bedeutungen zu generieren.

> Aufgrund der Teilhabe an einer Kultur werden Bedeutungen zu öffentlichen und gemeinschaftlich geteilten Bedeutungen. Unsere kulturell angepaßte Lebensweise hängt von geteilten Bedeutungen und geteilten Begriffen ab, sie hängt ebenso ab von geteilten Gesprächsweisen, um Unterschiede der Bedeutungen und der Interpretation verhandeln zu können. (Bruner, 1997, 31f.)

Der Sinn basiert jedoch darauf, dass alle sozialen Akteure den gleichen Reglements folgen. Die Regeln an sich können aber einer gewissen Willkür unterliegen. So werden Regeln befolgt, weil „es schon immer so war" und nicht, weil sie einem besonderen

© Springer Fachmedien Wiesbaden GmbH, ein Teil von Springer Nature 2019
S. Lück, *Das Zwischen im Dialog*, Diversität in Kommunikation und
Sprache / Diversity in Communication and Language,
https://doi.org/10.1007/978-3-658-25833-7_4

Zweck dienen. Diese kulturellen Techniken, die wir erlernen, die wir verkörpern, zeigen uns, was wir in situativen Kontexten erwarten können, welche Lebensweisen möglich sind und was erforderlich ist, um gemeinschaftlich leben zu können (vgl. Bruner, 1997, 53). Bruner verwendet für diese Praktiken den Begriff „Alltagspsychologie". Es ist die Psychologie eines jeden einzelnen Menschen, die sich aus dem Glauben, den Wünschen und Hoffnungen zusammensetzt.

> Beobachten wir, daß ein Mensch etwas glaubt oder wünscht oder tut, ohne den Zustand der Welt angemessen zu berücksichtigen, daß er also eine wirklich sinnlose Handlung ausführt, dann wird dieser Mensch aus alltagspsychologischer Sicht als geisteskrank eingestuft, es sei denn, der betreffende Akteur kann narrativ als Gefangener einer entschuldbaren Zwangssituation oder als Opfer zerstörerischer Umstände rekonstruiert werden. (Bruner, 1997, 58)

Das bedeutet, es besteht eine Schnittmenge, auf die sich eine Masse einigen kann, aber die Regeln folgen keiner Logik. Häufig beziehen sich diese Regeln zum Beispiel auf Herrschaftsbeziehungen, um die sozialen Felder aufrecht zu erhalten (vgl. Bourdieu u. a. 2005a, 2005b). Anhand der Sprachkultur ist dies besonders einfach zu verdeutlichen. Durch die sprachlich kulturellen Merkmale, wie Dialekt, Wortschatz, Aussprache und den Gehalt an affektiven Äußerungen, z. B. Schimpfwörter etc., ist die Stellung im sozialen Raum bzw. vorerst die Zuordnung durch andere soziale Akteure schnell erfolgt.

> Deren Relevanz [die Dynamik im semiotischen Raum, Anm. d. Verf.in] wird besonders deutlich beim Aufeinanderprallen zweier sprachlicher Welten, beispielsweise wenn das an Mittelschichtnormen standardisierte, abstrakte „Hochdeutsch" auf ein emotional überflutetes „Sub-Standard-Deutsch" trifft: z.B. als Nicht-Passung zwischen dem in Rap-Texten ausgedrückten Lebensgefühl der Perspektivlosigkeit vieler Jugendlicher mit deutscher und nicht-deutscher Herkunftssprache durch Dauerarbeitslosigkeit oder Obdachlosigkeit (vgl. Lüdtke 2008) und den konventionell-sprachlichen Anforderungen eines potenziellen Arbeitsgebers. (Lüdtke, 2012, 71)

Lüdtke beschreibt weiter, wie dadurch „nonkonforme semiotische Strukturen" (ebd.) Ausgrenzung zur Folge haben kann. Die Ursache ist in der aktiven Abgrenzung von speziellen sozialen Gruppen zu verorten. Denn ein besonders starkes Merkmal in der kulturellen Zugehörigkeit ist gleichermaßen die Abgrenzung durch andere Kulturen bzw. soziale Gruppen, die sich z. B. von jemandem abgrenzen, der „das Maul aufreißt" oder auch „schwafelt" und aus Sicht der sozialen Gruppe nicht in der Lage ist, „Klartext zu sprechen" (vgl. Bourdieu, 2005a).

> Während also eine Kultur auf der einen Seite eine Menge von Normen umfasst, muß sie auf der anderen Seite auch eine Menge von interpretativen Verfahren enthalten, um Abweichungen von diesen Normen im Rahmen festgelegter Muster von Überzeugungen Sinn zu verleihen. Und es sind eben Erzählungen und narrative Interpretationen, auf die die Alltagspsychologie angewiesen ist, um diesen Sinn herzustellen. (Bruner, 1997, 64)

Kultur ist demnach nicht ausschließlich über ihre Grenzen zu definieren (und schon gar nicht nach nationalen), da es eine Kultur in der Kultur in der Kultur gibt. Kultur ergibt sich daher aus den Habitusformen eines sozialen Feldes.

3.1 Der Habitus und soziale Felder

Woher kommt mein Geschmack? Warum mag ich ein bestimmtes Lied, das im Radio läuft? Fühle ich mich in der Gesellschaft eines Menschen wohl? Ist der Pullover, den ich trage, ein Wagnis oder unauffällig? Wie wahrscheinlich ist es, als Realschulabgänger eine Dissertation zu verfassen?

Genau mit diesen Fragen, die doch unseren gesamten Alltag unseres Lebens bewusst oder unbewusst gestalten, beschäftigt sich Bourdieu (1987) innerhalb seiner Habitus-Theorie. Bourdieu konnte durch seine umfangreichen Studien der französischen Gesellschaft überwiegend in den 60er- und 70er-Jahren seine bedeutsame Konzeption u. a. zum Habitus erschaffen, die klassenspezifische Verhaltensweisen und Lebensstile detailliert darstellte und dadurch weiterhin die Sinnhaftigkeit von Handlungen ausgedrückt durch den Habitus (i.S. von Handeln, Wahrnehmen und Denken, vgl. Bourdieu, 2014,

101; 2009, 169) in Beziehungen erklären kann (vgl. Bourdieu, 1987).[45]

> Was der Leib gelernt hat, das besitzt man nicht wie ein wiederbetrachtbares
> Wissen, sondern das ist man. (Bourdieu, 2014, 135)

Der Habitus eines Menschen besteht aus seinen einverleibten gesellschaftlichen, historisch geprägten kulturellen Strukturen, „die *Einverleibung* von Kultur" (Bourdieu, 2009, 199, Herv. i. O.). Es sind die intersubjektiven, körperlichen, historisch eingebetteten Erfahrungen eines Menschen, die diese Einverleibung ausmachen. Bourdieu und Merleau-Ponty greifen bezüglich der Einverleibung auf ähnliche Beschreibungen zurück (vgl. Zenklusen, 2010, 37). Dabei ist es notwendig zu berücksichtigen, dass Bourdieu mit der Einverleibung nicht das bewusste Nachahmen meint:

> Man ahmt nicht „Vorbilder" nach, sondern Handlungen anderer. Die leibliche
> Hexis spricht unmittelbar die Motorik als Haltungsschema an, das einzigartig
> und systematisch zugleich ist, weil mit einem ganzen System von Objekten im
> Verbund stehend und mit einer Fülle von Bedeutungen und sozialen Werten
> befrachtet. Daß Schemata von Praxis auf Praxis übertragen werden können,
> ohne den Weg über Diskurs und Bewusstsein zu nehmen, heißt allerdings
> nicht, daß der Erwerb des Habitus auf ein mechanisches Lernen durch Versuch
> und Irrtum zurückgeführt werden kann. (Bourdieu, 2014, 136)

Die Praxis ist bei Bourdieu weit mehr als bloßes Handeln, sie impliziert das Objektive und auch das Subjektive in einer Person, wobei das Objektive zum Subjektiven wird und umgekehrt. Das Objektive kann als Übereinstimmung von Habitusformen einer

---

[45] Um der berechtigten Kritik an Bourdieus Konzeption vorweg zu begegnen, möchte ich betonen, dass dies kein soziologischer Ansatz ist, der das Individuum fokussiert, sondern versucht, Kräfte innerhalb eines sozialen Feldes aufzuspüren. Das bedeutet, dass Fähigkeiten, die in anderen Konzeptionen dem Individuum zugesprochen wurden, besonders in der Forschung der 80er-Jahre, hier insoweit nicht zum Tragen kommen müssen. Das Individuelle innerhalb eines Lebensstils erklärt Bourdieu durch die unzähligen Habitusformen (Bourdieu, 2005b, 33). Auch der Kritik, demnach in der gegenwärtigen Gesellschaft die Skizzierung von Klassen aufgrund von multimodalen Lebensstilen nicht anwendbar ist, möchte ich entgegnen, dass dies lediglich von der Definition der sozialen Felder abhängig ist. Bourdieu selbst beschreibt, dass er eigentlich eher eine Aufhebung der Vorstellung von sozialen Klassen fokussiert (vgl. Bourdieu, 2005b, 31). Die Pluralität der Lebensstile drückt sich innerhalb der Habitusformen aus, auch wenn sie durch Grenzen markiert sind. Allerdings ist auch in den gegenwärtigen politischen Diskussionen häufig die „hysteresis" (Bourdieu, 2014, 116) des Habitus (die Anpassungsträgheit) sich in anderen sozialen Feldern zu bewegen bzw. mit Menschen, die andere Habitusformen verinnerlicht haben, erkennbar.

Gruppe oder Klasse zugeordnet werden, das Subjektive sind Dispositionen wie die Haltung (hexis), d. h. wie ich etwas tue (vgl. Bourdieu, 2009 u. a. 182; Fröhlich, Rehbein, 2009, 200). Die Verknüpfung der einverleibten Strukturen und der Stellung im sozialen Raum stellt einen Grundpfeiler in Bourdieus Werk dar.

> Die körperliche Hexis, eine Grunddimension des sozialen Orientierungssinns, stellt eine praktische Weise der Erfahrung und Äußerung des eigenen *gesellschaftlichen Stellenwerts* dar: Das eigene Verhältnis zur sozialen Welt und der Stellenwert, dem man sich in ihr zuschreibt, kommt niemals klarer zur Darstellung als darüber, in welchem Ausmaß man sich berechtigt fühlt, Raum und Zeit des Anderen zu okkupieren – genauer den Raum, den man *durch den eigenen Körper* in Beschlag nimmt, vermittels einer bestimmten Haltung, vermittels selbstsicher-ausgreifender oder zurückhaltend-knapper Gesten …, wie auch die Zeit, die man *sprechend* und interagierend auf selbstsichere oder aggressive, ungenierte oder unbewusste Weise in Anspruch nimmt. (Bourdieu, 1987, 739, Herv. i. O.)

Die Aneignung der gesellschaftlichen, historisch geprägten Strukturen und deren Einverleibung befähigt den sozialen Akteur[46], sich in einem sozialen Feld angemessen zu bewegen und sich sicher ein- bzw. unterordnen zu können. Diese Befähigung funktioniert aber nur in einem klar definierten sozialen Feld. Der Habitus besteht aus Grenzen, die zwar bewusstgemacht und überschritten werden können, jedoch nur unter größter Anstrengung. Innerhalb des sozialen Feldes ist es dem sozialen Akteur möglich, sich „auszuleben". Außerdem beschreibt Bourdieu die Trägheit („hysteresis") des Habitus, die bewirkt, dass ich mich lieber in einem mir bekannten sozialen Feld aufhalte, in dem ich mich sicher fühle (gegenwärtig in der Pädagogik auch gerne als „Komfortzone" bezeichnet). Die Habitusformen sind „Systeme dauerhafter *Dispositionen*" (Bourdieu, 2009, 165, Herv. i. O.). Der Habitus bestimmt daher die Art und Weise zu kommunizieren, und umgekehrt bestimmt die Kommunikation auch den Habitus.

---

[46] Der Begriff „sozialer Akteur" wird an dieser Stelle bewusst gewählt, da dadurch die Handlungen in und mit der Welt impliziert werden. Bourdieu definierte die Begriffe Individuum, Subjekt und (sozialer) Akteur, wobei sich besonders der Begriff „Individuum" als eher frei von den sozialen Strukturen einordnen lässt und daher für die Soziologie eher uninteressant ist (vgl. Fröhlich & Rehbein, 2009, 116).

Das „soziale Feld" kann als Wirkungsbereich von sozialen Kräften (bezogen auf die ursprüngliche Herkunft aus der Physik) bezeichnet werden und befindet sich in einem sozialen Raum. Die sozialen Akteure sind mit ihrem verkörperten Habitus und einer besonderen Kombination von Kapitalien Teil eines sozialen Feldes mit spezifischen (Spiel)Regeln und Kräften. Die Grenze des Feldes ist dort, wo die Feldeffekte aufhören (vgl. Fröhlich & Rehbein, 2009, 100f.). Das soziale Feld ist ein empirisches Konstrukt. Frank & Trevarthen (2012) führen hierzu erweiternd den Begriff der „Soziosphäre" ein. Die Soziosphäre bestimmt den Bereich des sozialen Felders, da das Fundament die gemeinsam erschaffene Bedeutung ist (a.a.O., 282). Die Soziosphäre hält das soziale Feld durch dynamische Kräfte zusammen. Dieses Fundament ist nicht lediglich die Verständigung darüber, welche Bedeutung ein Begriff, eine Situation, eine Beziehung, etc. hat, sondern auch darüber, was durch die eigene Handlung für den je Anderen bedeutsam wird oder werden könnte. Durch die Verbindung des Konstrukts der Soziosphäre und dem der Semiosphäre (Lotman, 1984) entstehen sozio-semiotische Kräfte in Form von Bedeutungskonstruktionen, die über Generationen hinweg weiter gegeben werden z. B. in Gestalt von Hoffnungslosigkeit bezogen auf die jeweilige Lebensperspektive (vgl. Frank & Trevarthen 2012), so dass dadurch deutlich wird, warum es für die Überwindung der Grenzen eines sozialen Feldes so große Anstrengung bedarf.

Bourdieu hat durch den Vergleich von Feldern versucht, Gesetzmäßigkeiten, die für alle Felder gelten, zu ermitteln. Ein Rückschluss auf den Habitus über das soziale Feld ist jedoch nicht möglich (a.a.O., 116). Die Regelmäßigkeiten innerhalb eines Feldes vergleicht Bourdieu häufig mit Spielen, in denen jede Position anders besetzt ist und nur ein Zusammenspiel einen Effekt ermöglicht. Es sind Kämpfe, die dort ausgetragen werden (Bourdieu, 2006, 128f.). Allerdings muss ein Interesse der Akteure bestehen, sich innerhalb des Feldes eine andere bzw. höhere Position zu erkämpfen. Zum Beispiel muss sich der Akteur auf dem Arbeitsmarkt Regeln unterwerfen, die andere Akteure aufgestellt haben. Wenn der Akteur es jedoch schafft, in eine Position zu gelangen, die es ihm ermöglicht, selbständig Regeln aufzustellen, haben sich die Kräfte verändert. Dies nennt Bourdieu „dynamische Situation" (Bourdieu, 1987, 164; Papilloud, 2003,

37). Die sozialen Felder sind mehrdimensional.

Obwohl die einverleibten Strukturen generell unbewusst sind[47], entstehen jedoch Situationen, in denen unterschiedliche Habitusformen aufeinandertreffen und die Unterschiede deutlich bzw. gegebenenfalls sogar bewusstwerden. Das passiert, wenn sich ein Akteur außerhalb seines sozialen Feldes bewegt und dort vollkommen andere Reglements vorfindet. Als Beispiel eignet sich hier, in bewusster Verwendung klischeeunterstreichender Vorurteile, der Fabrikarbeiter, dem ich unterstelle, dass er seine Mahlzeiten normalerweise in Kantinen oder Imbissen zu sich nimmt, der ausnahmsweise in ein „Haute Cuisine"-Restaurant eingeladen wird. Der Akteur, hier der Fabrikarbeiter, wird sich automatisch seiner Haltung, seines Äußeren, seiner Sprache und seiner Tischmanieren bewusst, da sie sich wahrscheinlich erheblich von denen der anderen Gäste unterscheiden. Da diese Bewusstwerdung zwangsläufig mit einem Gefühl der Fremdheit einhergeht, wird er sich voraussichtlich eher unwohl fühlen bzw. sein Verhalten als unangemessen einordnen. Der Versuch, sich an die Gegebenheiten anzupassen, ist dann ein (körperlich) anstrengender Akt. Er ist nicht mehr er selbst. Natürlich wäre es ihm möglich, sich - über einen längeren Zeitraum gesehen - das notwendige Wissen (das kulturelle Kapital, siehe Kap. 3.2) über dieses soziale Feld anzueignen, jedoch wird er es sich wahrscheinlich schwer nachträglich einverleiben können und sich daher immer ein wenig unterscheiden, dies macht „den feinen Unterschied".[48] Auch das, was allgemein als Generationenkonflikt bezeichnet wird, ist auf die unterschiedlichen Habitusformen zurückzuführen, die sich in unterschiedlichen historischen Zusammenhängen

---

[47] Der Kritik, dass Bourdieu die Unbewusstheit des Habitus so stark in den Vordergrund stellte und somit dem Subjekt die freie Entscheidung seines Handelns weitgehend absprach, wird hier entgegengesetzt, dass er die Sinnhaftigkeit des Verhaltens durchaus mit den Begriffen „Handeln, Wahrnehmen und Denken" (1987) verknüpfte, jedoch dies nicht weiter präzisierte (vgl. Fröhlich, Rehbein, 2009, 115). Außerdem habe ich die Vermutung, dass Bourdieu lediglich die primäre „übergeordnete Orientierung in einem sozialen-historischen Raum" als unbewusst einstuft, die sekundäre Folge jedoch in einem relativ bewussten Vorgang zu verorten ist.

[48] i.S. Bourdieus (1987). Ich verweise darauf, dass ich den Titel des Buches eigentlich zweckentfremde, beziehe er sich doch auf die feinen Unterschiede innerhalb eines sozialen Feldes. Dennoch ist er meines Erachtens auch für die Bewusstwerdung, im besten Fall Überwindung, der Habitusformen geeignet. In diesem beachtlichen Werk wird der Versuch der Überwindung besonders an dem Beispiel der „Neu-Reichen" deutlich, die zwar über die finanziellen Mittel verfügen, sich in gehobenen Kreisen zu bewegen und sich teure Gegenstände zu leisten, sich jedoch ihr Geschmack und ihre Sprache deutlich von „Adligen" oder „traditionell Reichen" unterscheiden.

geformt haben (vgl. Bourdieu, 2014, Fußnote, 116).

Besonders spannend ist es zu beobachten, wie in der Politik mit der Bewusstwerdung von Habitusformen gespielt wird. Es gibt Charaktere, die ihre öffentliche Person darauf aufbauen, wie schwer es ist, sich aus einem bestimmten sozialen Feld (oder wie hier begrifflich eher üblich, aus der sozialen Herkunft) empor gekämpft zu haben und dadurch ihre Stärke und „Empathie" für „niedere Klassen" demonstrieren. Oder die Charaktere, die sich, obwohl sie die bildungsbürgerlichen Reglements beherrschen, besonders durch ihre Sprache der Arbeiterklasse zugehörig bezeichnen. Die Bewusstwerdung des eigenen Habitus basiert jedoch auf den Fähigkeiten des analysierenden Denkens, das wiederum eng an die Aneignung von theoretischen Konzepten, das bedeutet kulturellem Kapital, geknüpft ist. Bildung ist demnach ein eindeutiger Faktor sich trotz einer bestimmten „sozialen Herkunft" auch in anderen sozialen Feldern zu bewegen. Wobei eine Entfremdung zur „familiären" Kultur nicht ausgeschlossen werden kann.

Essentiell an dem Habitus-Konzept ist, dass es durchlässig ist und somit nicht von Eindeutigkeit gesprochen werden kann. Es sind vielmehr die Grauzonen zwischen den sozialen Feldern, die meines Erachtens dieses Konzept so einzigartig macht.

Es geht jedoch nicht lediglich um Verhaltensformen, Sprache, Geschmack, etc., es geht auch um die eigene Vorstellung von dem, was das Subjekt verinnerlicht hat, was richtig und was falsch ist z. B. in der Erziehung, sprich den Begrifflichkeiten von Normen, Werten und Moral.

> Geschmack ist also eher so etwas wie Sinn. Er verfügt nicht vorgängig über eine Erkenntnis aus Gründen. … Geschmack wie Urteilskraft sind Beurteilungen des Einzelnen im Hinblick auf ein Ganzes, ob es mit allem anderen zusammenpaßt, ob es also „passend" ist […]. Man muss dafür „Sinn" haben – demonstrierbar ist es nicht. (Gadamer, 1960, 35)

Das, was den sozialen Akteur innerhalb eines sozialen Feldes u. a. mit anderen verbindet, ist - neben den kulturellen Praktiken - die multimodale Kommunikation, die zu einer gemeinsamen Bedeutungsentwicklung führt. In Bourdieus Arbeiten ist der Bezug zu

Emotionen nicht offensichtlich. Das scheinbare Fehlen wird häufig kritisiert.[49] Und es scheint als würde er absichtlich die Schnittstellen meiden. So empfindet es auch Herz (1996), indem er ausführt:

> Es ist fast so, als ob Bourdieu *Angst* hätte, *Gefühlsworte* auszusprechen und dem Feld des Emotionalen zu nahe zu kommen. (Herz, 1996, 240, Herv. i. O.)

Er konnte in einer Gegendarstellung, bestückt u. a. durch Interview-Passagen, jedoch zeigen, dass Bourdieu durchaus „Stellung" bezieht, inwiefern Gefühle in der Habitus-Theorie Platz finden, auch wenn dies nicht offensichtlich ausgesprochen wird. Um hier nur einen minimalen Anteil daran zu nehmen, ein Zitat, das mir als besonders erscheint:

> Und da die intensivsten Interaktionen Herzensbeziehungen sind (und vorweg vom Autor unserer besonderen Aufmerksamkeit anheim gegeben wurden), wird verständlich, warum sie die tatsächliche Grundlage ihrer eigenen Verständlichkeit in den Augen jener Leser und Kommentatoren vollkommen verbergen, deren ‚literarisches Empfinden' diese schwerlich dazu disponiert, in den sozialen Strukturen die Wahrheit der Gefühle zu entdecken. (Herz, 1996, 247)

Gegenwärtig gibt es mehrere Autorinnen und Autoren, die einen Bezug zwischen Emotionstheorien und der Habitus-Theorie aufstellen. So geschehen durch Gratier & Apter-Danon (2008, 305), die das Konzept des „Protohabitus" entwickelten, das ihrer Ansicht nach die Weitergabe von Kultur im weitesten Sinn verdeutlicht. Somit drückt sich die Position der Mutter im sozialen Feld in der Kommunikation mit dem Säugling aus. Aus der emotional regulierten, intersubjektiven Kommunikation der Dyade bildet sich das ‘sense of belonging' in Form eines Selbstbewusstseins, indem Erfahrungen gespeichert werden, was passiert, wenn ein Akteur in einer speziellen Weise handelt. Dies wird untermauert durch das eigene Zugehörigkeitsgefühl der Mutter und ihrer Stellung im sozialen Raum. Das bedeutet, die Verkörperung von Kultur ist ein dynamischer Prozess

---

[49] Zu der Kritik des „Nicht-Vorhanden-Seins" der Emotionen oder auch Gefühlen in den Werken Bourdieus möchte ich mich Scheer (2012, 5) anschließen. Sie wirft die Frage auf, inwiefern Bourdieu bei einer Beschreibung des Habitus' im Sinne von Wahrnehmen, Denken und Handeln, Gefühle nicht inhärent miteinbeziehen sollte. Ich verweise hierbei auf Kapitel 1 und 2 in dieser Arbeit.

und die Qualität der Kommunikation zwischen Mutter und Kind ist verantwortlich dafür, inwiefern es möglich ist, Fähigkeiten auszubilden (ebd.).

> Belonging requires a balance between the known and the new, repetition crea-
> tivity, structure and variation. In much the same way, a piece of music or a
> novel become uninteresting and 'stuck in time' if all they present are known or
> repeated elements; if they present no familiarity at all, they become unintelli-
> gible and confusing (Imberty 2005). (Gratier & Apter-Danon, 2008, 305)

Auch Scheer (2012, 201ff.) unterstützt diese theoretische Konzeption, indem sie davon
ausgeht, dass die Entstehung von Emotionen und die Herausbildung des Habitus' von
gleichen Strukturen abhängig sind. Das heißt, Emotionen entstehen nicht biologisch. Sie
folgt damit einer Definition, die von einer kulturellen Determiniertheit ausgeht. Dadurch
unterliegen Emotionen erlernten Praktiken.

Mit den grundlegenden Thesen von Bourdieu hat Scheer (2012) vier Praktiken ('emotional practices') entwickelt, die Emotionen als Handlung darstellen ('doing emotion'),
um die Trennung zwischen dem Körper (inklusive dem Geist) und der sozialen Struktur
in der Herausbildung der Emotionen zu überwinden (a.a.O., 199). Alle vier Formen sind
körperliche, performative Akte. Durch diese Unterteilung ist es möglich, die Funktionen
der Emotionen im sozialen Prozess strukturiert zu definieren (a.a.O., 209 ff.):

1. Mobilisierende emotionale Praktiken ('Mobilizing')

   Diese Form der Emotionen bezieht sich auf Rituale, Musik, Politik, Religion, das
   heißt übergeordnete Strukturen, die dem sozialen Miteinander innerhalb eines
   sozialen Feldes Orientierung geben.

2. Benennende emotionale Praktiken ('Naming')

   Durch das Benennen der Emotion und somit des kognitiven Prozesses ist es möglich, sie vollständig zu erleben, zu reflektieren und zu teilen, z. B. in einer The-
   rapie. Diese Praktik ist an den Körper gebunden, in dem die Emotion ausgedrückt
   wird. Die Art und Weise des Ausdrucks, die Vitalitätsform, gibt aber erst einen
   Rückschluss darauf, welche Emotion hinter dem Gesagten steht.

The statement "I hate you", or a gesture of contempt, mean different things depending on the way they are performed (whispered, shouted, or with a giggle) and by and to whom they are performed. (Scheer, 2012, 213)

3. Kommunizierende emotionale Praktiken ('Communicating')

   In der Kommunikation liegt die Funktion der Emotion überwiegend darin, sich abzustimmen. Jedoch ist die Deutung nicht einfach und an verschiedene Formen des Wissens gebunden, z. B. muss der situative Kontext und die Intention des Akteurs gewertet werden. Außerdem entsprechen die nach außen transportierten Emotionen nicht immer dem inneren Zustand, da dies wiederum an die vorgegebenen Konventionen gekoppelt ist, die an historische und kulturelle Umstände gebunden sind.

4. Regulierende emotionale Praktiken ('Regulating')

   Diese Praktik bezieht sich auf emotionale Normen. Die regulierenden, emotionalen Praktiken bestimmen das Erlernen der eigenen Rolle, z. B. als Frau oder Mann. Sie generieren den 'emotional style'. Dieser Begriff ist, laut Scheer, weniger verbindlich und bewusster, als der Begriff des Habitus. Deutlich wird dies z. B. durch die Einstufung des Raums in „privat" oder „öffentlich".

Diese Strukturierung durch Scheer (2012) und die zuvor vorgestellten Gedanken von Gratier & Apter-Danon (2008) sollen hier die Lücke zwischen der Position im sozialen Feld und den emotionalen Praktiken des Akteurs füllen. Nur durch diese Verbindung ist es möglich, den Aufbau des theoretischen Fundaments dieser Untersuchung zu verstehen.

3.2 Die Kapitalien

Um nun die Lebenslage der Familie im sozialen Feld einschätzen zu können bzw. die Familie aufgrund der Angaben eine eigene Einschätzung der Positionierung im sozialen Feld vornimmt, wurden die zur Verfügung stehenden Ressourcen oder – um mit Bourdieu zu sprechen - Kapitalien erfragt. Bevor nun explizit auf unsere Studie SMILE eingegangen wird, soll zunächst das Konzept der Kapitalien[50] von Bourdieu vorgestellt werden.

Der Habitus einer Person drückt sich unter anderem durch eine einzigartige Kombination von Kapitalien aus, die relational einzuordnen sind. Durch das Konzept der Kapitalien kann erklärt werden, warum die Menschen in einer Gesellschaft nicht „die Rolle von austauschbaren Teilchen" spielen und nicht jeder Person alle Möglichkeiten offenstehen bzw. warum absolute Chancengleichheit (d. h., dass alles allen zu jeder Zeit zugänglich ist) innerhalb einer Gesellschaft nicht existiert. Der zeitliche Aspekt spielt eine hervorzuhebende Rolle, da die Aneignung von Kapital Zeit benötigt, aber stets als Möglichkeit vorhanden ist (vgl. Bourdieu, 1983, 183ff.).

> Als *vis insita* ist Kapital eine Kraft, die den objektiven und subjektiven Strukturen innewohnt; gleichzeitig ist das Kapital – als *lex insita* – auch grundlegendes Prinzip der inneren Regelmäßigkeiten der sozialen Welt. (Bourdieu, 1983, 183, Herv. i. O.)

Bourdieu (1983) setzt den Begriff des Kapitals dem der Macht gleich und ordnet die Kapitalien in Kategorien, wobei die Grenzen fließend sein können (z. B. beim Sprechstil oder der Zeit, die eine Person investiert) bzw. sich gegenseitig bedingen. Er beschreibt das ökonomische, kulturelle, soziale und symbolische Kapital, wobei sowohl das kulturelle als auch das soziale Kapital unter bestimmten Voraussetzungen in das ökonomische Kapital konvertierbar sind (a.a.O., 185). Das symbolische Kapital ist als übergeordnete Kategorie zu verstehen. Das soziale Kapital ist immer auch symbolisches Kapital, da es auf Anerkennung innerhalb der sozialen Austauschprozesse einer Gruppe beruht. Das sprachliche Kapital wird von Bourdieu gesondert untersucht (vgl. 2005).

---

[50] Der Begriff „Kapital" ist hier von dem wirtschaftlichen Begriff zu trennen: „Dieser wirtschaftswissenschaftliche Kapitalbegriff reduziert die Gesamtheit der gesellschaftlichen Austauschverhältnisse auf den bloßen Warenaustausch, der objektiv und subjektiv auf Profitmaximierung ausgerichtet ist und vom (ökonomischen) *Eigennutz* geleitet ist. Damit erklärt die Wirtschaftstheorie implizit alle anderen Formen sozialen Austausches zu nicht-ökonomischen *uneigennützigen* Beziehungen." (Bourdieu, 1983, 184, Herv. i. O.).

Um nun die erhobenen Daten zur Lebenslage der Studie den Kapitalformen zuordnen zu können, werden sie zunächst vorgestellt.

Das kulturelle Kapital äußert sich einerseits im Habitus der Person, d. h. „dem inkorporierten Zustand in Form von dauerhaften Dispositionen des Organismus", andererseits in Erfahrungen durch kulturelle Güter, wie z. B. Bücher, Bilder, Instrumente, Maschinen, Theorien, etc., „die Spuren hinterlassen haben" und letztlich in einem institutionalisierten Zustand[51], der sich in Form von z. B. schulisch erworbenen Titeln zeigt (vgl. 1983, 185). Das Adjektiv „kulturell" im Sinne Bourdieus kann in der Übertragung ins Deutsche zu Missverständnissen führen, weil es im definitorisch engeren Sinn eher dem „Bildungsprozess" zugeordnet werden kann. „Eine Person bildet sich", das bedeutet, sie investiert Zeit (ebd.) und verinnerlicht Wissen, weshalb es auch nicht direkt von einer Person auf eine andere übertragen werden kann. Das erworbene, verinnerlichte Wissen (inkorporiertes kulturelles Kapital) formt die Person und wird zum Habitus. So entwickelt sich z. B. die Art zu sprechen aus diesen einverleibten Erfahrungen, der zeitlichen Epoche, der Gesellschaft und der sozialen Klasse.

Das soziale Kapital ist die Summe an „Ressourcen, die auf der Zugehörigkeit einer Gruppe beruhen" (a.a.O., 191). Im weitesten Sinn ist das soziale Kapital an Institutionen gebunden, basierend auf materiellen und symbolischen Aspekten und gegenseitiger Anerkennung, wie z. B. der Zugehörigkeit zu einer Familie, einer Klasse, etc., jedoch müssen die Austauschbeziehungen permanent aufrechterhalten werden und es muss eine Verknüpfung erkennbar sein. Daher kann die Zugehörigkeit zu einer Institution auch nicht nur auf physische, geographische, ökonomische oder soziale Faktoren reduziert werden (ebd.). Diese Austauschbeziehungen gründen in Profiten für die jeweiligen Mitglieder und ebenso in Verpflichtungen. Dies wird bewusst oder unbewusst angestrebt. Es steht nicht immer ein bewusstes Kalkül hinter den Investitionen,

---

[51] Laut Bourdieu (1983, 185) muss diese Form besonders betrachtet werden, weil sie dem kulturellen Kapital einmalige Eigenschaften verleiht. Außerdem steht der Erwerb der schulischen Titel in einem ganz eindeutigen Zusammenhang zu dem von der Familie zuvor investierten kulturellen Kapital, das kulturelle Kapital wird dementsprechend vererbt.

... es ist sehr wahrscheinlich, daß sie in der Logik affektiver Investitionen erlebt werden, d. h. als eine gleichzeitig notwendige und uneigennützige Ver-
pflichtung (involvement). (Bourdieu, 1983, Fußnote, 195)

Durch die gegenseitige Anerkennung wird die Gruppe „reproduziert", aber auch ihre
Grenzen bestätigt. In der Beziehungsarbeit wird Zeit investiert und somit ökonomisches
Kapital (a.a.O., 193).

Die sprachlichen Fähigkeiten ergeben sich aus allen Kapitalformen, da sie sich heraus-
bildend aus den sozialen Dispositionen innerhalb des Habitus niederschlagen. Der
Sprachstil ergibt sich aus den unterschwelligen Erfahrungen, die gemacht wurden, wie
jemand etwas sagt. Es ist der „verborgene Code", der die Spuren hinterlässt (vgl. Bourdieu, 2005a, 57). Bezogen auf das sprachliche Feld und die Wirkung des sprachlichen
Kapitals, schreibt Bourdieu:

Sprecher ohne legitime Sprachkompetenz sind in Wirklichkeit von sozialen
Welten, in denen diese Kompetenz vorausgesetzt wird, ausgeschlossen oder
zum Schweigen verurteilt. (Bourdieu, 2005a, 60)

Damit die Grenzen der sozialen Gruppen auch auf dem sprachlichen Markt gekennzeichnet werden können, ist es notwendig, die Sprachkompetenz und ihren Nutzen immer wieder hervorzuheben und z. B. durch die Wahrung alter Sprachen zu legitimieren.

Um den Zusammenhang von Habitus, Kapital, sozialem Feld und dem sinnvollen Handeln darstellen zu können, entwarf Bourdieu diese Formel (vgl. Bourdieu, 1987, 175):
[H x K] + F = Praxis, (H = Habitus; K = Kapitalien; F = Feld).
Sie verdeutlicht die Kräfteverhältnisse im sozialen Feld. Durch die Summe der einzelnen Lebensstile entwickelt sich ein Klassenhabitus.

Aufgrund dieser Einteilung der Kapitalien entwarfen wir für unsere Studie SMILE einen

Anamnesebogen, der den Familien vorgelegt wurde. Der Begriff „Lebenslage"[52] wurde gewählt, da dieser aufgrund des theoretischen Konzepts ressourcenorientiert ist. Der Anamnesebogen greift die vorher beschriebenen Paradigmen, sprich die Kapitalien im Sinne von Ressourcen, auf. So ist der erste Teil (Angaben zur Familie) allgemeinen Angaben der Familie gewidmet. Der zweite Teil (Angaben zum Werdegang der Mutter) umfasst den Schulabschluss und die Berufs- und Arbeitssituation der Mutter. Der nächste Teil (Informationen zum Umfeld) erfragt die Unterstützung, die die Mutter von ihrem Umfeld erhält, und der letzte Teil (Angaben zur finanziellen Situation) erfragt die gefühlte Armut, das Einkommen, den Erhalt von Sozialleistungen und die Schuldensituation. Die Lebenslage der Mutter wurde zusätzlich ergänzt durch die Erhebung ihrer Belastung bezüglich des Stressempfindens durch den standardisierten Fragebogen „Trier Inventar zum chronischen Stress" (TICS).

3.2.1 Netzwerk

Das soziale Kapital wird in dem erstellten Anamnesebogen wie folgt abgefragt:

„Haben Sie mindestens eine Person außerhalb ihres Haushalts, die sie unterstützt? Ja/Nein

Falls, ja. In welchem Bereich (Mehrfachnennungen möglich)?

- Betreuung des Kindes
- Finanzielle Unterstützung
- Unterstützung im Haushalt
- Emotionale Unterstützung

---

[52] Bansner (2017) stellt das Konzept der Lebenslage ausführlich und in Abgrenzung zu anderen Konzepten in ihrer Dissertation dar.

3.2.2 Finanzen

Das ökonomische Kapital der Familie wurde abgefragt, indem die Mutter sieben An-
kreuzmöglichkeiten hatte, beginnend von „1000 Euro" bis zu „über 2000 Euro" mit Ab-
ständen von 200 Euro. Diese Spanne wurde gewählt, um sowohl einen Bereich unter
und einen Bereich über der Armutsgefährdungsgrenze des Nettohaushaltseinkommens
(diese lag zum Zeitpunkt der Erhebung im Jahr 2013 für eine Familie mit einem Kind
unter 14 Jahren in Deutschland bei 1762 Euro[53]) festzuhalten.

3.2.3 Stress

Die Daten zur Belastung der Mutter aufgrund von chronischem Stress wurden anhand
des standardisierten Fragebogens „TICS" (Trier Inventar zum chronischen Stress von
Schulz, Schlotz & Becker, 2004) erhoben.

Der TICS umfasst 57 Items, die durchschnittlich in zehn Minuten ausgefüllt werden
sollten. Während des Ausfüllens sollen die Probanden an die letzten drei Monate denken. Es gibt neun Bereiche des Stressempfindens, die abgefragt werden:
Arbeitsüberlastung, Soziale Überlastung, Erfolgsdruck, Arbeitsunzufriedenheit, Überforderung, Mangel an sozialer Anerkennung, Soziale Spannung, Soziale Isolation und
Besorgnis. Dieser Fragebogen ist auch für nicht-arbeitende Personen geeignet, so kann
der Begriff „Arbeit" hier auch für täglich auszuübende andere Tätigkeiten genutzt werden.

3.2.4 Gefühlte Armut

Die Dimension der „gefühlten Armut" war in der Erhebung besonders bedeutungsvoll,
da dieser Bereich die Positionierung im sozialen Raum extrem beeinflusst und eine
Schnittstelle zwischen dem „Innen" und „Außen" darstellt. In Erhebungen zur Mutter-

---

[53] Ausführliche Informationen zum Berechnungshintergrund siehe Bansner (2017, 6).

Kind-Kommunikation spielt diese Kategorie jedoch häufig keine Rolle und es gibt keine standardisierten Fragebögen, die dieses Phänomen als Teilkategorie einfangen. Daher wurden hier vier Fragen für den Anamnesebogen entwickelt, die die „gefühlte Armut" abbilden sollten. Die Fragen sind Einschätzungsfragen mit den Polen „trifft nicht zu" und „trifft voll zu" mit sechs Abstufungen dazwischen. Das heißt, es gab keinen Mittelpunkt, der eine „Unentschlossenheit" zuließ.

- Fühlen sie sich in ihrer finanziellen Situation „arm"?
- Haben Sie das Gefühl, auf materielle Anschaffungen für den Alltag verzichten zu müssen?
- Haben Sie das Gefühl, dass Sie sich die Kosten für Freizeitaktivitäten leisten können?
- Haben Sie das Gefühl, dass Sie sich notwendige Anschaffungen für ihr Kind leisten können?

3.2.5 Bildungshintergrund und Arbeitssituation

In dieser Kategorie wurde die Mutter zu ihrem Werdegang befragt. Alle Fragen waren Ergänzungsfragen. Die erste Frage bezog sich auf die schulische Laufbahn (inkorporiertes kulturelles Kapital):

- Höchster Bildungsabschluss (Wenn Sie keinen Schulabschluss erworben haben: Schulstufe, in der Sie die Schule verlassen haben)

Die zweite Frage bezog sich auf eine Berufszugehörigkeit:

- Haben Sie einen Beruf erlernt (Ja/Nein)? Wenn ja, welchen?

Die letzte Frage berücksichtigt den zeitlichen Aspekt insofern, als die „gegenwärtige" Situation der Mutter direkt vor der Schwangerschaft abgefragt wurde, und indirekt beinhaltet dies auch, inwiefern eine Rückkehrmöglichkeit besteht bzw. die Mutter sich als „arbeitende" oder „arbeitslose" Person einschätzt und außerdem, ob sie den Beruf verfolgt, indem sie ursprünglich einen Abschluss gemacht hat.

- Übten Sie direkt vor der Schwangerschaft einen Beruf aus (Ja/Nein)? Wenn ja, welchen?

3.3 Fazit und Übergang

Bourdieu eignet sich als theoretisches Fundament für diese Untersuchung nicht nur, weil er die äußeren Einflüsse auf die Entwicklung eines Menschen optimal integriert, sondern auch weil Bourdieu versucht, den Dualismus von Objektivität und Subjektivität durch Relationalität zu überwinden. Die subjektive Sicht auf die Situation ist bei Bourdieu permanenter Teil der Untersuchungen, siehe dazu Kapitel 6.[54] Bevor jedoch die von mir bearbeitete „relationale Methodologie" beleuchtet wird, soll die ursprünglich angedachte Analysemethode beschrieben werden, weil auch diese in Teilen in die Untersuchung einfließt.

---

[54] Berechtigte Kritik an Bourdieus Methodologie und eigens angewendeter Methode, siehe Fröhlich/Rehbein, 2009, 402.

4. Durchführung der Untersuchung „SMILE-Sprach- und Kommunikationsentwicklung in unterschiedlichen Lebenslagen"[55]

Forschungsdesign

Es wurden 24 Familien in ihrem natürlichen Umfeld videografiert bzw. sie videografierten sich selbst. Das Kamerasystem stand sechs Tage in den Räumen der Familie, wobei der erste und letzte Tag dem Auf- bzw. Abbau diente[56].

4.1 Feldzugang

Die Probanden wurden mittels eines Flyers rekrutiert. Der Flyer wurde von uns so entworfen, dass er für Mütter jeglichen Bildungshintergrundes ansprechend war. Das bedeutet, dass darauf geachtet wurde, eine einfache Sprache zu verwenden. Außerdem wurde versucht, schon an diesem Punkt der Kontaktaufnahme eine Vertrauensbasis zu schaffen, indem Fotos der Projektmitarbeiterinnen abgebildet waren und benannt wurde, dass nur diese Personen Zugang zu den Familien und Daten haben werden. Die Vertrauensbasis an diesem Punkt wurde in dem Bewusstsein fokussiert, dass die Daten, die erhoben werden sollten, in der intimen Atmosphäre des häuslichen Umfeldes stattfanden und es durch die Dauer der aufgestellten Technik einen erheblichen Aufwand für die Familien bedeutete. Weiterhin wurde bei der Entwicklung des Flyers darauf geachtet, dass die leichte Bedienung der Technik mit nur einem An- und Ausknopf hervorgehoben wurde, um Ängste der Probanden diesbezüglich zu vermeiden.

Es fand eine Kontaktaufnahme zu zuständigen Frauenärzten, Kinderärzten, Hebammen und Familienbildungsstätten statt, indem eine Präsentationsmappe vorgelegt wurde, in

---

[55] In Zusammenarbeit mit Dr. Marie Bansner, Laufzeit: 01.02.2012-31.12.2014, https://www.ifs.phil. uni-hannover.de/kommunikations-sprachentwicklung.html

[56] Für die Untersuchung wurde ein positives Votum der Ethik-Kommission der Leibniz Universität Hannover eingeholt und dem universitätsinternen Datenschutzbeauftragten eine Verfahrensbeschreibung gemäß § 8 des Niedersächsischen Datenschutzgesetzes ohne Beanstandungen vorgelegt. Die Finanzierung der Sachmittel erfolgte durch das BabyLab Hannover geleitet durch Frau Prof. Lüdtke. Personalmittel standen dem Projekt nicht zur Verfügung, jedoch haben zwei Masterstudentinnen im Rahmen eines Forschungsmoduls an der Studie mitgewirkt.

© Springer Fachmedien Wiesbaden GmbH, ein Teil von Springer Nature 2019
S. Lück, *Das Zwischen im Dialog*, Diversität in Kommunikation und
Sprache / Diversity in Communication and Language,
https://doi.org/10.1007/978-3-658-25833-7_5

der alle notwendigen Informationen zum Projekt, Flyer und die Kontaktdaten der Projektmitarbeiterinnen enthalten waren. Teilweise wurde auch eine Vorstellung des Projektes in einem persönlichen Gespräch gewünscht. Es wurde darauf geachtet, dass aus sehr unterschiedlichen Stadtteilen Kooperationspartner gefunden wurden. Durch diese Vorgehensweise wurde gewährleistet, dass den Familien das Projekt durch eine Person vorgestellt wurde, zu der schon ein gewisses Vertrauensverhältnis von Seiten der Familien bestand.

Es meldeten sich insgesamt 41 Familien innerhalb von zehn Monaten, die Interesse zeigten, an dem Projekt teilzunehmen. 25 Familien erfüllten die Kriterien. Eine Familie sagte den vereinbarten Termin aus persönlichen Gründen wieder ab. Vier Familien konnten nicht analysiert werden, da sich nachträglich herausstellte, dass die Kriterien doch nicht erfüllt wurden (drei Kinder hatten Erkrankungen, über die erst nachträglich informiert wurde bzw. welche erst im Nachhinein als Ausschlusskriterium eingestuft wurden). Die hauptsächlichen Absagegründe der Familien, die Interesse gezeigt hatten, waren, dass es das zweite Kind war oder dass Zweisprachigkeit in der Familie vorkam. Von den 41 Familien wurden acht über einen Kinderarzt vermittelt, sechs haben den Flyer in dem Geschäft „Baby Walz" ausliegen sehen, bei den restlichen Familien gab es keine Häufungen.

4.2 Probanden

Die Probanden waren deutschsprachige Familien (zusammenlebende Paare) mit einem erstgeborenen Kind im Alter von drei bis vier Monaten. Untersucht wurden nur die Interaktionen der Mütter mit dem Kind, um die Probandenanzahl nicht zu sehr einzugrenzen, da bislang noch mehr Mütter im dritten bis vierten Lebensmonat des Kindes die Elternzeit nutzen als Väter. Außerdem sollte eine hohe Vergleichbarkeit der Interaktionen gewährleistet werden. Auch das Kriterium der deutschen Sprache wurde festgelegt, um die Vergleichbarkeit zu verstärken.

Das Alter des Kindes wurde dementsprechend ausgewählt, da ab dem fünften Monat zunehmend ein Objekt (z. B. Spielzeug) in die Kommunikation miteinbezogen wird. Des Weiteren konnte in anderen Studien gezeigt werden, dass Kinder genau in diesem Zeitraum eine verstärkte Kommunikation in Narrativen zeigen (vgl. Trevarthen u. a. 2012). Stern (2011) weist darauf hin, dass die Erweiterung der Modalitäten innerhalb der Kommunikation durch die Mütter genau im Übergang vom dritten in den vierten Monat vermehrt zu finden ist. Vorher ist die Kommunikation überwiegend von Imitation geprägt.

> Die Forscher (Gergely und Watson, 1999 sowie Gergely et al. 1995, Anm. d. Verf.) stellten fest, dass Säuglinge etwa bis zum Alter von zwölf Wochen solche Stimuli besonders attraktiv finden, die eine perfekte Kontingenz mit ihrem eigenen Verhalten aufweisen. Ab dem 4. Lebensmonat aber zeigen sie lebhaftere soziale Reaktionen auf mütterliche Stimuli, die hoch-, aber nicht perfekt kontingent sind – Stimuli also, die 'fast wie ich, aber eindeutig nicht genau wie ich' sind. Der Fokus verlagert sich also vom Selbst auf die Andere. (Stern, 2011, 150)

Bei der telefonischen Kontaktaufnahme zu den Projektmitarbeiterinnen wurde mittels eines dafür angefertigten Erstkontaktbogens abgefragt, ob die Familien für die Studien in Frage kamen.

Die Familien mussten folgende Kriterien erfüllen:

- Das Kind sollte zum Zeitpunkt der Aufnahme nicht älter als vier Monate sein.
- Das Kind sollte das Einzige sein.
- Die Mutter sollte volljährig sein.
- Die Familie sollte als Paar zusammenleben.
- Die Mutter sollte den überwiegenden Betreuungsanteil übernehmen.
- Das Kind sollte alle Vorsorgeuntersuchungen durchlaufen haben.
- Bei der Mutter sollte keine diagnostizierte psychische Störung vorliegen (durch Selbstauskunft erfragt).
- Die Mutter und der Vater sollten Deutsch als Erstsprache haben und auch mit dem Kind nur Deutsch sprechen.

Wenn die Familien alle Kriterien erfüllten, wurde mit ihnen ein Aufbautermin und nach sechs Tagen ein Abbautermin vereinbart. Innerhalb dieser Tage sollte die Familie möglichst einen geregelten Alltag ohne besondere Ereignisse durchleben.

Die Probanden erhielten nach Beendigung der Aufnahmen am Abbautag einen Gutschein von „Baby Walz Hannover" über 50 Euro. Es gab keine Beteiligung von dem Unternehmen „Baby Walz" an den Inhalten des Forschungsprojektes, auch bestand keine finanzielle Förderung. Diese Form des Gutscheins wurde gewählt, da bei diesem Dienstleistungsunternehmen ausschließlich Produkte erworben werden können, die für Kinder und die benötigte Ausstattung gebraucht werden. Eine DVD mit den eigens getätigten Aufnahmen wurde der Familie im Nachhinein mit der Post zugeschickt.

4.3 Ablauf Hausbesuch

Bei unserem Besuch der Familien am Aufbautag wurden zu Beginn alle zusätzlichen Formalitäten anhand eines vorgegebenen Leitfadens besprochen:

- Anamnesebogen
- Screening der Stressbelastung (TICS)
- Datenschutzerklärung
- Versicherungserklärung bezüglich der Technik

Danach wurde der Raum begutachtet, in dem der „Kamerabaum" (siehe Kap. 4.5) aufgebaut werden sollte. Während des Aufbaus hatten die Familien Zeit, die Dokumente auszufüllen. Der Kontakt am Aufbautag dauerte durchschnittlich 1-1,5 Stunden. Nachdem die Technik aufgebaut wurde, wurde die Mutter, möglichst zusammen mit dem Kind, dazu gebeten, um die Bildeinstellungen optimal vornehmen zu können. Des Weiteren wurde der Mutter erklärt, wie sie die Technik zu bedienen hat. Zusätzlich erhielt sie eine kurze, schriftliche Anleitung. Am Abholtag wurde der Kamerabaum abgebaut und der Gutschein übergeben. Dieser Termin dauerte durchschnittlich 0,5 Stunden.

4.4 Auswahl des Settings (in-vivo)

Da die Abstimmungsprozesse zwischen Mutter und Kind den Schwerpunkt der Studie SMILE bilden und diese überwiegend unbewusst herbeigeführt werden (siehe Kap. 2), sollten Mutter und Kind einem höchsten Maß an Natürlichkeit ausgesetzt werden. Durch die standardisierte Situation des Wickelns sollte sichergestellt werden (angelehnt an die Studie von Leimbrink, 2010, 50), dass die Mutter alltäglichen Handlungen nachgehen kann. Das bedeutet, dass sie zwar durch die vorhandene Technik in ihrem gewohnten Umfeld irritiert waren, dies aber auch der einzige Faktor sein sollte. Die Untersuchungen des vierten bzw. fünften Tages waren so gewählt, weil davon ausgegangen wurde, dass bis dahin ein gewisser Habituierungsprozess des Kindes und der Mutter an das Vorhandensein der Kameras stattgefunden hat. Trotz des Phänomens der Reaktanz, kann davon ausgegangen werden, dass die Aufmerksamkeit der Menschen, die gefilmt werden, nach kurzer Zeit nicht mehr auf die Kamera gerichtet ist (vgl. Tuma, 2013, 13).

Bourdieu beschreibt das Phänomen, wie sich der Befragte selbständig objektiviert und der Untersucher Widerstand gegen die Objektivierung zu leisten hat (vgl. Bourdieu, 1997, 791). Das heißt, der Befragte/die Untersuchungsperson verhält sich so, wie es in seiner Vorstellung in diesem Rahmen von ihm erwartet wird. In den Interviews von Bourdieu war dies die selbständige, nicht eingeforderte Reflexion der eigenen Situation, in unserer Untersuchung wäre dies die Vorstellung der Mutter, wie eine optimale Kommunikation zwischen Mutter und Kind zu sein hat.

Dies konnte auch insofern durch die Aufnahmen bestätigt werden, als dass die Mutter nach dem dritten Tag die Kamera überwiegend nicht mehr in der Wickelsituation thematisierte. Der Mutter wurden keine Vorgaben gemacht, in welchem Umfang oder wie häufig sie das Wickeln aufnehmen sollte. Es wurde ihr überlassen, in welchen Situationen sie sich filmen wollte oder eben auch nicht. Somit entstanden bei jeder Familie unterschiedlich viele Aufnahmen, jedoch als Minimum zwei pro Tag.

Die Auswahl der Sequenzen für die erste Grobanalyse waren folgende Kriterien:
- Die Wickelsituation sollte möglichst vollständig durchgeführt werden (z. B. ohne Abbruch, um das Kind zu baden).
- Es sollte keine andere Person als die Mutter im Raum sein.
- Wenn eine Wahl zwischen zwei Sequenzen bestand, wurde darauf geachtet, dass Mutter und Kind in einem möglichst wachen Zustand waren.
- Es sollte keine längere Phase des Weinens vorkommen.
- Die Analyse der Sequenz beginnt erst, wenn das Säubern des Kindes beendet ist.

Die Wickelsituation wurde ausgewählt, da diese eine größtmöglich natürliche Situation im häuslichen Umfeld darstellte und keine außergewöhnliche Situation inszeniert werden musste[57]. Die Mutter konnte auf alle Verhaltensweisen zurückgreifen, die sie auch sonst in ihrem Alltag anwendet. Außerdem konnte vor der Rekrutierung davon ausgegangen werden, dass die überwiegende Anzahl der möglichen Probanden einen Wickeltisch besitzen würde. Spontane Spielsituationen werden häufig an unterschiedlichen nicht planbaren Orten durchgeführt, so dass Schwierigkeiten mit dem Technikaufbau befürchtet wurden. Weitere regelmäßige Situationen, wie das Füttern oder Baden, wurden aus folgenden Gründen ausgeschlossen: In der Situation des Fütterns ist die Aufmerksamkeit des Kindes auf das Essen gelenkt und es kann davon ausgegangen werden, dass sich das Kind in einer unausgeglichenen Stimmung befindet. Außerdem beeinträchtigt die Nahrungsaufnahme die Vokalisation des Kindes. Die Situation des Badens ist für viele Kinder im Alter von drei Monaten und somit auch für die Mütter eine sehr stressige Situation. Außerdem ist in beiden Situationen das Blickverhalten sehr eingeschränkt.

Die Säuglinge, die in unserer Studie beobachtet werden, sind zwischen 12 und 16 Wochen alt. Der Zeitraum scheint in vielfältiger Hinsicht eine neue Qualität in der Mutter-Kind-Kommunikation zu eröffnen. Das Bedürfnis nach „Kontingenz", dass laut Gergely

---

[57] Die unterschiedlichen Situationen wurden vor Beginn der Studie im Jahr 2011 von mir zusammen mit einer Mutter und ihrer 4 Monate alten Tochter in deren häuslichen Umfeld getestet. Das Team des BabyLabs Hannover beriet daraufhin zusammen mit Dr. Jonathan Delafield-Butt über die Vorzüge der Wickelsituation und erarbeitete das Vorgehen.

& Watson (1999) bis zur 12. Woche vorherrscht, verändert sich insofern, dass Säuglinge Stimuli bevorzugen, die nicht exakt kontingent sind (vgl. Stern, 2011, 150). Das bedeutet, das Gegenüber imitiert zwar einen Teil der lautlichen Äußerung, erweitert jedoch die Äußerung und ordnet sie in einen Kontext, der Bedeutung erzeugt.

4.5 Technik

Im Rahmen des Gesamtprojektes „SMILE – Sprach- und Kommunikationsentwicklung in unterschiedlichen Lebenslagen" wurde von August 2012 bis August 2013 ein 3-Kamera-System im BabyLab der Leibniz Universität Hannover von Prof. Lüdtke, unter der Leitung von Dr. Bodo Frank und den Doktorandinnen Marie Bansner und Senta Lück, entwickelt und pilotiert.[58]

Das Aufnahmesystem, hier bezeichnet als „Kamerabaum" bestand aus drei Kameras, die an einem Standstativ in drei verschiedenen Positionen installiert wurden. Kamera 1 zeigte die Gesamtsituation zwischen Mutter und Kind aus seitlicher Perspektive, Kamera 2 zeigte das Gesicht der Mutter und Kamera 3 zeigte das Kind. Um die wohnliche Atmosphäre nicht zu stark zu stören, wurde der Kamerabaum mit Stoff ummantelt.

---

[58] Das System wurde ausführlich von Dr. Marie Bansner in ihrer Dissertation (2017, 64-66) beschrieben.

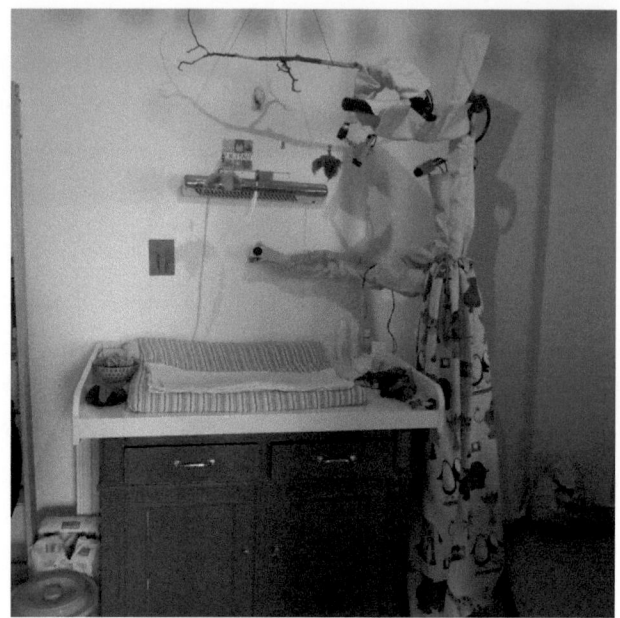

Abbildung 3: Das 3-Kamera-System im Feld (© Marie Bansner).

5. Das ursprüngliche methodische Vorgehen

Die Beschreibung des ursprünglichen methodischen Vorgehens ist notwendig, um nachvollziehen zu können, wie die Sequenzen der Mutter-Kind-Dyaden in der nachfolgend von mir in dieser Arbeit entwickelten Methode ausgewählt wurden. Außerdem wird dadurch deutlich, dass das Vorgehen innerhalb der von mir neu entwickelten relationalen Methode von dem somit erhobenen Datenmaterial abhängig ist.

Die Studie SMILE wurde so konzipiert, dass folgende Forschungshypothese beantwortet werden sollte:

„Eine soziokulturell benachteiligte Lebenslage beeinflusst die Qualität der emotionalen Regulation in der Mutter-Kind-Dyade und hat Auswirkungen auf den frühkindlichen Kommunikations- und Spracherwerb."

Es wurde ein standardisiertes Verfahren in Form eines Kodiermanuals für die Mikrosequenzanalyse von Dr. Marie Bansner (zu diesem Zeitpunkt Doktorandin) und Senta Lück unter der Leitung von Prof. Dr. Ulrike Lüdtke entwickelt, das ermöglicht, aufgrund der operationalisierten Kategorien einen Rückschluss auf die emotionale Regulation zu ziehen. Eine ausführliche Darstellung des Kodiermanuals findet sich bei Bansner (2017, 85-89). Hier wird eine verkürzte Form, aufgrund der Veränderungen im Forschungsprozess, zur Verständlichkeit dargestellt (siehe Tabelle 1).

© Springer Fachmedien Wiesbaden GmbH, ein Teil von Springer Nature 2019
S. Lück, *Das Zwischen im Dialog*, Diversität in Kommunikation und
Sprache / Diversity in Communication and Language,
https://doi.org/10.1007/978-3-658-25833-7_6

5.1 Das Kodiermanual

Tabelle 1: Das Kodiermanual der Studie „SMILE-Sprach- und Kommunikationsentwicklung in unterschiedlichen Lebenslagen".

Blick	Der Blick richtet sich auf das Gesichtsfeld des Gegenübers. Der Blick muss eindeutig sein, d.h. die Augen sind schon voll geöffnet. Beim Abwenden des Blickes, Codierungen ab Lidschluss bzw. Lid schließt sich. Es wurde jeder Blick kodiert, ohne eine Mindest-Frame-Anzahl dazwischen. Bei einem Blick, der durch z.b. Augenrollen unterbrochen wird, sind es erst zwei Blicke, wenn min. 5 Frames dazwischen liegen. Kuschel/Küss-Situation werden als einzelne Blicke kodiert. Wenn das Kind die Augen zusammenkneift (länger als 5 Frames), ist es kein Blick. In einem Mimikspiel, in dem es dazu gehört die Augen öffnen und zu schließen, wird es als ein durchgehender Blick gewertet.
Körperkontakt	Eine Berührung des Gegenübers, die eindeutig ist und über die Wickelhandlung hinausgeht bzw. nicht aufgrund dessen automatisch erfolgt.
Vokalisation/Verbalisation	Nach einer 15 Frames Unterbrechung der mütterlichen Verbalisation bzw. kindlichen Vokalisation gilt diese als beendet.
Emotional-motivationaler Zustand (EMZ)	Kodierung des emotional-motivationalen Zustandes der Interaktionspartner (in --, -, 0, +, ++). Der emotional-motivationale Zustand ist intraindividuell anhand der Vokalisation, Mimik, Gestik, Körperkontakt, Körperausrichtung und Körperspannung der Mutter bzw. des Kindes zu beurteilen. Kodierung mesoanalytisch und durchgehend (Ende des Kodes in 10er Frame Schritten, bei Bedarf an dem Kode der Mutter_V orientieren und die Kodierung breitfassend auf- bzw. abrunden für den 10er Schritt der Anfangs- und Endzeiten, Kode 0 wird erst ab einer Länge von 5 Sekunden kodiert). Der Aufbau bzw. Abbau des emotionalen Erregungszustandes erfolgt in der Regel schrittweise.

Tabelle 1: Fortsetzung

Narrative	Ein vollständig durchlaufenes Narrativ besteht aus vier Phasen: Initiierung, Aufbau, Klimax, Konklusion. Die ersten beiden Phasen können innerhalb eines vollständigen Narrativs mehrfach durchlaufen werden. Ein Narrativ (unvollständig oder vollständig) kann entweder durch einen Abbruch oder eine Erholung beendet werden. Die Kodierung der Narrative ist bedingt durch die Kodierung des EMZ.
Initiierung	Ein Interaktionspartner initiiert non-verbal und/oder verbal den kommunikativen Austausch. Es ist eine Initiierung, wenn weniger als 2 Sekunden dazwischen liegen.
Aufbau	Ein Interaktionspartner reagiert innerhalb von 2 Sek. auf das Gegenüber und hält den kommunikativen Austausch non-verbal und/oder verbal aufrecht.
Klimax	Beide Interaktionspartner erleben gemeinsam einen positiven Höhepunkt in ihrem non-verbalen und/oder verbalen kommunikativen Austausch. Oder ein Interaktionspartner erlebt alleine einen positiven Höhepunkt in dem non-verbalen und/oder verbalen kommunikativen Austausch, unterstützt durch das Gegenüber.
Mini-Klimax	Beide Interaktionspartner erleben gemeinsam einen positiven Moment, der intensiver ist als die Aufbauphase, aber nicht in einem klimatischen Höhepunkt endet.
Konklusion	Beide Interaktionspartner erleben gemeinsam non-verbal und/oder verbal einen beruhigenden Abschluss ihres kommunikativen Austausches. Oder ein Interaktionspartner erlebt non-verbal und/oder verbal einen beruhigenden Abschluss des kommunikativen Austausches, unterstützt durch das Gegenüber. Die Phase der Konklusion kann nur im direkten Anschluss an einen Klimax auftreten.

Der ursprünglichen Analysemethode des Videodatenmaterials wurde das Konzept der Narrative (u. a. Trevarthen 2012, Delafield-Butt 2010, siehe Kap. 2.4 und 5.2) zugrunde gelegt, das eine multimodale Kommunikation einschließt. Die vier Phasen eines Narrativs (Initiierung, Aufbau, Klimax, Konklusion) wurden anhand der Zeichenträger (Blick, Körperkontakt, Verbalisation der Mutter bzw. Vokalisation des Kindes), der 'emotional displays', ermittelt. Daher wurde jede einzelne Kategorie kodiert. Daraufhin wurde der emotional-motivationale Zustand von Mutter und Kind codiert, der von dem Einsatz der Zeichenträger abhängig ist. Die Einordnung erfolgte anhand einer Skala (--, -, 0, +, ++). Der Kode 0 umfasst die (Wickel-) Handlungen der Mutter bzw. die Selbstregulation des Kindes. Die durchlaufenden Narrative bilden die Grundlage für die Annahme der emotionalen Regulation der Dyade. Da es für die entwickelte Methode wichtig ist, die einzelnen Phasen eines Narrativs einordnen zu können, werden diese im Folgenden vorgestellt.

Die Interrater-Reliabilität wurde durch das Software Programm INTERACT mittels Cohens Kappa Wert[59] für jede Klasse berechnet. Die Berechnungsgrundlage war 50% Überlappung mit einer 5 Frames Toleranzgrenze. Somit ergaben sich folgende Werte:

Tabelle 2: Interrater-Reliabilität

Klasse Blick	Blick Mutter = .93 Blick Kind = .91
Klasse Vokalisation/Verbalisation	Verbalisation Mutter = .82 Vokalisation Kind = .76
Klasse Körperkontakt	Körperkontakt Kind = 1.0 Körperkontakt Mutter = .95
Klasse EMZ	EMZ Kind = .93 EMZ Mutter = .81
Klasse Narrativ gesamt	Narrativ Dyade = .83

5.2 Die narrative Struktur als Grundlage

Ein Narrativ ist in vier Phasen aufgeteilt (siehe Kap. 2.4). Die einzelnen Phasen entsprechen zum Beispiel Akten in einem Theaterstück oder auch dem dramaturgischen Aufbau in einem Film oder in einem Musikstück. Durch diese Strukturierung wird erkennbar,

---

[59] Die Berechnungsgrundlage findet sich bei Mangold (2011a).

dass innerhalb einer Kommunikation eine Dynamik entsteht. So entsteht in dem klassischen Aufbau einer Geschichte die Spannung dadurch, dass die Handlung eingeleitet, langsam aufgebaut, dann ein Höhepunkt erreicht wird um dann in einer Konklusion zu enden (vgl. Malloch & Trevarthen, 2009, 5).

Die erste Phase besteht aus einer Initiierung eines oder beider Partner zur gleichen Zeit. Die Initiierung erfolgt durch den Einsatz eines Zeichenträgers. In der zweiten Phase „Aufbau" wird der Kontakt durch mindestens einen Zeichenträger gehalten, das heißt, es erfolgt eine Reaktion des Gegenübers innerhalb von zwei Sekunden. Mit welchem Zeichenträger geantwortet wird, hängt von der Initiierung ab. Zum Beispiel muss bei einer Vokalisation des Kindes bzw. Verbalisation durch die Mutter hier gleichermaßen lautlich geantwortet werden, wenn kein Blickkontakt besteht. Ob als dritte Phase eine „Klimax (oder Mini-Klimax)" entsteht, hängt von der Intensität und dem emotional-motivational kodierten Zustand ab. Und zuletzt die Phase der „Konklusion", in der eine Entspannung, im Vergleich zu der vorher aufgebauten Anspannung während des Klimax, entsteht. Daher kann diese Phase auch nur nach einer Klimax erfolgen. Des Weiteren wurde eine „Pause" kodiert, die eine Erholungsphase durch einen Abbruch darstellt. Die Phasen verlaufen nicht immer in dieser Reihenfolge. Häufig gibt es einen ständigen Wechsel zwischen Initiierungen und der Phase „Aufbau".

5.3 Perspektivenwechsel

Innerhalb der Durchführung dieser Analyse ergab sich ein Perspektivenwechsel. Eine herausragende Sequenz einer Dyade zeigte auf, dass das Kodierschema die kommunikativen Ressourcen nicht hinreichend qualitativ abbildete. Dies erforderte einen Umbruch im methodischen Vorgehen und eröffnete eine neue Perspektive.

Während der Analyse wurde deutlich, dass innerhalb der Phase des Aufbaus große Unterschiede zwischen den Dyaden bestehen und es weitaus mehr zu entdecken gibt, als dass es das Kodierschema abbildet. Eine Dyade zeichnete sich hier besonders aus. Mutter und Kind können über einem Zeitraum von 1,5 Minuten in einer emotional-kommunikativen Episode beobachtet werden, die ein hohes Maß an affektiver Abstimmung aufweist. Obwohl sich Mutter und Kind laut ursprünglichem Kodierschema dauerhaft in einem gleichbleibenden emotional-motivationalen Zustand befinden und somit keine weitere Stufe als die Phase „Aufbau" erreichen können, konnte nach eingehender Untersuchung durch das Audioanalyseprogramm Praat eine vollkommen abgestimmte Intensität in der Kommunikation dargestellt werden. Zusätzlich zu diesem Ergebnis ist die Familie durch äußere Einflüsse hoch belastet. Die Ergebnisse des TICS zeigen, dass die Mutter in vier Lebensbereichen überdurchschnittlich gestresst ist, weiterhin lebt die Familie unterhalb der Armutsgrenze, fühlt sich arm und hat in keinem Bereich Unterstützung durch das soziale Netzwerk. Das bedeutet, dass trotz der sehr hohen Belastung der Familie, es der Dyade möglich ist, eine qualitativ hochwertige Abstimmung zu erleben.

Aus diesem überraschendem Fund ergeben sich folgende Fragen:

Wo liegen demnach die Ressourcen dieser Dyade, das heißt die Handlungsmöglichkeiten, die sich aus den Kapitalien ergeben?

Und welche Förderfaktoren, das heißt Unterstützungsmöglichkeiten, die auf die Kapitalien zugeschnitten sind, ergeben sich für die Dyade?

Ist dieses Phänomen auch bei anderen Dyaden, eventuell mit anderen Kriterien, aber mit dem gleichen Resultat zu finden?

Der grundsätzliche Ansatzpunkt sollte daher kein Vergleich der Familie sein, sondern vielmehr der Frage nachgehen: Was zeichnet diesen „gemeinsamen Moment" in dieser Dyade aus? Wo liegen die Stärken und was entsteht daraus? Wie entwickelt sich die Dyade nach den „gemeinsamen Momenten"?

6. Der Weg zu einer relationalen Methodologie

> Denn der positivistische Traum von der perfekten epistemologischen Unschuld
> verschleiert die Tatsache, daß der wesentliche Unterschied nicht zwischen ei-
> ner Wissenschaft, die einer Konstruktion vollzieht, und einer, die das nicht tut,
> besteht, sondern zwischen einer, die es tut, ohne es zu wissen, und einer, die
> darum weiß und sich deshalb bemüht, ihre unvermeidbaren Konstruktionsakte
> und die Effekte, die diese ebenso unvermeidbar hervorbringen, möglichst um-
> fassend zu kennen und zu kontrollieren. (Bourdieu, 1997, 781)

Wie bereits in der Einleitung beschrieben, entstand diese Forschungsarbeit innerhalb
eines Prozesses, der eine substanzielle Veränderung im wissenschaftlichen Denken bzw.
in der wissenschaftlichen Herangehensweise beinhaltete. Der Ausgangspunkt war die
Erhebung von verschiedenen quantitativen und qualitativen Daten der Familie und der
Lebenslage, die in die Analyse einflossen, um eine möglichst umfassende, objektive,
unanfechtbare Sicht der Forschenden zu präsentieren und eine Vergleichbarkeit der Familien herzustellen. Dies wurde erreicht, indem das zuvor erwähnte Kodiermanual er-
stellt wurde, das ermöglichte, die Kommunikation zwischen Mutter und Kind in Narrative zu unterteilen (siehe Kap. 5.1). Zu diesem Zeitpunkt des Prozesses wurde innerhalb
der Videoanalyse deutlich, dass die Vielfalt der Lebenslagen und der dyadischen Kommunikation sehr ausgeprägt ist und es neben dem entwickelten Kodiermanual eine Reihe
von Faktoren gibt, die aufgrund einer angestrebten Vergleichbarkeit keine Berücksich-
tigung fanden. Aus dieser Tatsache entstand der Wunsch, den Familien in ihren vielfältigen Lebenslagen in einer Form gerecht zu werden, die es zulässt, die tatsächlichen
Ressourcen abzubilden, auch wenn diese mit dem entwickelten Schema nicht erfasst
werden können. Basis für diesen Wunsch, über traditionelle Untersuchungsmethoden
hinaus zu gehen, war einerseits das „Verstehen", somit der gemeinsamen Sinn- und Bedeutungsentwicklung einen stärkeren Standpunkt einzuräumen und andererseits eine
Perspektive in der Beratungstätigkeit geben zu können.

Parallel dazu entwickelten sich auf der theoretischen Ebene Überlegungen, die eine objektive Perspektive eines Beobachtenden bzw. Untersuchenden anzweifelten und durch
vielfache Autoren und Autorinnen der Vergangenheit und Gegenwart bestätigt wurden

© Springer Fachmedien Wiesbaden GmbH, ein Teil von Springer Nature 2019
S. Lück, *Das Zwischen im Dialog*, Diversität in Kommunikation und
Sprache / Diversity in Communication and Language,
https://doi.org/10.1007/978-3-658-25833-7_7

(vgl. Devereux, 1967, Bourdieu u. a., 1997, Reddy, 2010). Das Reflexive einer Untersuchung wird in den Vordergrund gestellt. Die Annahme, ein Beobachter könnte neutral
bzw. könnte objektiv Daten untersuchen, wird eindeutig verneint. Dies beruht einerseits
auf der Tatsache, dass es dem Untersucher nicht möglich ist, seine Perspektive - begründet auf den einverleibten Habitus und den sich entwickelten Dispositionen (vgl. Bourdieu 2014, 129) - zu verlassen. Andererseits wurde in den Kapiteln 1 und 2 gezeigt, dass
das intersubjektive Erleben das Abstimmungsverhältnis ausmacht und dies aber auch
vor der Ebene des Beobachters nicht haltmacht. Es zeigt sich bereits in der Frage, was
zum Gegenstand der Untersuchung gemacht wird, welche Fragestellung dahintersteht
und welcher methodologische Weg eingeschlagen wird (vgl. Bourdieu, 1999; Friebertshäuser, 2006, 241). Die Emotionen, die beim Beobachter entstehen, sollten hinsichtlich
der Objektivität ausgeschaltet werden. Da sie aber fester Bestandteil jeder Untersuchung
sind, sollten sie im Gegenteil, nutzbar gemacht werden, um dadurch zu einer neuen Perspektive bzw. einer neuen Erkenntnis zu gelangen. Lüdtke (2005) bezeichnet diese theoretische Konzeption als relationale Erkenntnistheorie hinführend zu einer intersubjektiven Methodologie.

> Unter einer *relationalen Erkenntnistheorie* verstehe ich eine im Konstruktivis-
> mus verwurzelte epistemologische Theoriebildung, welche aufgrund einer adä-
> quaten Rezeption fachinterner wie außerfachlicher rationalitäts-, realitäts- und
> subjektkritischer Theorien die erkenntniskonstituierende Rolle der Emotionen
> implizit und/oder explizit anerkennt und dadurch im Rahmen der Erkenntnis-
> gewinnung auch eine intersubjektive Methodologie mit besonderer Berück-
> sichtigung der sozio-emotionalen Kontextualisiertheit des Erkennensprozesses
> entwickelt und reflektiert. (Lüdtke, 2005, 76, Herv. i. O.)

Das bedeutet, diese Methode wird aus der theoretischen Grundlage (siehe Kap. 1 und 2)
und aus der Konzeption des Habitus und der Kapitalien entwickelt.

Die Fragen, die ich in dieser Untersuchung interessant finde, basieren u. a. auf meinem
persönlichen Erfahrungshintergrund, wie z. B. dem Studium der Behindertenpädagogik
(u. a. die Konfrontation mit der Methode der „rehistorisierenden Diagnostik" von
Jantzen, 2005) in dem sich mein humanistisches Weltbild komplettiert hat und der An-

nahme, dass hinter einem bestimmten „Verhalten"[60] eines Menschen eine Entwicklungslogik (vgl. Feuser, 1989) steht. Dies ist Teil meines einverleibten Habitus', den ich sowohl in meiner praktischen Arbeit als Pädagogin als auch in meiner Rolle als Beobachterin und Analystin der Daten nicht ablegen kann. Allein die Tatsache, dass die
Ressourcen der Familie relevant sind, ist auf den pädagogisch historischen Kontext zurückzuführen, der sich in einer Zeit zuträgt, in dem sich die Sicht auf die positiven Ereignisse innerhalb eines Verhaltens als Herangehensweise etabliert hat.

Das heißt, die Ebene der Forschenden, die laut Reddy (2010) auch einer zweiten-Person-
Perspektive unterliegt, muss in einem reflexiven Prozess in die qualitative Untersuchung
einfließen. Bourdieu (1999) beschreibt den Unterschied zwischen einer narzisstischen
und der wissenschaftlichen Reflexivität. Er hebt die Notwendigkeit hervor, innerhalb
des reflexiven Prozesses über sich selbst nicht den Blick auf den Untersuchungsgegenstand zu verlieren.

Aus diesen theoretischen Entwicklungen und Überlegungen entstand die Zusammenarbeit mit Chantal Polzin innerhalb des BabyLabs INCLUDE der Abteilung Sprach-Pädagogik und -Therapie des Instituts für Sonderpädagogik an der Leibniz Universität
Hannover, um eine Methode zu entwickeln, die den Dyaden in all ihrer Vielfalt mit all
ihren Ressourcen gerecht zu werden verfolgt[61] und die Perspektive des Beobachters berücksichtigt. Da in dieser Methodologie die unbewusst affektiven Anteile nicht nur ak-
zeptiert, sondern auch nutzbar gemacht werden sollen, dient hier die Psychoanalyse als
wichtige Quelle der Inspiration. Nach Freud stellt die Psychoanalyse primär eine For-
schungsmethode und sekundär eine therapeutische Technik dar (vgl. Devereux, 1967,
43). Zurzeit besteht noch eine Diskrepanz in den klassischen qualitativen Untersuchungsmethoden, die sich hauptsächlich auf Fragebögen und Texte beziehen, und der

---

[60] „Verhalten" hier im Sinne von „eine Haltung zur Welt" einnehmen.

[61] „Die Analyse muss natürlicher werden, um dem natürlichen Umfeld gerecht zu werden." (Zitat C.
Polzin in einer von den unzähligen Diskussionen über die „richtige" Herangehensweise in der Erarbeitung einer Methode. Danke für diesen Ratschlag.)

aktuell vielfach angewendeten Methode der Mikrosequenzanalyse von Videomaterial.
Devereux (1967), Psychoanalytiker und Feldforscher, stellt die Gegenübertragung durch
den Beobachter in seinem Werk „Angst und Methode in den Verhaltenswissenschaften"
in den Mittelpunkt. Er beschreibt die fälschliche Annahme, dass durch verschiedenste
Filter (Interviews, Fragebögen, Tests, etc.) Subjektivität ausgeschaltet werden kann. Es
läuft, seiner Ansicht nach, immer auf eine Interpretation hinaus, nur, dass der Zeitpunkt
durch die verschiedenartigen Filter verschoben wird. Er bezeichnet den Moment der
Interpretation, das heißt der Zeitpunkt, wenn der Forscher sagen muss: „dies bedeutet,
daß", das subjektive Element, indem eine Entscheidung getroffen wird, als „Augenblick
der Wahrheit" (a.a.O., 19). Umso näher ein Phänomen Teil unserer eigenen Existenz ist,
desto weniger ist es uns möglich, sich emotional davon zu lösen. Die Anzahl der Faktoren, denen ein Mensch ausgesetzt ist, wenn er sich in und mit seiner Umwelt bewegt,
sind unermesslich. Dies ist wörtlich zu nehmen. Und obwohl dies ein eindeutiger Fakt
ist, werden häufig Statistiken und Ergebnisse präsentiert, die den Schein wahren, es wäre
nicht so. Es werden Untersuchungen durchgeführt, die das Verhalten oder Handlungen
des Menschen als etwas Vorhersagbares und Generelles einstufen, obwohl jeder Mensch
zu jedem Zeitpunkt unterschiedliche Erfahrungen macht und, wie uns Bourdieu (1987)
gezeigt hat, diese Erfahrungen auf unvergleichbare Nährböden stoßen. Es scheint, als
könnten wir es immer weniger aushalten, etwas nicht berechnen zu können. Bruner
(1997, 27) beschreibt, wie sich im Zuge des Aufkommens der Kognitionspsychologie,
die sich naturwissenschaftlicher Zugänge verschrieb und den „Geist" als Informations-
verarbeitungssystem einordnete, intentionale Zustände wie Wünsche, Glauben, etc. ausgeklammert wurden. Schwarz-Friesel (2013, 123ff.) verweist sogar auf die Möglichkeit
bzw. die Vorhersage einiger Neurowissenschaftler, dass die Geisteswissenschaften
langfristig von den Neurowissenschaften ersetzt werden könnten und das Geist-Körper
Problem gelöst sei. Dies würde bedeuten, dass die „Erlebensebene" im Subjekt vollständig ausgeklammert würde, wie z. B. das Gefühl der Liebe bzw. all dem, was die „Qualia" ausmachen, und veränderte Zustände des Subjekts auf Nervenzellverknüpfungen
und Aktivitätsmustern reduziert werden.

Laut Devereux sind die Sozialwissenschaften „im Augenblick"[62] weniger wissenschaftlich als z. B. die Naturwissenschaften. Die Anzahl an Variablen in den Naturwissenschaften, z. B. in der Physik sind erheblich kleiner bzw. ausschaltbar. Um ein Verhalten des Menschen in Bezug auf die Zeit vorherzusagen, bedarf es nicht nur das Verhalten von einem Moment vorher in Bezug zu setzen, sondern der ganzen Biographie, da „der Mensch ein chronoholistisches System" ist (1967, 26).

> Verhaltenswissenschaftler, die die Tatsache stört, daß ihre Disziplin hinter der Naturwissenschaft zurückbleibt, versuchen das durch die Nachahmung physikalischer *Verfahrensweisen* wettzumachen. Einige untersuchen nur quantifizierbare Phänomene und ignorieren vorläufig alle Daten, die sich nicht auf Anhieb quantifizieren lassen, selbst wenn sie von schlagender Bedeutung sind. (Devereux, 1967, 27, Herv. i. O.)

Was unterscheidet nun diese veränderte oder erweiterte Denkweise von der ursprünglichen? Der Unterschied liegt darin, sich nicht auf einen Kompromiss einzulassen, in dem eine „Pseudo-Objektivität" verfolgt wird, nur weil dies Kriterien entspricht, die für naturwissenschaftliche Untersuchungen entwickelt wurden. Um jedoch einen Unterschied zwischen einer wissenschaftlichen und einer persönlichen Analyse machen zu können, soll in dieser Methode durch den reflexiven Einbezug die Rolle des subjektiven Beobachters objektiviert werden, in der Hoffnung dadurch einen authentischen Umgang mit dieser Methode in der Praxis zu erreichen.

> When you greet a baby and receive a smile in return, your experience of that smile is different from that of someone else doing the observing; the warmth and the compliment to you in the smile must affect whether and how you see it, as must any knowledge you have of the history of the baby's previous interactions. (Reddy & Trevarthen, 2004, 11)

6.1 Die Entwicklung einer Methode

> Wir können einen anderen Menschen nie vollständig verstehen, weil die Einzigartigkeit seines Seins in den historischen und sozialen Verhältnissen, seinem Alltag, dem gelebten Leben, der Biographie als Substrat eines rückblickend erzählten Lebens sowie den Tiefen und Weiten der damit verbundenen

---

[62] Dies bezieht sich auf das Jahr 1967, hat jedoch meines Erachtens auch gegenwärtig Gültigkeit.

> Erfahrungen, Gefühle, Gedanken, Träume, Traumata, Verdrängungen, Illusio-
> nen, Überzeugungen und Visionen wurzelt, die zudem im Fluss des Lebens
> beweglich und veränderbar bleiben und weil wir als Forschende Menschen
> sind, die ebenso in diese historischen, sozialen, kulturellen, altersbedingten,
> geschlechtsbezogenen und immer zugleich individuellen Existenzbedingungen
> eingewoben sind. (Friebertshäuser, 2006, 231f.)

Wahrscheinlich ist es nicht möglich einen anderen Menschen vollständig zu verstehen, so wie es durch das obige umfassende Zitat deutlich gemacht wurde. Aber es ist möglich, die Barrieren gering zu halten und durch eine offene Haltung (des Beobachters) eine andere Perspektive einzunehmen. Für Bourdieu sind „Verstehen" und „Erklären" eine Einheit (1997, 786f.). Das „Verstehen" basiert auf einer Aufmerksamkeit und einer hingebungsvollen Offenheit dem „Untersuchungsgegenstand"[63] gegenüber. Bourdieu beschreibt es als „intellektuelle Liebe"; ich möchte an dieser Stelle eher den Begriff des „intersubjektiven Zusammenseins" (siehe Kap. 1) verwenden.

In der alltäglichen Praxis scheinen die Bedeutungen unserer Handlungen und die Übereinstimmungen in der Kommunikation mit anderen Menschen für die Beteiligten klar zu sein, alltägliche Selbstverständlichkeiten („doxa"). Jedoch basieren auch diese kommunikativen Akte auf Konstruktionen (vgl. Fröhlich & Rehbein, 2009, 241). Gerade das Hinterfragen dieser Selbstverständlichkeiten bedeutet eine Herausforderung, so fällt es doch schwer, überhaupt eine Frage zu finden (ebd.).

> Der praktische Sinn als Natur gewordene, in motorische Schemata und auto-
> matische Körperreaktionen verwandelte gesellschaftliche Notwendigkeit sorgt
> dafür, daß Praktiken in dem, was an ihnen dem Auge ihrer Erzeuger verborgen
> bleibt und eben die über das einzelne Subjekt hinausreichenden Grundlagen
> ihrer Erzeugung verrät, *sinnvoll*, d. h. mit Alltagsverstand ausgestattet sind.
> Weil die Handelnden nie ganz genau wissen, was sie tun, hat ihr Tun mehr
> Sinn, als sie selber wissen. (Bourdieu, 2014 [zuerst 1980], 127, Herv. i. O.)

---

[63] Bourdieu (1997) bezieht sich hier auf den Befragten in einem Interview. Ich habe mir an dieser Stelle
die Freiheit genommen, seine Ansicht und Formulierung auf generelle „Untersuchungsgegenstände"
(hier in Form von Videodatenmaterial) zu übertragen.

Nach Bourdieu meint sinnvolles Handeln (der objektive Sinn) verstehbares Handeln. Das heißt: Praktiken stehen in einem verstehbaren Verhältnis zueinander und zu den Bedingungen ihrer Ausführungen (vgl. Bourdieu, 2014, 122).

> Eben weil die angeborene Zugehörigkeit zu einem Feld den Sinn für das Spiel als die Kunst der praktischen Vorwegnahme der in der Gegenwart enthaltenen Zukunft mitenthält, erscheint alles, was dort vorgeht, sinnvoll, d. h. sinnerfüllt und objektiv in eine vernünftige Richtung weisend. (Bourdieu, 2014, 123)

Schon eine Änderung im Feld bewirkt, dass ein Verhalten absurd werden kann. Zum Beispiel der zuvor angesprochene Tanz, wenn keine Musik ertönt (a.a.O., 123).

Der praktische Sinn ermöglicht Entscheidungen zu treffen, die zwar nicht zweckmäßig und unüberlegt sind, aber im Nachhinein zweckgebunden erscheinen. Dadurch entsteht ein perfektes Zusammenspiel von Habitus und Feld. Durch den subjektiven Sinn bekommt etwas Bedeutung und Daseinsgrund, aber auch Richtung, Orientierung und Zukunft. Es geht also weniger darum, das Verhalten der sozialen Akteure zu kategorisieren, um generelle Aussagen treffen zu können, sondern um das Erklären und Verstehen der Handlungen.[64]

Um nun dieses sinnvolle Handeln interpretieren zu können, müssen drei Ebenen rekonstruiert werden: die vor-ikonographische, die ikonographische und die ikonologische Ebene, die die Bedeutung darstellt. Wir müssen Motive unterstellen (vgl. Bohnsack, 2014, 181f.).

Die ikonographische Ebene ist im Bildmaterial offensichtlich, da sie die „Was-Ebene" beschreibt. Beispielsweise die Feststellung, dass „ein Mensch geht". Für die ikonographische Ebene ist ein Kontext notwendig, zum Beispiel der Ort, „ein Mensch geht durch

---

[64] Der Wunsch, menschliches Interagieren zu kategorisieren, um Allgemeinheiten zu generieren, ist sowohl in den Medien als auch in der Wissenschaft allgegenwärtig. Jedoch sollte an dieser Stelle bedacht werden, dass durch jede neu gebildete Kategorie individueller Sinn und individuelle Bedeutungsentwicklung eingebüßt und somit die angestrebte Wahrheitsermittlung verringert wird.

eine Schule". Die ikonologische Ebene wiederum bezieht sich auf den Habitus des Menschen (dem „modus operandi", vgl. Bourdieu, 1987, 281), das heißt, es betrifft die „Wie-Ebene", „der Mensch geht unsicher durch eine Schule" (ebd.).[65]

Das emotionsbasierte, dynamische Zusammenspiel in der Kommunikation von Mutter und Kind, das, laut Trevarthen (u. a. 2012) einem Jazz-Stück ähnelt, indem es sich perfekt ineinanderfügt, ergibt demnach Sinn, da eine Bedeutungsentwicklung zu erkennen ist.

Da sowohl die „Was-Ebene" als auch die „Wie-Ebene" (Bohnsack, 2014) analysiert werden sollen, wurde schnell deutlich, dass eine beschreibende Methode gewählt werden muss, die den Einfluss beider Interaktionspartner zueinander in den Mittelpunkt stellt und zusätzlich die Rolle der Beobachtenden einbezieht.

Anlehnend an die Vitalitätsformen von Stern (2011) und den Umgang mit Fallbeschreibungen in der psychoanalytischen Herangehensweise sollten beschreibende Adjektive - auch auf metaphorischer Ebene - gewählt werden, die ein umfassendes Bild der Dyade entwerfen, um die Tiefenstruktur des Narrativs (vgl. Stern, 1998, siehe Kap. 2.4) erfassen zu können. Das Interesse an einem bestimmten Phänomen wird meist affektiv-unbewusst wahrgenommen, um es dann ins Bewusstsein zu transportieren und dem wissenschaftlichen Hergang anzupassen (vgl. Devereux, 1967)[66]. Dieser Prozess inspiriert die Entwicklung dieser Methode.

> Dieses intellektualisierte System übersetzt der philosophische Poet dann teilweise zurück in diejenige Bildersprache, die der Wissenschaftler ablegte, als er es aus dem Unbewußten ins Bewußte transportierte. Daher gewinnt man aus der Neuformulierung eines Gedankensystems durch einen philosophischen Dichter ausgezeichnete Hinweise auf die *originale* (affektive) Formulierung

---

[65] Dieses Konstrukt bzw. diese Unterteilung und Präzisierung geht zurück auf Panofsky (1975).

[66] Devereux (1967, 41) beschreibt hier das Beispiel von Kekulé, der die Idee vom Benzolring im Traum in Form einer Schlange, die sich selbst in den Schwanz beißt, hatte, und es nach dem Aufwachen intellektualisierte. Devereux geht davon aus, dass Poeten im Nachhinein die Idee des Benzolrings wohl mit genau dieser Schlange beschrieben hätten.

des Wissenschaftlers, die dem endgültigen, intellektualisierten System vorausging. (Devereux, 1967, 41, Herv. i. O.)

Die Beobachtenden werden instruiert, die „Geschichte" der Dyade nachzuerzählen. Somit entstehen unterschiedliche, jedoch sich ähnelnde, Geschichten einer Videosequenz der Dyade, die jeweils eine andere Sichtweise einnehmen. Diese Form der Mitschrift entspricht einem Memo. Es werden affektive Handlungen beobachtet, die die emotionale Regulation zwischen Mutter und Kind steuern. Die Beobachtenden reagieren mit Affekten, beschreiben jedoch die eigenen Emotionen oder auch Gefühle in der Analyse.

Um eine Auswahl der Beobachtenden treffen zu können, muss vorab bedacht werden, in welcher Form die Analyse nachfolgend genutzt werden könnte. Die frühkindliche Kommunikation innerhalb der Pädagogik wird vorrangig in der Arbeit mit Eltern thematisiert, die von verschiedenen Regulationsstörungen (vgl. Wurmser & Papoušek, 2004) berichten. Daher eignet sich diese Methode der Analyse für eine kollegiale Fallberatung, weil es dort notwendig ist, Ressourcen und Förderfaktoren der Familie herauszufinden, auch wenn diese auf den ersten Blick nicht sichtbar sind oder auch negative Emotionen der beratenden Person vorherrschen. Der Effekt von intersubjektiven Beobachtern und Beobachterinnen kann somit optimal genutzt werden. Da in diesem Feld hauptsächlich Pädagoginnen und Psychologinnen arbeiten, werden auch hier zwei Pädagoginnen, die zwar geübt in Verhaltensbeobachtung sind, jedoch aktuell nicht mit Säuglingen arbeiten, als intersubjektive Beobachterinnen hinzugezogen.

Da unser Forschungsdesign sich so gestaltete, dass in der Wohnung der Familien Kameras installiert wurden, die die Mütter selbständig bedienten, ist eine klare Einordnung in „nicht-teilnehmende" und „teilnehmende" Beobachtung nicht möglich. Tatsächlich waren während der Sequenz keine Beobachter anwesend. Doch durch die eindeutige Existenz der Kameras, die selbstständige Betätigung des An- und Ausknopfes und die Vorstellungen darüber, wer die Aufnahmen sehen könnte, existiert trotzdem eine Präsenz des Beobachters. Das bedeutet, die Beobachtenden werden immer auch selbst beobachtet und müssen dies in der Analyse mitbedenken (vgl. Devereux, 1967). Um diesem Problem zu begegnen, wurden Aufnahmen von Tag vier und Tag fünf gewählt, um einen eher „alltäglichen Umgang" mit der Kamera zu gewährleisten. Da sich die Forschungsfrage auf die möglichen Ressourcen und Förderfaktoren der Familie bezieht, werden nach Möglichkeit Sequenzen ausgewählt, in der eine Wendung innerhalb der Dynamik zu erkennen, allerdings „mit bloßem Auge" nicht sichtbar ist. Außerdem wurden Familien ausgewählt, die in der Analyse auch negative Emotionen in den Beobachtenden hervorrufen, da durch diese Methode ein Weg gefunden werden soll, diesen zu begegnen bzw. diese für eine vertiefte qualitative Analyse zu nutzen. Aus dem gesamten Datenmaterial wurden sechs Familien ausgewählt, die eine oder mehrere Auffälligkeiten in ihren Kapitalien aufwiesen und in der ursprünglichen INTERACT-Analyse nur die Phase des Aufbaus oder in zwei Fällen einen Mini-Klimax erreichten.

Die Notwendigkeit, eine dem Datenmaterial angepasste Methode zu entwickeln, wurde bereits beschrieben. Bevor die Methode vorgestellt wird, soll eine Positionierung innerhalb wissenschaftlicher Methodologien und eine Abgrenzung zu bestehenden Methoden erfolgen.

6.2 Positionierung und Abgrenzung zu bestehenden Methoden

Nachdem deutlich wurde, dass das Datenmaterial qualitativ analysiert werden sollte und eine relationale Methodologie als Basis fungiert, wurden vorab die qualitativ rekonstruktiven Methoden hinsichtlich ihrer Eignung überprüft, die sich bereits in der Forschungslandschaft bewährt haben. Es wird deutlich werden, dass die hier entwickelte Methode durch die Ethnographie, Einzelfallanalysen, die dokumentarische Methode und den Zugang der sozialwissenschaftlichen Hermeneutik inspiriert wurde (vgl. Bohnsack, 2014; Bauer & Blasius, 2014).

Die Entwicklung einer eigens dem Datenmaterial angepassten Methode ist zum einen der experimentellen Erhebung (in-vivo, ohne teilnehmenden Beobachter mit zusätzlich erhobenen Daten der Lebenslage) geschuldet. Und zum anderen sollte dem Anspruch, die Tiefenstruktur eines Narrativs aufzudecken, Sorge getragen werden, ohne den Anspruch eines Vergleichs zu folgen inklusive der Erkenntnis, dass die Beobachtenden Teil der Untersuchung sind. Um nun die Sequenz, die präsentiert wird, zu untersuchen, wird das Narrativ zwischen Mutter und Kind als Erzählung niedergeschrieben und mit den Eindrücken der Beobachtenden verknüpft. Somit wird eine Wirklichkeit konstruiert, die wiederum durch die weiteren Beobachtenden bestätigt oder widerlegt wird. Allerdings kann dieses Vorgehen als rekonstruktives Verfahren eingestuft werden.

Da im vorliegenden Vorgehen keine Kategorien gebildet werden, ist eine Abgrenzung zur „qualitativen Inhaltsanalyse" notwendig (vgl. Mayring & Fenzel, 2014). Dadurch ist es nicht möglich zu generalisieren oder theoretisieren, jedoch wird dadurch die individuelle Vielfalt und Einzigartigkeit jeder einzelnen Dyade deutlich. Genau hier besteht eine große Unstimmigkeit zwischen der Ethnomethodologie und dem Ansatz der „Grounded theory" (vgl. Böhme, 2016).

Das methodische Vorgehen der Forschung und der Praxis in der Analyse von Mutter-Kind-Dyaden ist grundsätzlich unterschiedlich. In der Forschung wird überwiegend mikro- und in Praxis überwiegend makroanalytisch analysiert (vgl. Sidor, 2014, 468). Die hier entwickelte Methode verbindet beide Zugänge.

Auch wenn sich der Forschungsansatz in dieser Untersuchung grundlegend geändert hat, sollen die Daten der ursprünglichen Methode in die Auswertung einfließen, daher muss die hier vorliegende Arbeit folgerichtig unter den Begriff der „mixed methods" eingeordnet werden (vgl. Kelle, 2014).

6.3 Die Anwendung der „relationalen Fallanalyse"

Den Beobachtenden wird eine kurze Einführung in Form einer Powerpoint-Präsentation die die Durchführung, den Zweck, das Ziel dieser Methode und ein Beispiel beinhaltet, gezeigt. Weiterhin wird den Beobachtenden folgendes Handout (siehe Abb. 4) gegeben, auf dem „Fragen als Beobachtungshilfe" und die „Auflistung der Vitalitätsformen" aufgeführt sind (vgl. Stern, 2011, 17).

Fragen als Beobachtungshilfe, die dem Beobachter gegeben werden:

- Wann ist die gemeinsam gerichtete Aufmerksamkeit zwischen Mutter und Kind besonders hoch?
- Wann werden gleiche oder ähnliche Zeichen (Blick, Körperkontakt, Laute) verwendet?
- Welche Handlungen beeinflussen die Dynamik und inwiefern?
- Welche Annahmen habe ich über die Intentionen der Interaktionspartner?
- Welches „arousal" löst die Sequenz bei mir aus oder welchen Verlauf nimmt mein „arousal"?
- Welche Emotionen, Gefühle und Empfindungen entstehen bei mir als Beobachter?
- Welcher Moment hat den stärksten Einfluss auf die Dynamik und ggf. auf den weiteren Verlauf?

Vitalitätsformen – Übersicht

Auflistung Stern (2011, 17):

Explodierend, anschwellend, langgezogen, energisch, ansteigend, eilend, entspannend, aufgeregt, angespannt, gleitend, stillhaltend, aufwallend, aufberstend, verschwindend, kraftvoll, pulsierend, mitziehend, schmelzend, angestrengt, sanft, schwingend, locker, akzelerierend, verblassend, flüchtig, schwach, zögerlich, schiebend, schwebend, mühelos, stockend, gestrafft, gefesselt, …

Abbildung 4: Handout zur Analyse

Dann wird die Sequenz vollständig zusammen mit den Beobachterinnen angesehen. Im nächsten Schritt wird die Sequenz etwa alle zehn Sekunden gestoppt und per Hand beschrieben, was dort gesehen und wie dies empfunden wird. Dies betrifft die Handlungsebene der Interaktionspartner, aber besonders auch den Einfluss, den beide aufeinander nehmen. Es ist notwendig, die Beobachtenden darauf hinzuweisen, dass nicht jede Handlung beschrieben werden muss - aufgrund der Wickelsituation passieren viele Handlungen, die aber nicht unbedingt einen direkten Einfluss auf die Dyade oder die Beobachterin bzw. den Verlauf haben. Hierbei sollen auch die Empfindungen des Beobachters und Annahmen über die Intentionen einfließen. Die Beobachterinnen wurden aufgefordert, ihre wahren Emotionen und Empfindungen aufzuschreiben und nicht vorschnell die Rolle der Pädagogin einzunehmen. Da insbesondere die „Wie-Ebene" erfasst werden soll, werden Adjektive und auch bildhafte Sprache, die die Dynamik beschreiben, verwendet. Durch diese Form der Mitschrift entstehen nicht immer grammatikalisch korrekte Sätze, sondern durchaus auch Fragmente und Stichworte, obwohl die Beobachtenden in der Einführung darauf hingewiesen wurden, möglichst ganze Sätze zu schreiben, damit es einer Geschichte ähnelt. Die Beobachtenden werden darauf hingewiesen, darauf zu achten, ob ein „gemeinsamer Moment" zwischen beiden Interaktionspartnern entsteht. Dieser gemeinsame Moment begründet sich auf das „Einfühlen", die Empfindungen, Emotionen und das Arousal der Beobachterin. Das Empfinden eines gemeinsamen Moments könnte gleichgesetzt werden mit einem „intersubjektiven Zusammensein".

Die kleinschrittige Vorarbeit ist notwendig, um ein Fazit ziehen und gemeinsame Momente wahrnehmen zu können. Das Fazit sollte drei bis fünf Sätze umfassen. In diesem Fazit wird der endgültige Eindruck, die Atmosphäre, der gemeinsame Moment und die Dynamik des Verlaufs beschrieben. Außerdem sollte eine Annahme gemacht werden, welche Emotionen und Gefühle innerhalb der Dyade entstanden sein könnten. Es hat sich innerhalb der Entwicklung der Methode gezeigt, dass es hilfreich sein kann, die eigenen Gefühle zu dieser Sequenz in einem kurzen Nachgespräch zusammenzufassen, da es einzelnen Personen[67] schwerfällt, das eigene negative Empfinden aufzuschreiben und es somit festzuhalten. Das Nachgespräch wurde in einer Audio-Datei festgehalten. Die Zusammenarbeit mit den Beobachterinnen endet an dieser Stelle.

Ablauf der Methode

1. Den Beobachtenden wird eine Einführung und ein Handout mit Fragen und den exemplarischen Vitalitätsformen gegeben.

2. Es wird ein Beispiel einer Analyse gezeigt.

3. Die Sequenz wird vollständig angesehen.

4. Es wird ein erster Eindruck aufgeschrieben (Welche Emotionen herrschen vor? Welches Arousal entsteht bei mir? Welche Atmosphäre/Dynamik spüre ich?).

5. Die Sequenz wird in ca. 10 Sekunden Schritten angesehen und beschrieben, was dort passiert (Interpunktion bewusst setzen, ganze Sätze schreiben, auf gemeinsamen Moment achten mit Zeitangabe).

6. Nach dem Ende der Sequenz wird ein Fazit verfasst (3-5 Sätze).

7. Es wird ein kurzes Nachgespräch geführt (Wie habe ich mich gefühlt? Gab es eine Entwicklung/Veränderung? Spielt die Mutter eine Rolle für die Kamera?).

Abbildung 5: Ablauf der „relationalen Fallanalyse" (Zusammenarbeit mit den Beobachtenden).

Nachfolgend wird der so entstandene Text von der fallführenden Pädagogin, das heißt der Pädagogin, die die kollegiale Fallberatung angefragt hat, auf zwei Ebenen analysiert, in diesem Fall von mir. Das heißt, die fallführende Pädagogin liest alle Texte, die der weiteren Beobachtenden und auch den eigenen und markiert die Ebenen. Die Einteilung in Ebene eins oder zwei obliegt der fallführenden Pädagogin. Eine Orientierung gibt die Einteilung in affektive Eindrücke und reflektierte Aussagen. Ziel dabei ist es, eine neue

---

[67] Personen sind in diesem Fall die Pädagoginnen, die für die Analyse ausgesucht wurden. Die Tatsache, dass ihnen das Äußern negativer Empfindungen schwerfällt, ist meines Erachtens der derzeitigen Praxis in der Pädagogik geschuldet, nur die positiven Aspekte eines Verhaltens sehen zu „sollen". Somit werden natürliche Emotionen der Beobachtenden, seien sie positiv, negativ oder beides gleichzeitig, negiert.

oder erweiterte Perspektive auf die Dyade einzunehmen, um deren Ressourcen und Förderfaktoren sehen bzw. sich einfühlen zu können. Diese Unterteilung in zwei Ebenen ist
nützlich, um die affektiv gesteuerten, eher unbewussten bzw. dem phänomenalen Bewusstsein zugeordneten (erste Ebene) und die überlegten, eher bewussten (zweite Ebene)
Eindrücke und Interpretationen voneinander zu trennen, um somit die unterschiedlichen
Perspektiven sichtbar machen zu können. Jedoch sind die Grenzen, da sie beide Teil des
verkörperten Habitus sind, fließend. Die dritte Ebene beinhaltet die Daten der Befragun-
gen bezüglich der Lebenslage der Familie und der Ergebnisse der Analyse durch das
Softwareprogramm INTERACT, das heißt übergeordnete Daten (siehe Tabelle 3). Das
bedeutet, dass bei diesem Vorgehen zur Ermittlung eines Ergebnisses nicht nur analysiert, sondern auch mit den zuvor ermittelten Daten synthetisiert wird. Die dritte Ebene
könnte in der Praxis, ohne vorherige Mikrosequenzanalyse, genutzt werden, um anam-
nestische Daten und weitere Informationen über die Lebenslage einfließen zu lassen.

Tabelle 3: Die Analyseebenen

(1) Die persönliche Ebene	*Diese Ebene umfasst die affektiv gesteuer-ten Empfindungen der Beobachterinnen.*
(2) **Die pädagogische Ebene**	**In dieser Ebene sind Aussagen enthal-ten, die sich auf Erfahrungen und Annahmen stützen, die durch die lang-jährige pädagogische Arbeit entstan-den sind.**
(3) Die übergeordneten Daten	Diese Ebene besteht aus den Daten der Familie, die in der Studie erhoben wurden (Angaben zu dem sozialen Netzwerk, der finanziellen Situation, dem chronischen Stress (TICS), der gefühlten Armut und dem Bildungshintergrund bzw. der Ar-beitssituation). Außerdem fließen hier die Ergebnisse der Analyse mittels des Soft-wareprogramms INTERACT (d. h. die prozentualen Anteile von Blickkontakt, Körperkontakt, Verbalisation/Vokalisa-tion) ein.

In der Entwicklung der Methode war vorgesehen, die dritte Ebene auch dafür zu nutzen, übergeordnete Eindrücke der Familie, das heißt „kulturelle" Eindrücke (siehe Kap. 3), einfließen zu lassen, zum Beispiel: „Wie wirkt die Wohnung auf mich?", sozusagen die Analyse des sozialen Feldes. Die Umsetzung war jedoch bei dem erhobenen Datenmaterial sehr schwierig, da der Eindruck auf den Wickeltisch begrenzt war und dieses Vorhaben daher fallen gelassen wurde. Bei weiterer Verwendung der Methode in anderen Kontexten, zum Beispiel in Spielsituationen, könnten diese Eindrücke jedoch weiteren Aufschluss über das Empfinden der Beobachtenden bzw. dem Aufeinandertreffen zwischen Beobachter und Familie geben, insbesondere auch bezogen auf interkulturelle Unterschiede.

Auch weiterführende Fragen, die aufgrund des Rahmens dieser Arbeit nicht weiterverfolgt werden konnten, wie: „Löst die Sprache der Bezugsperson etwas in mir aus?", „Gibt es Besonderheiten im Aussehen der Mutter?" können dazu dienen, „Hürden" im Aufeinandertreffen zwischen Beobachtenden und Familie abzubauen.

Es ist möglich, dass ein einheitliches, herausstechendes Fazit ermittelt werden kann, jedoch ist dies keine Voraussetzung. Das Ergebnis ergibt sich aus allen einzelnen Teilen der Beobachtung und wird auch auf allen drei Ebenen erfasst. Weiterhin ist das Ergebnis lediglich eine Möglichkeit und wird von Untersucherin zu Untersucherin stark schwanken. Der Effekt dieser Analysemethode ist dann am stärksten, wenn Ressourcen und Förderfaktoren von der fallführenden Pädagogin ermittelt werden können bzw. nachfolgend eine Beratungshilfe gegeben werden kann, die sich nah an der Lebenslage der Familie orientiert.

Da die Methode hier von Analyse zu Analyse weiterentwickelt wurde, gibt es Unterschiede in der Struktur und es ist sichtbar, dass die Methode in der Anwendung komplexer wird. Da die Zusammenarbeit mit den intersubjektiven Beobachterinnen aus organisatorischen Gründen einzeln geschah, hatte ich die Möglichkeit, die Sequenzen jeweils zweimal zu untersuchen. Somit entstanden in der ersten Analyse eine Analyse und ein Fazit pro Beobachterin. In der nächsten Analyse habe ich ein weiteres Fazit formuliert, um eventuelle Unterschiede zum ersten Fazit sichtbar machen zu können. Dieses wurde ausgebaut, so dass ich daraufhin die weiteren Familien jeweils zweimal analysiert habe, daher gibt es jeweils einen zweiten Durchlauf der ersten Beobachterin in den Analysen drei bis sechs. Dies geschah aus dem entstandenen Forschungsinteresse, ist jedoch nicht notwendig. Es ist durchaus möglich, an einem Termin gleichzeitig mit mehreren Beobachtenden ein Video zu analysieren. Außerdem wurde der erste Eindruck erst nachträglich hinzugefügt, genauso wie das persönliche Nachgespräch.

Aufgrund des Datenschutzes wurde für die Veröffentlichung die direkte Rede der Mutter und besonders kennzeichnende Handlungen abgeändert. Es wurde versucht, ein inhaltliches Äquivalent zu finden, damit die Bedeutung nicht verfälscht wird. Daher entstanden gleiche Sätze in den Analysen, weil sie durch das Äquivalent ersetzt wurden. Allerdings ist mir sehr wohl bewusst, dass allein durch das Ersetzen eines Namens ein anderes Bild bei dem Leser oder der Leserin erzeugt wird. An einzelnen Stellen wurden sehr prägnante Sätze oder Handlungen gelöscht und durch diese Klammern [...] ersetzt (vgl. Thierbach & Petschick, 2014). Dies geschah dann, wenn der Satz oder die Handlung die Atmosphäre maßgeblich beeinflusst hat, aber kein Äquivalent dafür gefunden werden konnte. Durch diesen notwendigen Eingriff ist die Geschichte der Dyade, die durch die Beobachtenden erzählt wird, leider teilweise zerstört. Die Ergebnisse basieren jedoch auf den Originaltexten und wurden nicht verändert. Diese Form der Analyse sollte generell in einem geschützten Raum, z. B. des Kollegiums, stattfinden. Da hier die Veröffentlichung notwendig ist, ist es mir besonders wichtig, dass sich keine der teilnehmenden Familien in irgendeiner Form wiedererkennt und sich somit möglicherweise diskreditiert fühlt. Mein Empfinden von Dankbarkeit für die Teilnahme an der Studie steht weit über dem Forschungsaspekt. Da die Familien, die an der Studie teilgenommen haben, keine Beratung gesucht haben, sind die Beratungsempfehlungen konstruiert.

6.4 Die Umsetzung der „relationalen Fallanalyse"

6.4.1 Relationale Fallanalyse Familie 01

(1) Die persönliche Ebene: beschreibendes Adjektiv, persönliche Erfahrungen als Mensch

(2) Die pädagogische Ebene: pädagogische Annahme, pädagogische Erfahrungen

(3) Die übergeordneten Daten

Beobachterin 1:

Das Kind macht einen Laut. Die Mutter sagt: „So mein Schatz…jetzt legen wir mal los." Und wiederholt dies, beginnt zu wickeln, das Kind hat beide Hände im Mund, guckt aber die Mutter an. Die Mutter beugt sich runter und spricht zugewandt mit dem Kind. Sie *redet recht schnell.* Das Kind hat die Arme nun zur Seite. Als die Mutter dies sagt, beugt sie sich kurz zum Kind runter. Sie *guckt leicht besorgt.* Das Kind nimmt nun die Hände wieder zum Mund. Das Kind macht: „Aaahh." Die Mutter antwortet und sagt: „Ja, mein Schatz" und schaut sie dabei an. Dann wendet sie wieder den Blick ab. Sie ist mit dem Body beschäftigt. Das Kind schaut die Mutter an, die Hände sind wieder weg vom Mund. Die Mutter beginnt die Socken anzuziehen, kommentiert dies, schaut das Kind direkt an und lächelt. Es entsteht Blickkontakt, das Kind *schaut unbeteiligt.* Die Mutter wiederholt es und beugt sich kurz runter. Das Kind beginnt zu lächeln. Die Mutter schaut wieder weg und nimmt ein weiteres Kleidungsstück, kommentiert dies wieder und schaut das Kind wieder dabei *kurz* an. Wiederholt das Gesagte und fährt weiter fort mit dem nächsten Kleidungsstück in einem *sehr hohen Ton.* Dann schaut die Mutter das Kind länger mit einem *mitfühlenden Blick* und gespitzten Mund an und sagt: „Du bist noch müde, ne". Der *Tonfall ist nun tiefer.* Sie wiederholt dies noch zweimal: „Du siehst so müde aus." Dabei beginnt das Kind *richtig zu lächeln* und *es wirkt auf mich wie der richtig gemeinsame Moment.* Das Kind macht einen *stöhnenden* Laut, die Mutter sagt: „Genau". *Sie sind sich einig.* Die Mutter zieht weiter die Hose an und schaut weg. Das Kind nimmt wieder die Hände zum Mund. Dann fragt die Mutter etwas lauter, ob das Kind noch schlafen möchte.

Fazit:

Das Kind ist die ganze Zeit bei der Mutter, ist aber erst richtig bereit und aufmerksam als die Mutter ihre Stimme etwas absenkt und mitfühlend spricht. Es ist, als wenn sich das Kind nun verstanden fühlt und es eine Übereinkunft gibt. **Die Dynamik ändert sich daraufhin allerdings nicht.**

Fazit 2. Durchlauf:

Die Mutter hat erst einen anregenden Ton, hingegen ist das Kind, trotz permanenten Blickkontakts eher passiv. *Als die Mutter ihre Stimme senkt, ruhiger und tiefer wird, beginnt das Kind zu lächeln.* **Die Mutter bestätigt dies und es gibt einen wirklich gemeinsamen Moment. Ansonsten ist die Mutter eher geschäftig, findet aber immer wieder den Blickkontakt und reagiert auf die Laute des Kindes.**

Beobachterin 2:

Mutter schaut Kind an, erklärt: „So mein Schatz…jetzt legen wir mal los." Der Tonfall ist *sanft und mit viel Singsang in der Stimme.* Der Körper der Mutter ist mehr zum Kind geneigt. Der Tonfall ist *einladend, fröhlich, singend.* Die Mutter spricht zugewandt mit dem Kind. Sie hat einen *liebevollen, ruhigen Tonfall.* Der Kopf ist zum Kind geneigt. Die *Mimik der Mutter ist deutlich, etwas leidend.* **Die Kommunikation ist im Vordergrund, die Handlungen beiläufiger. Sie werden verbal begleitet.** Das Kind schaut die Mutter an, während sie erzählt. Sie schaut das Kind an und knöpft weiter. Das Kind antwortet, die *Mutter antwortet weich und zärtlich.* „Ja, mein Schatz." Mutter schaut den Body an, erklärt und redet mit Kind. **Sie bleibt in der Interaktion.** „Ja, sieht gut aus." Und nickt dem Kind zu. Das Kind hat Finger im Mund und *beobachtet die Mutter zufrieden.* Die Mutter nimmt ein Kleidungsstück, kommentiert und wiederholt. **Der Tonfall ist aufsteigend.** Sie lächelt Kind an. Das Kind lächelt zurück, obwohl die Mutter wieder auf das Kleidungsstück schaut. **Sie sind weiter im Kontakt.** Das Kind ist *entspannt.* Die Mutter kommentiert weiter das Anziehen mit einer *hohen, fröhlichen Stimmlage* und zeigt Kind die Kleidung. Kind beobachtet Mutter. Die Mutter guckt zum

Kind. Sie achtet auf eine Reaktion des Kindes. Sie erklärt weiter das Anziehen im *fröhlichen Ton* und wiederholt dies. Die Mutter sagt: „Du siehst so müde aus." Es entsteht gemeinsamer Blickkontakt. Die Mutter lächelt und hält den Kopf schräg, unterbricht dabei aber kaum ihre Handlung. Die Handlung ist aber beiläufig. Das Kind ist *ruhig, entspannt, zufrieden*. Kind lächelt Mutter an, macht einen Laut. Die Mutter reagiert, *nickt aufmunternd* und sagt: „ja". Das Kind reagiert, die Mutter antwortet. **Sie sind im Gespräch.** Mutter hat *offenen Gesichtsausdruck, eine weiche Stimmlage und einen entspannten Tonfall.* Die Mutter zieht *liebevoll* die Kleidung zurecht. Sie sagt: „Fertig" und dreht das Kind zur Seite. Sie hat eine *warme schwingende Stimme* und nimmt es hoch. Sie beschreibt dieses verbal. Die Mutter bleibt verbal im Kontakt zum Kind, beschreibt Handlungen, stellt Blickkontakt her und redet mit einer ruhigen, liebevollen Stimme **mit angemessenem Singsang und Wiederholungen.** Die Mutter zeigt Mimik. Besonderer Moment ist ein Gespräch zwischen Mutter und Kind. Kind lautiert, Mutter antwortet, darauf reagiert wiederum das Kind. **Die Mutter bleibt während der kompletten Sequenz im Kontakt, die Handlungen sind eher im Hintergrund.** Sie schließt die Sequenz mit „fertig" ab.

Fazit:

Eventuell könnte sie mehr direkten Körperkontakt, vor allem am Schluss, wo sie mit dem Sitz der Kleidung beschäftigt ist, beispielsweise durch zum Kind beugen, streicheln oder ähnliches, herzustellen. *Insgesamt eine entspannte Anziehsituation. Sehr ruhig, das Kind wirkt sehr ruhig und entspannt.*

Beobachterin 3:

Kind lautiert und hat Fäuste vor dem Mund. Es scheint Hunger zu haben. Es schaut an die Decke. Mutter *redet im hohen Singsang*: „So mein Schatz…jetzt legen wir mal los." Sie zieht dem Kind die Windel an. Die Wohnung wirkt sehr schick, modern und ordentlich. Sie begleitet ihre Handlung mit Wörtern wie „schwupps". Dazwischen legt sie Redepausen ein. Sie schaut das Kind an und verringert kurz die Distanz, indem sie sich etwas ihrem Gesicht zum Kind beugt und redet zugewandt mit dem Kind. Kind beobachtet die Mutter und *wirkt müde und ruhig*. Es hat die linke Faust am Mund. Das Kind macht einen *zufriedenen Laut*: „oohh". Die Mutter reagiert mit kurzem Blickkontakt und sagt: „Jaa, mein Schatz" Sie wickelt weiter. Mutter spricht in **angemessenem Sprechtempo und erhöht am Ende ihre Tonlage**. Sie wirkt *sehr müde*. Sie kontrolliert die Windel und dreht dabei das Baby zur Seite. Das Kind sucht den Blickkontakt. Die Mutter spricht etwas leiser. Sie blickt kurz zum Kind. Daraufhin zieht sie es weiter an und begleitet jedes Anziehen mit einem Kommentar. Das Baby schaut die Mutter *aufmerksam* an und hält beide Fäuste genau vor den Oberkörper. Das Kind lächelt beim Anziehen und öffnet die Arme. Die Mutter schaut dem Kind in die Augen und zeigt ein weiteres Kleidungsstück und kommentiert dies. Sie *wirkt interessiert* an der Reaktion des Kindes und will ihr zeigen, was sie hat. Anschließend zieht sie dem Kind eine Hose an und begleitet dies mit einem Kommentar. Sie blickt das Kind an. Das Kind *schaut müde, aber interessiert* seine Mutter an. Die Arme des Kindes liegen offen zur Seite. Das Kind öffnet den Mund und streckt etwas die Zunge raus und lächelt. Die Mutter begleitet das Anziehen immer noch mit einem hohen Singsang mit kurzen Pausen dazwischen. Sie begleitet ihre Handlung verbal. Das Kind *gluckst* und die Mutter reagiert darauf mit: „Ja, genau." **Beide kommunizieren miteinander.** Mutter *lächelt etwas*. Kind reagiert mit einem Laut. Das Baby nimmt wieder die Faust zum Mund und fixiert seine Mutter.

Fazit:

Die Interaktion zwischen Mutter und Kind wirkt ruhig und unaufgeregt. Beide wirken zufrieden. Beide scheinen müde zu sein. **Die Mimik der Mutter ist oft eher reduziert.** *Das Kind wirkt ruhig, müde und hungrig. Die Mutter begleitet ihre Handlungen verbal, meist mit hohem Singsang und Pausen.* **Die Kommunikationssequenzen, wo beide miteinander kommunizieren, waren kurz, jedoch ist die Mutter auf die Laute des Kindes eingegangen. Die Mutter führte meist Selbstgespräche.**

Die übergeordneten Daten:

Es besteht Unterstützung in zwei Bereichen (Betreuung, Haushalt). Die Mutter empfindet keine Unterstützung im emotionalen Bereich. Es bestehen keine ökonomischen Auffälligkeiten. Die TICS Werte sind in einem Bereich (Arbeitsüberlastung) überdurchschnittlich hoch. Im Bereich der Analyse erreicht die Dyade nur die Phase des Aufbaus. Der Aufbau zeichnet sich durch einen sehr hohen Wert des Blickverhaltens des Kindes (30,27% – 89,06%) aus. Der Blickkontakt hingegen liegt bei 28,60%. Der Wert der Verbalisation der Mutter ist hingegen um ein vielfaches höher als der Wert der Vokalisation des Kindes (44,46% – 04,44%). Mutter und Kind nehmen keinen Körperkontakt auf.

Ergebnis

(1) Die persönliche Ebene:

Für alle drei Beobachterinnen wirkt das Kind zwar müde, aber zufrieden und entspannt. Die Mutter hat eine hohe Stimmlage mit Singsang. Sie wirkt sowohl müde als auch fröhlich und interessiert. Als sie die Stimme absenkt, mitfühlend spricht, entsteht ein gemeinsamer Moment. Die emotionale Beteiligung der Beobachterinnen ist nicht stark ausgeprägt.

(2) Die pädagogische Ebene:

Die Mutter begleitet ihre Handlungen verbal. Sie reagiert sowohl auf die Blicke, als auch auf die Laute des Kindes und ihre Verbalisation wird überwiegend als angemessen eingestuft. Während der Sequenz gleichen Mutter und Kind ihr Arousal an und es entsteht ein gemeinsamer Moment. Mutter und Kind bleiben durchgehend in Kontakt, allerdings gibt es nur während des gemeinsamen Moments eine minimale Änderung in der Dynamik.

(3) Die übergeordneten Daten:

Die Mutter empfindet keine emotionale Unterstützung und hat einen erhöhten Wert im Bereich der Arbeitsüberlastung, daher müsste innerhalb der Beratung geklärt werden, wie stark die Auswirkungen empfunden werden bzw. welche Anbindung möglich wäre, um eine emotionale Unterstützung aufzubauen. Da innerhalb der INTERACT-Untersuchung deutlich wurde, dass das Kind einen sehr hohen Wert im Blickverhalten hat, könnte die Mutter dahingehend beraten werden, diesen zu intensivieren. Hingegen ist der Wert an Vokalisationen des Kindes im Gegensatz zu dem der Mutter recht niedrig, hier könnten Pausen der Mutter helfen, einen höheren Wert zu erreichen bzw. eine stärkere Dynamik hervorzurufen.

6.4.2 Relationale Fallanalyse Familie 02

(1) Die persönliche Ebene: beschreibendes Adjektiv, persönliche Erfahrungen als Mensch

(2) Die pädagogische Ebene: pädagogische Annahme, pädagogische Erfahrungen

(3) Die übergeordneten Daten

Beobachterin 1:

Die Sequenz beginnt indem die Mutter die Füße des Kindes anfasst und anfängt sie zu strampeln. Das Kind **fixiert die Mutter fest mit dem Blick**. Das Kind *gurrt* dabei und *lächelt ganz leicht*. Als das Kind zu lautieren beginnt, fordert sie das Kind auf weiter zu erzählen. Die Mutter *lächelt sehr breit*, fast schon *übertrieben stark*. Die Mutter fragt: „Mhm? Mein Schatz." Das Kind *gurrt*. Die Mutter beginnt das Kind auszuziehen. Sie sagt: [...] Das Oberteil ist bis zu den Schultern ausgezogen. [...] Sie zieht das Kind weiter aus und benennt Bedenken wegen des Ausziehens und zieht das Oberteil über den Kopf. Dann kommt der andere Arm dran. [...] Es wirkt **als hätte sie Angst, dass das Kind gleich schreit.** Sie sagt „schwupps" und zieht das Oberteil über den Kopf. Das Kind guckt sie nach wie vor an. Die Mutter nimmt die Arme des Kindes und imitiert ein Jubeln, sie sagt: „Jaa, Jaa." Sie wedelt die Arme ein *bisschen zu doll* hin und her. Dann beugt sie sich runter und nimmt den Kopf des Kindes in die Hände und küsst das Kind auf den Mund. Sie geht wieder zurück. Sie wischt dem Kind mit einem Tuch *scherzhaft* durchs Gesicht. Dann wischt sie die Kinnfalten ab. Sie nimmt wieder die Füße und hält sie fest. Sie sagt etwas zum Kind. Dabei *lächelt sie sehr stark* und ihre Stimme steigt an. Das Kind beginnt zu *lächeln*. Die Füße des Kindes werden wieder hin und her geschwenkt. Die Mutter redet weiter, stellt Fragen. Dabei bewegt sie die Beine schneller. Das Kind streckt die Arme nach oben. Es guckt die Mutter an, lächelt aber nicht. Dann hält die Mutter an und wartet kurz. Das Kind lautiert, die **Mutter antwortet, indem sie umdeutet**. Dabei kitzelt die Mutter das Kind auf dem Bauch und *macht eine Grimasse*. Die Mutter redet weiter und beginnt das Kind über den ganzen Körper zu streicheln. Das Kind beginnt mit Armen und Beinen zu strampeln und wirkt dabei *freudig erregt*. Die Mutter *lächelt wieder noch stärker* und beginnt die Füße zu küssen/knabbern. Das Kind schaut die Mutter *unbeteiligt* an. Dann fasst die Mutter wieder die Füße an und beginnt zu strampeln, das Kind *lächelt* und *gluckst freudig* dabei. Die Mutter macht weiter, **beginnt einen Rhythmus**, hört dann aber wieder auf. Die Mutter streicht dem Kind wieder über den Körper und sagt etwas Liebevolles. Das Kind strampelt mit Armen und Beinen. Die Mutter schaut das Kind an und **lobt das Kind**. Dann beginnt sie die Windel anzuziehen. Beim Anziehen der Windel *zieht die Mutter wieder Grimassen*. Das Kind schaut sie wieder recht *unbeteiligt* an. Als die Mutter fertig ist, sagt sie: „Alles gut." Sie greift wieder zu den Armen und macht mit den Armen des Kindes jubelnde Gesten und Geräusche. Am Ende küsst sie das Kind wieder auf den Mund.

Fazit:

Die Mutter scheint das Wickeln als besondere Herausforderung für beide zu sehen. In dem Moment, als sie innehält, hat das Kind die Chance, kurz zu lautieren. Das Kind wirkt überwiegend etwas überfordert mit den vielfältigen Modalitäten.

2. Durchlauf der Beobachterin 1:

Die Mutter fasst direkt die Füße des Kindes und macht Bewegungen. Die Mutter spricht zum Kind, hat eine sehr *ausgeprägte Mimik*, lächelt das Kind an. Als das Kind zu lautieren beginnt, fordert sie das Kind auf weiter zu erzählen. Sie macht dabei durchgehend die Bewegungen. Das Kind schaut die Mutter *interessiert* an. Die Mutter redet weiter, stellt dabei immer wieder Fragen in Form von: „Mhm? Mhm?". Das Kind öffnet den Mund. Die Arme sind offen zur Seite ausgestreckt. Die Mutter spricht nun im Flüsterton weiter und beginnt das Kind auszuziehen. Sie sagt: [...] Ihre Mimik verändert sich. *Das sehr starke Lächeln geht weg.* Sie redet weiter. Ihr Gesichtsausdruck zeigt *leichte Angestrengtheit.* Sie zieht das Kind weiter aus und **scheint Bedenken wegen des Ausziehens zu haben** und zieht das Oberteil über den Kopf. Dann nimmt sie die Hände des Kindes macht starke Jubel-Gesten mit nach oben gestreckten Armen des Kindes. Sie ruft: „Jaaa! Jaaaa!" Dies wiederholt sie mehrfach. Ihre Mimik ist nun wieder *sehr stark ausgeprägt lächelnd.* Das **Kind fixiert die Mutter** durchgehend. Sie beugt sich runter und küsst das Kind auf den Mund. Es wirkt *etwas grenzüberschreitend.* Dann geht sie wieder zurück, nimmt ein Tuch und wischt dem Kind mehrfach über den Mund und den Hals. Das Kind bewegt sich mit Armen und Beinen, es wirkt *als wollte es weg.* Jetzt greift die Mutter wieder die Beine des Kindes, bewegt sie und sagt etwas. Ihre Stimme ist nun *ruhiger und sanfter.* Das Kind beginnt nun zum ersten Mal zu lächeln *sehr kurz.* Die Mutter *redet fragend* weiter, macht eine *sehr übertriebene Mimik* und bewegt die Beine des Kindes. Das Kind *guckt nun fragend* die Mutter an. Die Mutter beginnt das Kind zu kitzeln. Das Kind lautiert, die **Mutter reagiert, indem sie die Laute in Sätze umdeutet.** Die Mutter streicht über den Körper des Kindes, sagt etwas Liebevolles. Das Kind strampelt mit Armen und Beinen und fixiert die Mutter. Die Mutter beginnt die Füße des Kindes zu küssen bzw. imitiert Knabbergeräusche. Das Kind schaut die Mutter *unbeteiligt* an. Die Mutter sagt nun: „Jetzt machen wir weiter." Das Kind zappelt mit Armen und Beinen stark hin und her. Das Kind macht zwischendurch immer wieder *zaghafte Laute,* jedoch *geht die Mutter nicht darauf ein.* Die Mutter macht ihren Mund weit auf und zu, wie ein Fischmund, während sie die Windel anzieht. Das Kind *guckt leicht überrascht.* Die Mutter macht die Windel zu. Dann nimmt sie wieder die Arme des Kindes und macht wieder Jubel-Geräusche und Gesten

Fazit:

Die Mutter wirkt auf mich, wie wenn sie eine Rolle spielt. Mein Körperempfinden ist eher ablehnend. Wenn die Mutter das Kind auf den Mund küsst, wirkt es zu viel. **Es gibt einen schönen gemeinsamen Moment, indem die Mutter eine kurze Pause macht. Das Kind wirkt zwar entspannt und offen, aber streckenweise auch überfordert.**

Beobachterin 2:

Erster Eindruck:

Gut im Kontakt, freundlicher Gesichtsausdruck. Geht auf Kind ein, hält Blickkontakt. *Teilweise sehr schnell und viel.* **Hält wenig inne und wartet, was vom Kind kommt. Kind ist im Kontakt.** *Weniger ist mehr!*

Mutter bewegt Beine, Kind lautiert, Mutter *fordert Kind auf zu erzählen,* **macht aber keine Pause,** Kind lächelt. Die Mutter **dominiert** sprachlich und durch das „Durchbewegen" der Beine. **Sehr viele Reize.** Musik, Bewegung, Sprache. Mutter fragt das Kind etwas. Mutter **lässt aber keine Reaktionszeit zu,** bewegt weiter, *schnell und viel.* **Handlung wird ruhiger.** Sie zieht das Kind weiter aus und scheint Bedenken wegen des Ausziehens zu haben. Sie hat eine *ruhige Stimme, Bewegungen sind ruhiger.* Kind blickt während des Handelns zur Mutter, Mutter begleitet Handlung *ruhig mit weicher Stimme.* Sie möchte das Ausziehen schnell erledigen. Mutter greift die Arme und bewegt sie. **Begleitet dies verbal und mimisch, lässt aber keine Bewegungen des Kindes zu. „Bewegt" es durch → Bewegungskorsett.** Nimmt Kind hoch und küsst es. Kind *lächelt.* Der Kopf der Mutter ist näher. **Viel Handlung, Laute, schnelle Bewegungen → Überreizung** Kind hält wieder Blickkontakt. Die Beine des Kindes werden bewegt. Mutter und Kind haben Blickkontakt, *lächeln sich an.* Die Beinbewegungen werden *stärker* von Mutter ausgeführt, das Kind *lächelt weniger.* Mutter kitzelt Baby am Bauch und lässt die Beine los. **Das Kind lautiert, die Mutter imitiert und lächelt → ruhiger, entspannter.** Mutter streichelt und kitzelt abwechselnd. Kind schaut Mutter *erwartungsvoll* an, es entsteht Blickkontakt. Das Kind strampelt selbst mit Armen und Beinen. *Als wenn es fragt: „Was kommt jetzt noch?".* Die Mutter geht mit dem Mund an den Füßen des Kindes hin und her. Kind verfolgt den Kopf der Mutter mit dem Blick. Als die Mutter hochschaut, *lächeln sie sich an.* Sie lächeln nur, **es gibt keinen weiteren Reiz,** es ist *nur kurz.* Die Mutter blickt das Kind an, Kind lächelt, Mutter lobt das Kind. Die Mutter begleitet ihr Handeln verbal und guckt immer wieder zum Kind und lächelt es an. Der Blick des Kindes ist ständig bei der Mutter. **Mutter lautiert eigentlich die ganze Zeit, ist nicht in Reaktion auf das Kind.**

Fazit:

Viele Reize, viele von der Mutter, durchbewegen. **Kaum Raum für das Kind zur Re-aktion.** *„Puh...weniger!.... Zuviel".* **Wenn ruhigere Momente da sind mit weniger Reiz, entsteht Entspannung.** *Kind in Hab-Acht Stellung „was kommt als nächstes?".* **Kind gekitzelt, lässt los, Mutter und Kind schauen sich an und lächeln, aber zu wenig Zeit und Raum.**

Beobachterin 3:

Die Mutter hat die Fußknöchel des Kindes in ihren Händen und bewegt dadurch die Beine *hektisch* vor und zurück. Das Kind hält den Blick *ruhig* auf die Mutter gerichtet und macht Gurr-Geräusche. Die Mutter *redet schnell, hektisch und hoch* in der Tonlage. Sie schaut das Kind an und hat ein *maskenhaftes Grinsen*. Sie spricht *hoch und schnell*. Sie hält den *zappeligen* Körperkontakt. Das Kind hat die Arme links und rechts ausgestreckt und fixiert mit dem Blick die Mutter. Die Mutter *reißt die Augen und den Mund auf* und sagt: „Jaa?" in **hoher Stimmlage** und beginnt den Body auszuziehen. Sie redet in **hohem Ton** weiter. Die Mutter wirkt gepflegt und sportlich angezogen. Sie *scheint sehr nervös und aufgeputscht* zu sein. Sie legt etwas zur Seite und kommentiert dies. Dabei löst sie eine Hand vom Kind. Das Kind *zappelt* mit den Beinen weiter. Die Mutter flüstert kurz, redet aber im *schnellen Tempo* weiter. Das Kind schaut die Mutter *ununterbrochen fragend* an. Sie zieht ihm den Body über den Kopf. Sie wechselt von Zimmerlautstärke ins Flüstern. Sie redet weiterhin *schnell* und ohne Pause. Das Kind liegt nackt auf der Wickelkommode. Die Mutter nimmt je ein Handgelenk des Kindes in die Hände und wackelt *hektisch* mit diesen. Sie verringert die Distanz und beugt sich über das Kind und küsst das Kind auf den Mund. Danach krabbelt sie *hektisch* über den Bauch des Kindes von unten nach oben. **Es entsteht keine Redepause und das Kind wirkt überfordert.** Sie begleitet sprachlich das Nase putzen bei ihrem Kind, sie tupft die Nase mehrmals ab. Sie hat immer noch eine *maskenhafte Mimik mit angespanntem, steifen Grinsen und aufgerissenen, starren Augen*. Sie redet und fragt zwischendurch: „Okay?" Die Stimme ist *sehr hoch*. Sie berührt *dauernd* das Kind. Sie wackelt wieder mit den Beinen des Kindes. Das Kind *starrt* die Mutter weiterhin an und hält seine

Hände vorm Oberkörper. Das Kind **wirkt als wolle es gerne seine Ruhe haben oder ein langsameres Tempo**. Die Mutter kitzelt das Kind am Bauch und **das Kind reagiert mit einem Laut, welcher sofort von der Mutter imitiert wird** und sie weiterredet. Sie löst den Kontakt ihrer Hände am Kind für einen *sehr kurzen* Moment. Sie streichelt und kitzelt das Kind am ganzen Körper und macht Zischlaute. Das Kind reagiert mit Arm- und Beinbewegungen. Es *starrt* immer noch seine Mutter an. Sie wackelt wieder mit den Kinderbeinen, küsst dabei die Füße und macht Essgeräusche mit Wörtern zwischendurch. Die vielen Handlungen der Mutter *wirken zerstreut und aufgeregt*. Als die Mutter ihren Blick von den Füßen dem Gesicht des Kindes zuwendet und ihre Distanz erhöht, indem sie ihren Oberkörper hochnimmt, *quietscht* das Kind und lächelt. Die Mutter schaut das Kind an und wackelt wieder mit den Beinen des Kindes und macht Geräusche. Das Kind öffnet ohne Ton kurz den Mund. Es blickt weiterhin die Mutter an. Der Oberkörper des Kindes ist *ruhig*. Die Mutter *streicht langsam* über die Arme des Kindes, worauf das Kind kurz mit Armbewegungen reagiert als die Mutter ihre Berührung löst und eine Windel holt. Das Kind schaut zur Windel. Sie begleitet die Körperbewegungen des Kindes mit einem Kommentar in **hohem Ton**. Die Mutter wickelt das Kind. Das Kind schaut wieder *starr* die Mutter an, *um abzuschätzen, was als nächstes kommt*. Das Kind *beobachtet* das Gesicht der Mutter. Die Mutter *grimassiert* weiterhin und der Gesichtsausdruck wechselt weiterhin. Das Gesicht der Mutter *wirkt maskenhaft*. Es gibt eine kurze Redepause, während sie *konzentriert* die Windel an beiden Seiten festklebt. Auch die Mimik ist *kurz ruhig*. Das Kind macht ein *leises Geräusch*. Daraufhin wackelt die Mutter wieder mit den Kinderarmen und -beinen und redet im *schnellen Wechsel kurz hintereinander*. Sie küsst das Kind *plötzlich* auf den Mund und hält die Beine weiterhin fest.

Fazit:

Im Mittelpunkt dieser Sequenz steht die Mutter, die fast ununterbrochen redet oder flüstert oder Geräusche macht, das Kind hektisch an den Armen und Beinen bewegt. Die Mimik der Mutter wirkt grimassenhaft. **Das Kind wirkt überfordert, ruhig und erstarrt.** *Eine gegenseitige Kommunikation zwischen Mutter und Kind findet fast gar nicht* *statt, wo jeder auf den anderen reagieren könnte.*

Die übergeordneten Daten:

Es besteht in einem Bereich (emotional) Unterstützung. Das Nettohaushaltseinkommen liegt unter 1400. Die TICS Werte sind in zwei Bereichen (Arbeitsüberlastung, Soziale Überlastung) überdurchschnittlich hoch. Im Bereich der Analyse erreicht die Dyade nur die Phase des Aufbaus. Der Aufbau zeichnet sich durch ein sehr hohes, ausgeglichenes Blickverhalten (71,09% – 89,45%) aus. Der Wert des Blickkontakts liegt bei 64,01%. Der Wert der Verbalisation der Mutter ist um ein Vielfaches höher als der Wert der Vokalisation des Kindes (53,74% – 05,57%). Nur die Mutter nimmt Körperkontakt auf, der Wert liegt bei 56,04%.

Ergebnis

(1) Die persönliche Ebene:

Bei zwei der drei Beobachterinnen herrscht das Gefühl vor, das sich die Mutter recht hektisch und unruhig verhält. Außerdem wird der sehr starke mimische Ausdruck und die starke verbale Ansprache thematisiert und die vielen Reize, die auf das Kind einprasseln. Die Sequenz wird von allen drei Beobachterinnen als anstrengend erlebt, negative Emotionen herrschen vor. Die Emotion der Anstrengung kann auf das asynchron empfundene Arousal zurückgeführt wird. Alle drei Beobachterinnen nehmen das Kind sowohl als auf die Mutter fixiert und ruhig, als auch tendenziell überfordert wahr, benennen aber auch die kurzen ruhigeren Momente, in denen auch ein kurzer, gemeinsamer Moment entsteht und Entspannung eintritt.

(2) Die pädagogische Ebene:

Es konnte ein gemeinsamer Moment wahrgenommen werden, in denen Mutter und Kind eine kurze Angleichung des Arousals zeigen. Dieser gemeinsame Moment wird allerdings nicht ausgebaut, da direkt danach wieder ein asynchrones Arousal wahrgenommen wird. Dadurch, dass das Grimassieren der Mutter so stark von

zwei der drei Beobachterinnen in den Vordergrund gestellt wurde, muss in Erwägung gezogen werden, dass die Mutter sich durch die Kamera genötigt fühlt, „ihre Emotionen künstlich zu verstärken".

(3) Die übergeordneten Daten:

Aufgrund der hohen TICS Werte liegt ggf. ein Zusammenhang zu dem sehr unruhigen Verhalten der Mutter vor, daher müsste ein Beratungsangebot, dass das Stressempfinden der Mutter thematisiert angeboten werden. Die INTERACT Werte zeigen einen sehr hohen Wert an Blickkontakt, dies kann als Ressource aufgegriffen werden. Da die Vokalisation des Kindes besonders in Bezug auf die Verbalisation der Mutter sehr gering ist, muss der Förderfaktor in der Thematisierung der Pausen liegen, damit das Kind die Möglichkeiten bekommt, den Dialog stärker mitzugestalten.

6.4.3 Relationale Fallanalyse Familie 03

(1) Die persönliche Ebene: beschreibendes Adjektiv, persönliche Erfahrungen als Mensch

(2) Die pädagogische Ebene: pädagogische Annahme, pädagogische Erfahrungen

(3) Die übergeordneten Daten

Beobachterin 1:

Die Mutter nimmt eine neue Windel, der Blick geht dann zum Kind. Das Kind hat den Blick eher nach oben gerichtet und hat den Finger am Mund. Der Mund ist offen. Das Kind macht einen *leicht stöhnenden Laut* und schaut kurz zur Mutter. Die Mutter beginnt *geschäftig* die neue Windel zu zumachen, indem sie die Beine des Kindes nach oben macht. Das Kind macht wieder einen *stöhnenden Laut*, diesmal **imitiert die Mutter den Laut,** *allerdings in einer etwas anderen Tonhöhe.* Das Kind dreht den Kopf und greift nach oben. Das Kind macht wieder einen ganz kurzen Laut. Die Mutter macht einen Laut, der wie „Huch!?" klingt. Es scheint aber mit dem Kind nichts zu tun zu haben. Das Kind macht noch zwei kurze Laute ähnlich einem Husten und nimmt dann die Hände aus dem Mund, guckt weiter nach oben. Die Mutter beginn *tonvoll zu gähnen,* hält dabei die Hand vor den Mund und wickelt dann weiter. Als die Mutter gähnt, hat das Kind den Mund weit auf, guckt aber nach oben. Die Mutter zieht den Body runter und spricht dann das Kind direkt an. Im gleichen Moment guckt das Kind die Mutter an. Der Blickkontakt hält aber nur einen ganz kurzen Moment an. Die Mutter sagt: „Huuu!" und schaut dann wieder auf die Kleidung, das Kind guckt wieder nach oben und steckt die Finger in den Mund. Das Kind macht *einen seufzenden Laut*, die Mutter **antwortet in einer tieferen Tonlage** ohne den Effekt, das Kind anzusehen. Bis hierhin *scheinen beide nicht beieinander zu sein*. Das Kind macht wieder einen Laut, diesmal klingt es wie „aahh" und guckt die Mutter an, daraufhin schaut auch die Mutter das Kind an und beugt sich runter. Beide schauen sie sich tief in die Augen, die Mutter fragt das Kind, ob es gute Laune hat und streichelt den Bauch des Kindes. Das Kind hat die Finger nun nicht mehr im Mund. Die Mutter beginnt *stärker zu reiben* und *beugt sich noch tiefer runter*. Sie fragt, ob das Kind einen Kuss haben möchte und küsst das Kind mitten ins Gesicht, das Kind dreht den Kopf weg. Die Mutter macht etwas wie: „mmhm" **in einer sehr hohen Tonlage.** Sie kommt wieder hoch und macht einen Laut, **wohl um das Kind zu imitieren**, das einen kurzen Laut gemacht hat. Das Kind *lächelt* und steckt wieder den Finger in den Mund. Das Kind beginnt zu husten. Die Mutter macht etwas *besorgte Laute in kindlicher Sprache* und wickelt das Kind durchgehend weiter und *schaut nur kurz*. Das Kind guckt immer noch nach oben. Die Mutter wiederholt nochmal. Es entsteht ein ganz kurzer Blickkontakt ausgehend vom Kind. Die Mutter zieht das Kind weiter an. Dann schaut das Kind wieder und es entsteht ein langer Blickkontakt, beide *lächeln* sich an. Aber sehr kurz, die Mutter schaut wieder weg. Das Kind hustet nochmal, die Mutter fragt: „Bist du erkältet?" und verneint es aber gleich. Das Kind schaut die Mutter an und niest dann. Die Mutter sagt: „Gesundheit", während das Kind niest, und streicht dem Kind dann *kurz und etwas zu schnell* über die Wange, es *wirkt nicht mitfühlend*. Das Kind schaut wieder die Mutter an und macht: „ananan" es klingt *mitteilungsbedürftig*. Es entsteht ein ganz kurzer Blickkontakt. Die Mutter geht kurz zur Seite und holt einen Schlafsack. Das Kind gähnt, die Mutter sagt: „uiuiui" und nimmt es ein wenig hoch. Sie legt es wieder hin und wiederholt „uiuiui" und zieht den Schlafsack an. Das Kind wird dabei zur Seite gedreht. Die Mutter stellt eine rhetorische Frage und knöpft den Schlafsack zu. Die Mutter schaut das Kind von ganz nah an und macht einen Laut. Und weiter „Hallo". Ihr Gesicht ist *ganz nah* vor dem des Kindes und küsst das Kind.

Fazit:

Es gab einen Moment wo sich beide tief in die Augen blicken, die Mutter *hält kurz inne*, bevor sie das Kind auf den Mund küsst. **In diesem Moment scheinen beide das gleiche Tempo zu haben,** *die Mutter wirkt daraufhin etwas vergnügter.*

2. Durchlauf der Beobachterin 1:

Das Kind hat die Finger im Mund, guckt aber mit großen Augen die Mutter an. Die Mutter wirkt *hektisch.* Sie macht *sehr schnell* die Windel auf und beginnt die Beine des Kindes nach oben zu ziehen. Das Kind nimmt die Hände aus dem Mund, schaut nach oben und macht Stöhn-Geräusche. Die Mutter **imitiert Laute** des Kindes ohne es anzusehen. Das Kind nimmt die Hände wieder zum Mund und macht wieder kurze Stöhn-Geräusche. Die Mutter ist mit dem Wickeln beschäftigt. Die Mutter gähnt, sagt etwas. Schaut dann das Kind direkt an und *sagt langgezogen* ein Kosewort. Guckt dann aber auch wieder weg. Schaut es wieder an und macht: „uuhh". Das Kind hat die Finger im Mund und *guckt unbeteiligt* nach oben. Die Mutter scheint sich beim Anziehen *zu beeilen.* Als sie mit dem Body fertig ist, hält sie inne, streichelt das Kind am Bauch in einem schnellen Rhythmus und fragt, wie es dem Kind geht. Sie fragt, ob das Kind einen Kuss haben möchte. Sie beugt sich noch weiter runter und küsst das Kind ins Gesicht. Das Kind dreht sich weg, beginnt aber dabei *zu lachen und zu quietschen.* Die Mutter *lächelt* und **wiederholt die Laute des Kindes in einer etwas anderen Form**: „Ma, Ma" Dann schaut sie wieder zur Windel. Besonderer Moment. Das Kind schaut nach oben, und hustet. Die Mutter reagiert darauf verbal und fragt etwas in kindlicher Sprache. Sie wiederholt das noch mehrfach und endet mit einem langgezogenen Wort, schaut dabei *kurz flüchtig* das Kind an. Das Kind hält Blickkontakt, guckt wieder kurz nach oben und wieder zur Mutter. **Es entsteht ein kurzer Dialog.** Dann hustet oder niest das Kind wieder und die Mutter fragt das Kind etwas. Das Kind macht wieder einen Laut wie niesen, die Mutter *lacht kurz* auf. Das Kind schaut die Mutter *interessiert* an. Das Kind öffnet die Arme, hat eine ganz *offene Haltung* und beginnt zu lautieren. Nach einiger Zeit reagiert die Mutter mit einem *kurzen flüchtigen Blick*. Die Mutter schaut dann hinter sich, holt einen Schlafsack. Das Kind ist *noch erwartungsvoll*. Die Mutter redet vor sich hin. Das Kind öffnet den Mund, macht einen Laut. Die Mutter wiederholt etwas ähnliches „amam" wiederholt dies mehrfach in unterschiedlichster Form. Dabei zieht sie den Schlafsack an. Sie redet noch etwas weiter, schaut dabei das Kind an. Schaut wieder zum Schlafsack. Sie ist nun ganz nah am Gesicht des Kindes. Als sie fertig ist, küsst sie wieder das Kind ins Gesicht. Das Kind schaut *ohne besondere Emotion* die Mutter an. Die Mutter geht wieder hoch.

Fazit:

Die Mutter wirkt auf mich etwas gehetzt. Das Kind schaut interessiert und entspannt.

Es kommen immer wieder Dialoge zustande und es gibt einen besonderen Moment, dann als die Mutter einmal innehält, das Kind rhythmisch am Bauch streichelt und es abschließend küsst.

Beobachterin 2:

Erster Eindruck:

Am Anfang, *sehr schnell, zackig, ruppig.*

Dann *überrascht*, viel mit Kind gesprochen.

Babysprache, Imitation. Kind macht leise Laute, Mutter geht drauf ein. Ein paar schöne Momente. Körperkontakt. → *sehr schnell!* **Wenig Zeit, wenig Raum für gemeinsame Momente.**

Mutter nur kurz aufgeblickt. Kind verfolgt Blick zur Windel. Kein Ton, *wirkt unterkühlt, ruppig.* Baby lautiert, Mutter imitiert, Kind Blick nach oben gerichtet, *Mutter keine Mimik*, kein Blickkontakt. Blick des Kindes abgewendet. Mutter *lautiert auffordernd*, kein Blickkontakt. → **geht nur imitierend, lautierend auf Kind ein**. Mutter gähnt, spricht Satz, aber nicht zum Kind gerichtet. Spricht Kind mit Kosewort an und schaut es kurz an. Kind schaut nicht. Mutter neigt sich nach vorn. Kind schaut, wird aber zur Seite gedreht. Blickkontakt kann nicht weiter hergestellt werden. **Laut wird von der Mutter imitiert**, *wenig zärtlich*. Mutter Fertig. Beugt sich nach vorne, kitzelt am Bauch, *schnell und wenig zärtlich*. Mutter fragt das Kind, wie es ihm geht und wiederholt es nochmal. Sie fragt, ob das Kind einen Kuss haben möchte und küsst das Kind. Beim Küssen *lächelt* Kind. Beim Kitzeln *irritierter*. Mutter hört auf, Kind wendet sofort Blick ab. Mutter sofort wieder auf Ausziehen konzentriert. Kind hustet und dreht sich. Die Mutter macht etwas *besorgte Laute in kindlicher Sprache*, kein Blickkontakt, sofort weiter, geht nicht mehr drauf ein. → **Kein Gefühl, was Kind braucht**, Kind dreht sich weg. → Mutter sagt was, **das passt aber überhaupt nicht zum Gesichtsausdruck**. Spricht Kind nicht dabei an. Mutter *wirkt abgeklärt*, **Gesichtsausdruck passt nicht**, geht gar nicht so auf Kind ein. Kind schaut zu Mama, Mama schaut nur kurz auf, *flüchtig* zu Kind. Kind guckt zu Mutter und *lautiert auffordernd*. In Erwartungshaltung. Mutter schaut überhaupt nicht, dreht sogar Kopf weg. Katze kommt, wird erklärt von Mutter, Handlung am Kind aber nicht. Als Mutter sich wieder zum Kind dreht, *kurze Freude bei Kind*, Mutter geht nicht darauf ein, nur Grundbedürfnis, → *Keine Zärtlichkeit*. Mutter knöpft Schlafsack zu, beugt sich vor zum Kind und gibt Kuss. Kind *lächelt* und guckt Mutter an, die wendet Blick ab und geht wieder hoch. Mutter spricht mit Kater. **Tätigkeit mit Kind weniger wichtig?** Nimmt hoch. **Kind wartet noch immer auf Reaktion der Mutter.**

Fazit:

Kind in Erwartungen! Sucht Kontakt. Gesichtsausdruck und Kontakt passt nicht zum Gesagten. Als Mutter Kind küsst, teilen des Moments.

Beobachterin 3:

Baby liegt auf dem Wickeltisch. Mutter steht direkt davor. Sie hat einen Bademantel an. Sie hat eine neue Windel an und faltet diese auf. Das Baby zappelt mit dem Körper. Oberkörper geht leicht von links nach rechts und zurück. Die Beine strampeln. Kind nimmt rechte Hand und Zeigefinger zum Mund und lutscht am Finger. Der Wickeltisch wirkt sauber und ordentlich, es liegt ein sauberes weißes Tuch auf dem Polster. Darauf liegt das Kind. Mutter nimmt die Fußknöchel in die Hand, zieht diese leicht hoch, so dass sie die frische Windel darunterlegt. Kind macht *gurrendes kurzes, leises Geräusch.* **Mutter erwidert dieses im gleichen Tonfall.** Als die Beine des Kindes beim Loslassen der Mutter zappeln, sagt die Mutter „Huch". Es hört sich *überrascht* an. Sie wickelt weiter und faltet die Windel breiter unter Kind aus. Das Baby schaut an die Decke, der Blick gleitet über die Decke von links nach rechts und zurück. Es schaut nach dem Deckenlicht. Es kaut weiterhin auf dem Finger und sieht sehr kurz zur Mutter ins Gesicht, danach schaut es weiter mit *gleitendem Blick* über die Decke. Es *seufzt* kurz und macht „Aah,". **Kurzgezogener Laut.** Die Mutter gähnt und hält sich rechte Hand vor den Mund, dabei macht sie Gähngeräusch. Sie klappt die Windel nach vorne zusammen und schließt die seitlichen Kleber zusammen. Sie schaut auf die Windel und ihr Wickeln und sagt müde etwas. Dabei bewegt sie den Kopf von links nach rechts und zurück. Sie *wirkt müde.* Kind streckt die Zunge raus. Mutter beugt sich zu Kind runter, **verringert Distanz** und schaut Kind ins Gesicht und sagt einen Kosenamen. Kind fixiert Mutter. Die Hände gehen vor Oberkörper des Kindes. Es *wirkt aufmerksam.* Mutter sagt im hohen Ton „Hmmm" und knöpft den Body zu. Dabei dreht sie das Kind, um Body unter dem Kind rauszuholen. Kind nimmt wieder rechte Hand zu Mund und schaut an die Decke. Kind macht *zufriedenen Laut* „Öh". Mutter erwidert dies mit „Öh" im **gleichen Tonfall.** Ihre Aufmerksamkeit und Blick ist auf das Zuknöpfen des Bodys gerichtet. Das Kind hat nun seinen sauberen Body vollständig an. Das Kind *schaut erwartungsvoll* Mutter an. Diese **verringert die Distanz** und schaut Baby an und fragt, wie es dem Kind geht. **Die Stimme ist erhöht in der Tonlage.** Sie berührt das Kind an Bauch und *streichelt es fest* an Bauch. Das Kind schenkt ihr volle Aufmerksamkeit mit Blick und die Hand löst sich vom Mund. Sie fragt, ob das Kind einen Kuss haben möchte und küsst das Kind auf den Mund. Kind wendet beim Kuss Blick ab. Der Kuss auf Mund *wirkt unnatürlich und sehr distanzlos.* Mutter liegt mit Oberkörper und Gesicht über das Kind gebeugt. Sie sagt **im sehr hohen Ton** „Huch". Mutter *freut sich und lacht* als sie sich von Baby löst und wieder aufrecht hinstellt und sagt „Dadida" Kind schaut an die Decke und wieder mit rechter Hand im Mund. Mutter faltet das Tuch zusammen. Sie *wirkt zufrieden.* Kind hustet und Mutter sagt „Oh oh" sie legt das Tuch weg und zieht den unteren Teil

des Stramplers unter Kind hervor und beginnt die Beine anzuziehen. Sie sagt beim Anziehen etwas im hohen Tonfall. Sie wiederholt dies und knöpft den Body an Oberkörper
zu den Beinen hin zu. Kind schaut Mutter an und *grinst*. Es *sieht zufrieden aus* in dem
Moment, wo es seine Mutter anschaut. Mutter spricht in Babysprache weiter. Kind
schaut wieder Mutter an, öffnet Mund. Während des Blickkontakts sind die Arme leicht
geöffnet vor dem Oberkörper. Das Kind niest, Mutter sagt überrascht „Gesundheit".
Kind schaut wieder an die Decke zum Licht. Mutter sagt „Na" und *kichert kurz*. Baby
schaut Mutter sehr kurz an und Blick schweift wieder zur Decke. Es macht *zufriedene*
Gurr-Geräusche und spielt mit seinen Händen vorm Oberkörper. Baby schaut Mutter
an. Diese knöpft Strampler noch zusammen. Kind wackelt mit Armen und Beinen als
sich die Mutter kurz wegdreht. Das Kind *wirkt etwas aufgeregt* und schaut durch den
Raum. Mutter holt einen Schlafsack mit Trägerärmeln und zieht das Kind an. Kind blickt
Mutter an, öffnet Mund und lächelt. Mutter macht einen Laut und hebt Oberkörper des
Babys hoch, um die Arme in den Schlafsack zu stecken. Kind macht Geräusche. Mutter
redet mit ihm. **Im Satz wird die Stimme höher.** Kind nimmt wieder Finger in den Mund
und brabbelt. Hand und Finger von Mutter kamen beim Anziehen in die Nähe des Mundes. Kind sucht mit Mund nach dem Finger. Mund öffnet und schließt sich. Das Kind
scheint Hunger zu haben. Sie beugt sich über das Kind, und sagt was zu dem Kind
„Hallo." Sie **verringert die Distanz plötzlich** und küsst das Kind auf den Mund mit
Schmatzgeräuschen. Kind schaut zum Licht. Mutter distanziert sich von Kind und reagiert auf Laut von Kind mit „Ork". **Sie greift den Laut auf.**

Mutter und Kind wirkten harmonisch, als Sie ihm den Strampler anzog und das Kind
lacht. Beide wirken zufrieden und Kind schaut Mutter an. **Dies ist der gemeinsame**
Moment.

Fazit:

Diese Filmsequenz berührt mich wenig. Ich schau mehr auf die äußeren Faktoren, wie
Sauberkeit, ordentlicher Wickelplatz. *Das Lachen des Kindes und das gemeinsame An-*
schauen wirken für diese Sekunden zufrieden und harmonisch.

Die übergeordneten Daten:

Es besteht keine Unterstützung. Es gibt keine ökonomischen Auffälligkeiten. Die TICS Werte sind eher unterdurchschnittlich. Im Bereich der Analyse erreicht die Dyade einen Mini-Klimax. Der Aufbau zeichnet sich durch annähernd ausgeglichene Werte im Bereich des Blickverhaltens (28,50% – 43,52%) aus. Der Wert des Blickkontakts liegt bei 13,95%. Die Werte für die Verbalisation/Vokalisation liegen für die Mutter bei 26,77% und für das Kind bei 14,75%. Die Werte des Körperkontakts sind sowohl bei der Mutter mit 11,66% als auch beim Kind mit 2,77% sehr gering.

Ergebnis

(1) Die persönliche Ebene:

Die Dynamik innerhalb der Dyade wird von den Beobachterinnen unterschiedlich empfunden. Teils wird das Verhalten als eher hektisch und schnell, teils wird sie als nicht mitfühlend empfunden. Das Kind wirkt erwartungsvoll, aber überwiegend interessiert und freudig. Das Kind initiiert durch das Lautieren einen engeren Kontakt, in dem die Mutter kurz innehält. Danach wirken beide freudiger und zufriedener.

(2) Die pädagogische Ebene:

Trotz der Schnelligkeit der Mutter reagiert sie immer wieder verbal auf die Laute des Kindes. Dies kann als Ressource aufgegriffen werden. Allerdings werden die Laute der Mutter als sehr unterschiedlich zu denen des Kindes wahrgenommen.

(3) Die übergeordneten Daten:

Da es in der Familie keine Unterstützung gibt, sollte ermittelt werden, inwiefern dies die Möglichkeiten zur Ruhe in der Kommunikation einschränkt. Die Dyade zeigt einen ausgeglichenen Wert in den verbalen Äußerungen und im Blickkontakt. Dies kann als Ressource aufgegriffen werden. Die Angleichung des Arousals sollte als Förderfaktor in die Beratung einbezogen werden.

6.4.4 Relationale Fallanalyse Familie 04

(1) Die persönliche Ebene: beschreibendes Adjektiv, persönliche Erfahrungen als
  Mensch

(2) Die pädagogische Ebene: pädagogische Annahme, pädagogische Erfahrungen

(3) Die übergeordneten Daten

Beobachterin 1:

Die Sequenz beginnt, indem die Mutter Körperkontakt durch eine liebevolle Geste auf-
baut. Sie macht dabei leise Grunzgeräusche. Das Kind schaut die Mutter an, hat zunächst
noch die Hände im Mund, nimmt sie dann aber weg. Das Kind nimmt Körperkontakt
auf, indem es die Hand der Mutter nimmt bzw. *legt das Kind sie sanft auf die Hand* der
Mutter. Dann fasst das Kind einen Finger der Mutter an. Es legt wieder die Hand auf die
der Mutter und macht Streichel-Bewegungen. Die Mutter schaut die ganze Zeit das Kind
an, **sie zeigt dabei aber keine besondere Mimik.** Bis hierhin dauert die Sequenz in
etwa 2 Minuten. Die Mutter geht ein Stück zurück, […] sie *wirkt etwas angewidert.* Das
Kind schaut zur Seite. Die Mutter guckt das Kind an und streichelt es über das Gesicht.
Sie sagt: „na… was siehst Du da?". Sie fasst das Kind an den Händen, wiederholt die
Frage. *Ihre Stimme ist sanft,* sie *zeigt den Hauch eines Lächelns.* Das Kind schaut immer
noch zur Seite. Die Mutter küsst die Finger des Kindes, lässt sie wieder los. Das Kind
macht einen Laut: „Haa". *Es hört sich gelöst an.* **Die Mutter imitiert den Laut** und
lächelt dabei. Sowohl Mutter als auch das Kind *zeigen bis dahin kaum emotionale Re-
gungen.* Es wirkt *harmonisch, aber freudlos.* Sie beginnt ein Lied zu singen und krabbelt
dabei mit ihren Fingern die Beine des Kindes hoch. Das Kind schaut zuerst die Mutter
nur an, dann *lächelt es bzw. lacht es lautlos* und macht eine Regung, *wie wenn es kitzelt.*
Das Kind *lächelt nun die Mutter offen an.* Die Mutter ist nun fertig mit dem Reim, beugt
sich runter, streichelt das Kind im Gesicht und sagt: „Kleine Zappelmaus". Das Kind
dreht den Kopf weg. Die Mutter holt etwas aus der Wickelkommode, das Kind beginnt
ein wenig zu strampeln, fasst dabei die Wickelunterlage und zieht sie ein wenig über
sich. Die Mutter schaut wieder das Kind an, fasst es an und stellt dem Kind eine Frage.
Das Kind schaut die Mutter *unbeteiligt* an, es *wirkt auch etwas fragend.* Die Mutter redet

weiter. Das Kind dreht den Kopf zur Seite. Das Kind beginnt sich zu strecken. Die Mutter öffnet die neue Windel und gibt Befehle, was das Kind tun soll. Sie legt die Windel um. *Ihr Ton ist dabei sehr schroff.* Das Kind guckt zur Decke. Während die Mutter die Windel und den Body zumacht, macht das Kind die Beine hoch und runter. Es guckt jetzt nur noch zur Seite. Als die Mutter fertig ist, guckt sie es wieder an. *Ihr Gesicht ist ausdruckslos.* Die Mutter zieht weiter das Kind an. Das Kind bewegt sich dabei. Die Mutter sagt: [...] *Ihr Ton ist vorwurfsvoll und leicht verbittert.* Sie wiederholt: [...] dann beugt sie sich wieder runter, fasst die Hände des Kindes und fragt: [...] *Ihr Ton hat eine Empörung, die wohl lustig gemeint sein soll, bei mir aber freudlos und verärgert ankommt.* Die Mutter *sieht sehr müde aus.* Die Mutter zieht das Kind an den Händen hoch und sagt: „So, wir sind fertig." Und wiederhol es nochmal.

Fazit:

Ich habe während der ganzen Sequenz *das Gefühl, dass sich nichts bewegt. Es fühlt sich wie Stillstand an.* **Es gab einen gemeinsamen Moment. Der viele Körperkontakt scheint keinen Effekt zu haben.** *Die Mutter wirkt auf mich freudlos und etwas verbittert, leicht sarkastisch. Das Kind wirkt auf mich ruhig. Es entsteht häufig Blickkontakt, der aber keine besondere Mimik enthält.*

2. Durchlauf der Beobachterin 1:

Mutter schaut das Kind an und fasst direkt das Kind an. Sie legt ihre Hände an die Beine des Kindes und **macht ein rhythmisches Geräusch mit dem Mund**. Sie *schaut das Kind intensiv an, das Kind schaut sie aber relativ unbeteiligt an.* Die Mutter neigt sich zum Kind. Die Mutter fasst es an und simuliert Knabbergeräusche. Das Kind hat zuerst die Hände im Mund, nimmt sie dann aber raus und umfasst die Hand der Mutter sanft. *Sie schauen sich lange und tief an.* Dann beginnt die Mutter einen Körperteil des Kindes zu küssen, **sie folgt dabei einem Rhythmus**. Das Kind schaut weiterhin die Mutter an. Das Kind beginnt nun die Hand der Mutter zu streicheln, sie verharren noch einen Moment. Dann geht die Mutter zurück und sagt: [...] und verzieht das Gesicht. Die *Atmosphäre ist bis hierhin gleichbleibend, ohne große emotionale Regung*, weder von Mutter noch von Kind. Die Mutter geht noch weiter vom Kind weg, dreht den Kopf weg, *ihr Gesicht zeigt leichten Ekel oder Ablehnung.* Dann wendet sie sich wieder dem Kind zu, **wie als wenn sie ihre Reaktion selbst zu stark fand.** Sie beugt sich wieder leicht runter. Sie fragt das Kind: „na… was siehst Du da?" und wiederholt dies. Sie küsst die Hand des Kindes. Das Kind, *nach wie vor unbeteiligt,* nimmt es so hin. Die Arme sind aber geöffnet, *wartend.* Die Mutter *lächelt nun ganz leicht,* als sie dies sagt. Die Mutter macht: „Aah", wie wenn sie sich ihre Frage selbst beantwortet. Sie beginnt ein Lied zu singen und krabbelt dabei mit ihren Fingern die Beine des Kindes hoch. Das Kind guckt nach schräg oben, auch als die Mutter die Frage stellt. Sie beginnt mit dem Lied und krabbelt dem Kind die Beine hoch. Das Kind guckt nun die Mutter wieder an, *spürt das Kitzeln und beginnt zu lächeln. Auch die Mutter lächelt.* Die Arme sind weit nach außen gestreckt. Das Kind wendet sich kurz ab, **wie zur Erholung,** bleibt *aber freudig erregt.* Die Mutter singt weiter, krabbelt weiter mit den Fingern die Beine hoch. Nun scheint es **dem Kind etwas zu viel zu sein,** es bewegt sich, dreht den Kopf. Als das Lied zu Ende ist, beugt sich die Mutter noch einmal runter, legt ihr Gesicht an das des Kindes, streichelt es im Gesicht und sagt: „Kleine Zappelmaus". Dann *dreht sie sich abrupt weg.* Das Kind schaut wieder schräg nach oben. Die Mutter öffnet einen Schrank, schließt ihn, dreht sich wieder zum Kind und **berührt das Kind rhythmisch an den Beinen,** unterstützt dies mit Geräuschen des Mundes. Das Kind guckt über die Mutter hinweg. Die Mutter fasst das Kind an und stellt mehrmals eine Frage. Das Kind *guckt kurz* die Mutter an, schaut dann aber auch direkt wieder nach oben. **Das Tempo der beiden ist recht langsam.** Die Mutter nimmt nun eine neue Windel, beginnt sie umzulegen, sagt dann etwas in einem *recht strengen Ton.* Das Kind guckt zur Decke. Die Mutter redet in *einem noch schrofferen Ton weiter.* Sie *wirkt ungeduldig.* Das Kind liegt nur da und schaut an die Decke. Die Mutter beendet die Handlung schweigend, knöpft auch den Body zu. Am Ende sagt sie leise: […] Sie *sieht kaputt aus, auch verärgert.* Dann fasst sie die Hände des Kindes und sagt mit einer „lustigen" Stimme. […] Sie zieht das Kind an den Händen nach oben, *redet dabei wie zu sich selbst, der Tonfall ist emotionslos.*

Besondere Einzelheiten beim 2. Durchlauf:

Die Mutter macht rhythmische Geräusche mit ihrem Mund und auch beim Küssen folgt sie einem Rhythmus. Als die Mutter sich etwas angewidert vom Kind abwendet, scheint sie selbst ihre Reaktion als zu stark einzuordnen, da sie sich direkt wieder dem Kind zuwendet und es streichelt. **Auch beim Berühren der Beine folgt sie einem Rhythmus, diesen unterstützt sie noch mit dem Mund. Die Dyade hat ein sehr langsames Tempo,** *die Mutter wirkt beim Umlegen der Windel etwas ungeduldig.* **Auch als sie am Ende vorwurfsvoll und verbittert wirkt, scheint die Mutter dies wahrzunehmen, da sie daraufhin mit einen „lustigeren" Ton das Gesagte nochmal wiederholt.**

Fazit:

Die Mutter wirkt sehr belastet, voller negativer Emotionen, **baut aber immer wieder Nähe durch Körperkontakt auf.** In den *tiefen Blicken entsteht keine besondere Dynamik,* **allerdings entsteht durch die Hilfe des Liedes ein besonderer Moment.** *Das Kind ist in wartender Stellung, aber auch bereit und offen.* **Sie lautieren nie gemeinsam.**

Beobachterin 2:

Die Mutter baut Körperkontakt auf, hält Blickkontakt. Das Kind guckt. **Es gibt keine verbale Begleitung.** Die Mutter nimmt den Po und *wartet auf Aufmerksamkeit.* Das Kind schaut, die Mutter ist runtergebeugt. **Ist das ein Ritual?** Es ist *sehr ruhig.* Die Mutter küsst einen Körperteil des Kindes. Sie hält Blickkontakt. *Das Kind ist entspannt/gespannt,* guckt die Mutter an. **Es gibt keine Laute, Äußerungen.** Es ist *sehr ruhig und zärtlich.* **Es fehlt die verbale Begleitung.** Es ist *liebevoll, aber auch langgezogen.* Die Mutter bricht den Blick ab, senkt den Blick. [...] Die Mutter wendet den Kopf zur Seite, **bleibt aber mit Händen an den Beinen und hält so Kontakt.** Die Mutter spricht das erste Mal, aber nicht zum Kind. **Bisher besteht nur Kontakt zum Kind non-verbal durch physischen Kontakt und Blickkontakt.** Erste verbale Äußerung zum Kind! Die Mutter streichelt das Kind über die Wange, das Kind schaut zur

Lampe. Die Mutter deutet den Blick: „na… was siehst Du da?". Das Kind bleibt mit dem Blick auf der Lampe. Die Mutter schnalzt und ruckelt *vorsichtig* mit den Händen. Der Blick des Kindes bleibt auf der Lampe. Die Mutter küsst wieder das Kind. Mutter und Kind haben Blickkontakt. Das Kind macht: „Mh." Die Mutter imitiert den Laut und *lächelt* das Kind an. Die Mutter *singt sanft und leise.* Als sie mit beiden Fingern am Bauch kitzelt, fängt das Kind an zu *lächeln* und bewegt den Körper. Der Blick des Kindes ist häufig bei der Mutter. Die Mutter *schaut auffordernd.* **Es ist viel Zeit für physische Stimulation. Pusten, singen und über den Kopf streifen. Es gibt viel Blickkontakt.** Die Mutter *sagt scherzhaft*: „Kleine Zappelmaus". Die Mutter beugt sich zum Kind herab und streichelt die Wange. Das Kind greift das Tuch und guckt zur Seite/Lampe, *lächelt.* Die Mutter bückt sich, um eine Windel zu holen. **Das Kind geht in die Überstreckung als kein Kontakt mehr besteht, versucht sich zu drehen.** Die Mutter „kneift" in den Po, schnalzt, bekommt keine weitere Aufmerksamkeit. Sie nimmt einen Fuß des Kindes, es entsteht Blickkontakt zum Kind! Die Mutter richtet sich wieder auf. Der Blick des Kindes ist wieder auf der Lampe. **Das Kind fängt an, sobald die Mutter nicht im Körperkontakt ist, sich zu überstrecken.** Richtet sich immer wieder zur Lampe. Als die Mutter wieder da ist, sagt sie, was das Kind tun soll, *schnell*, beim zweiten Mal *genervter.* Die Handlung ist auf einmal *sehr schnell*, das Kind wird dadurch *unruhig* und strampelt mehr. Die Mutter zieht das Kind an, **es gibt keine verbale Begleitung.** Auf einmal wieder *ganz schnell*, kein Blickkontakt weder von Kind noch von Mutter. Das Kind *unruhiger*, zieht an Decke, Blick auf die Lampe. Die Mutter spricht nicht, zieht wortlos und ohne Blickkontakt das Kind an. *Das Kind wirkt irritiert, Blick suchend*, strampelt mit Armen und Beinen, blickt zur Mutter. **Es entsteht kein Blickkontakt.** Als sie fertig ist, streichelt/kitzelt auf dem Bauch des Kindes. Sie sagt: […] Es entsteht ein kurzer Blickkontakt. Die Mutter greift eine Hand des Kindes. **Wenn physischer Kontakt besteht, ist die Reaktion des Kindes Blickkontakt.** Die Mutter zieht das Kind an beiden Händen hoch. Das Kind möchte die Finger der Mutter in den Mund nehmen, darf es aber nicht. Das Kind sitzt auf der Kante, dann wird es hochgenommen.

Fazit:

Das Kind gibt nur einen Laut von sich während der kompletten Sequenz! **Gemeinsame Aufmerksamkeit beim Küssen, Imitation des Lautes. Aufmerksamkeit des Kindes wird durch Fingerspiel, kitzeln, streicheln immer wieder gesucht. Nur durch kitzeln gemeinsamer Blickkontakt.** *Bei Handlungen sehr schnell,* kein Blickkontakt der Mutter, keine/wenig Sprache, *Kind irritiert.* **Dauerte lange bis erste verbale Ansprache. Am Anfang viel physische Begleitung.**

Beobachterin 3:

Erster Eindruck:

Mutter und Kind wirken anfangs zufrieden und glücklich, sie lächeln sich an und haben Spaß. In der zweiten Hälfte des Films *wirken sie desinteressiert und mit sich selbst beschäftigt,* obwohl sie im Körperkontakt sind. Das Kind ist *durchgehend agil* und bewegt sich viel mit Armen und Beinen.

Die Mutter sucht die Aufmerksamkeit des Kindes und wackelt mit seinen Beinen. Als das Kind sie anblickt, verringert sie die Distanz und beugt sich über das Kind. Sie hat Körperkontakt. Das Kind schaut sie an. Als das Kind wegschaut, verringert die Mutter weiter die Distanz und küsst das Kind und macht Geräusche. Die Mutter *wirkt nervös.* Nachdem die Mutter Körperteile des Kindes abwechselnd küsst und mit ihrem Gesicht nah beim Kind ist und hohe, kurze Geräusche macht, *schaut das Kind aufmerksam* die Mutter an. *Es wirkt zufrieden. Der Blick des Kindes wirkt ruhig und erwartungsvoll,* während die Mutter Kuss Geräusche mit der Handlung (abwechselnd küssen der Körperteile) begleitet. *Die Mutter wirkt angestrengt und ist mit ihrer Aufmerksamkeit voll beim Kind.* Sie vergrößert die Distanz. Dadurch geht sie mit dem Oberkörper weiter weg, steht gerade. Sie *schaut angewidert* nach rechts und links und *macht ein angeekeltes, abfälliges Gesicht und Mimik.*

Dann streichelt sie das Kindergesicht und *sagt beruhigend im hohen Ton* zu dem Kind: „na… was siehst Du da?" **Sie sucht wieder die Aufmerksamkeit des Kindes. Das**

Kind interessiert sich mehr für etwas Anderes und schaut woanders hin. Dann wendet es den Blick sehr kurz zur Mutter. Sie *spricht ruhig in sanftem Ton* mit dem Kind und bleibt weiterhin im Körperkontakt. *Das Kind wirkt wieder uninteressiert* und wendet den Blick an die Decke. Die Mutter sucht die Aufmerksamkeit des Kindes und singt ein Kinderlied mit begleitenden Bewegungen.

Dies scheint ein eingeübtes Ritual zu sein und das Kind wirkt sicherer, weil es das Lied und die „kitzelnden" Bewegungen dazu kennt. Es ist *aufmerksam und scheint gespannt darauf zu warten, was kommt.* **Es wartet auf den Höhepunkt des Liedes.** *Das Kind freut sich darüber und lächelt. Die Mutter lächelt das Kind an und ist froh, dass das Kind sie endlich beachtet.*

Der Singsang vom Lied bleibt gleichbleibend ohne den erwarteten Höhepunkt und das Kind dreht sich weg. Die Mutter beugt sich kurz über das Kind und sagt im hohen Ton „Kleine Zappelmaus". **Abrupt verringert die Mutter die Distanz und wirkt zufrieden über den kurzen, intensiven Kontakt.** *Sie verliert das Interesse.*

Sie holt eine Windel und *macht gelangweilte, willkürliche Schnalzgeräusche.* Sie sucht nochmal die Aufmerksamkeit des Kindes und beugt sich über das Kind und fängt mit Körperkontakt an. *Es wirkt angespannt und gezwungen.* Das Kind blickt kurz zur Mutter und *wird dann zappelig und unruhig.* Es zappelt mit Armen und Beinen.

Die Mutter wickelt das Kind und führt Selbstgespräche. *Beide wirken mit sich selbst beschäftigt und trotz Körperkontakt wirken sie nicht verbunden. Das Kind wirkt gelangweilt und will sich bewegen. Es ist distanziert.* Die Mutter guckt das Kind an und zieht es *genervt* aus. **Das Kind will lieber spielen und sich bewegen.** Es interessiert sich mehr für die Decke auf der es liegt als für *das langweilige, im immer gleichen Tonfall bleibenden und belanglose Gerede der Mutter.* Die Mutter hebt das Kind hoch. **Das Kind wirkt viel zufriedener und ruhiger als es auf dem Arm ist und kurz mit Unterstützung sitzt und steht.**

Die Mutter wirkt genervt, **weil sich das Kind bewegen will, um die Welt zu erkunden. Ihr wäre es lieber, wenn das Kind ruhiger wäre und liegen bleiben würde.**

Fazit:

Die Mutter wirkt nur bedingt interessiert an ihrem Kind. Solange es ruhig liegt und lächelt, scheint auch die Mutter zufrieden. Das Kind möchte aber „Action" und sich bewegen, dadurch fühlt sich die Mutter gestört und genervt. Beim Beginn des Liedes wirken beide einheitlich zufrieden und positiv zugewandt.

Die übergeordneten Daten:

Es besteht keine Unterstützung. Keine Auffälligkeiten im ökonomischen Bereich. Die TICS Werte sind in vier Bereichen (Arbeitsunzufriedenheit, Überforderung, Soziale Spannung, Soziale Isolation) überdurchschnittlich hoch. Im Bereich der Analyse erreicht die Dyade nur die Phase des Aufbaus. Der Aufbau zeichnet sich durch ein ausgeglichenes, relativ hohes Blickverhalten aus. Die Mutter hat einen Wert von 54,56% und das Kind 36,94%. Der Wert des Blickkontakts liegt bei 33,07%. Die Mutter verbalisiert überdurchschnittlich viel mehr als das Kind (39,97%- 1.32%). Die Werte des Körperkontakts sind sowohl bei der Mutter mit 57,98% als auch dem Kind mit 27,41% sehr hoch.

Ergebnis

(1) Die persönliche Ebene:

Bei allen drei Beobachterinnen besteht zu Beginn der Sequenz das Gefühl, dass Mutter und Kind sanft und harmonisch miteinander in Kontakt sind. Dies ändert sich im Verlauf, dann herrscht eher das Gefühl vor, dass die Mutter genervt wirkt und negative Emotionen bei den Beobachterinnen vorherrschen. Es besteht wenig Verständnis der Beobachterinnen für die negativen Emotionen der Mutter. Dies wäre ein gewichtiger Ansatz innerhalb einer Beratungssituation.

(2) Die pädagogische Ebene:

Die Beobachterinnen benennen alle einen gemeinsamen Moment, während die Mutter ein Lied singt und dadurch gemeinsame Zufriedenheit eintritt. Danach än-

dert sich die Dynamik innerhalb der Dyade. **Die Mutter scheint gute reflexive Fä-higkeiten zu haben, da sie bemerkt, wenn sie etwas in einem schroffen Ton sagt, um es danach zu „reparieren". Die Mutter ist in der Lage die verschiedenen Zei-chenträger rhythmisch einzusetzen, jedoch entsteht dadurch kein weiterer positiv dynamischer Verlauf.**

(3) Die übergeordneten Daten:

Die hohen Werte in vier Bereichen des TICS lassen auf eine Überforderung der Mutter schließen, die sich ggf. auf die Dynamik in der Wickelsituation zurückführen lassen. Durch den hohen Wert im Bereich der sozialen Isolation sollte in der Beratung der Mut-ter eine Anbindung von Mütter Gruppen thematisiert werden. Die hohen Werte der Dyade im Bereich des Blickkontakts zeigen eine Ressource, auf die aufgebaut werden kann. Auch der permanente Körperkontakt kann als Ressource eingestuft werden. Der geringe Wert der Vokalisation des Kindes sollte als Förderfaktor eingestuft werden. Hier könnten der Mutter Hilfestellungen gegeben werden, nicht nur die Laute des Kindes zu imitieren, sondern auch zu erweitern, um so zu einem Dialog zu kommen.

6.4.5 Relationale Fallanalyse Familie 05

(1) Die persönliche Ebene: beschreibendes Adjektiv, persönliche Erfahrungen als Mensch

(2) Die pädagogische Ebene: pädagogische Annahme, pädagogische Erfahrungen

(3) Die übergeordneten Daten

Beobachterin 1:

Die Sequenz beginnt mit beidseitigen Blickkontakt. Das Kind *guckt freudig interessiert*. Die Mutter **zeigt keine besondere Emotion**. Die Mutter hat die Windel in der Hand. Sie fragt das Kind etwas […]. Die Mutter wendet den Blick ab. Ihr *Tonfall ist etwas ironisch ohne ein Lächeln im Gesicht*. Das Kind hält den Blickkontakt. Die Mutter be-ginnt die neue Windel anzulegen, schaut dabei weg. Kind verfolgt die Mutter mit Blick. Die Arme und Hände des Kindes bewegen sich leicht hoch und runter, *wie wenn es auf* *etwas wartet oder leicht aufgeregt ist.* Sie sind in Richtung der Mutter gestreckt. Die Mutter sagt einen Kosenamen. Und schaut dabei das Kind direkt an und **erhöht leicht ihre Stimme.** Dann wendet sie sich direkt wieder ab. Das Kind öffnet den Mund, schaut die Mutter an und **macht einen laut ansteigenden Ton,** der zum Ende *etwas leiser und sanfter* wird. Es klingt, **wie wenn es auf sich aufmerksam machen möchte.** Die Mutter schaut nicht auf. Sie wickelt weiter. Das Kind beobachtet die Mutter, *etwas weniger interessiert.* Das Kind macht einen Huster, die Mutter schaut das Kind kurz an, *ohne eine besondere Regung.* Das Kind führt die Hand zum Mund. Nimmt sie wieder runter, führt sie wieder zum Mund. Beim runternehmen, „schlagen" die Hände auf die Wickelkommode. Es erzeugt ein lautes klatschendes Geräusch. Die Mutter schaut weiter auf den Body. Das Kind nimmt nun häufiger die Hände zum Mund und schaut eher auf die Hände als auf die Mutter. Das Kind wendet den Blick nun ganz ab, die Hände sind im Mund, es macht leise schmatzende Geräusche. Die Mutter ist nun fertig damit den Body zu zuknöpfen. Schaut das Kind an und macht *fragend:* „Mhm?" Als sie sieht, dass das Kind wegschaut, schaut auch sie wieder nach unten. Dann treffen sich die Blicke von Mutter und Kind. Das Kind macht *einen lauten, fast kreischenden Laut* und nimmt die Hände vom Mund weg. Die Mutter wiederholt in einer tieferen Stimmlage „jaaa", schaut dann nach unten und wiederholt dies nochmal und schaut wieder nach oben zum Kind. Sie schauen sich nun länger an und lautieren gemeinsam. Das Kind *lautiert recht laut etwas kreischend, dann ruhiger und erzählend,* die Mutter wiederholend „jaa jaa" „jaa jaa". Dann streckt die Mutter das Kind anblickend die Zunge raus. Das Kind *schaut interessiert,* und streckt auch einmal die Zunge raus. Dann schaut die Mutter wieder weg und fragt etwas. Das Kind hat geöffnete Arme und *schaut sehr aufmerksam* die Mutter an. Die Mutter schaut einmal kurz das Kind an und wiederholt die Frage. Sie beugt sich runter, um einen Schlafanzug zu suchen. Das Kind dreht den Kopf zur Seite und fasst ein Tuch an, das neben ihm liegt. Die Mutter redet mit sich selbst, nicht sichtbar. Das Kind zieht derweil das Tuch zum Mund. Es schaut *fragend* Richtung Stimme der Mutter. Dann beschäftigt es sich wieder mit dem Tuch. Es zieht es vor das Gesicht. Die Mutter kommt wieder hoch und fragt etwas lachend, was das Kind macht und zieht das Tuch vom Gesicht des Kindes weg. Sie macht *die Andeutung eines Lächelns oder Lachens,* was aber gleich wieder verfliegt. Das Kind schaut zur Seite. Sie wiederholt die Frage, schaut dabei weg. Sie fordert das Kind auf zu her zugucken und *schaut dabei das Kind lächelnd an*, wiederholt es und zeigt dem Kind einen Pullover. Das Kind schaut die Mutter an, allerdings *viel weniger interessiert* als vorher. Sie sagt etwas, schaut danach wieder nach unten. Die Hände des Kindes sind vor dem Bauch in *erwartender Stellung*. Die Mutter knöpft den Body auf. Das Kind macht *stöhnende Geräusche* und zieht den Kopf dabei hoch, um besser sehen zu können, weil die Mutter einen Schritt nach hinten gegangen ist. Die Mutter schaut kurz das Kind an. Das Kind macht noch etwas weiter. Die Mutter kommt wieder an den Tisch und fragt das Kind etwas, ohne das Kind anzusehen. Sie beginnt den Body anzuziehen. Die Mutter redet über Windeln, aber *es scheint eher an sich selbst gerichtet* als an das Kind. Sie schaut das Kind auch wieder nicht an. Dann hebt sie das Kind hoch, um den Body über den Rücken zu ziehen und sagt: „na mein Süßer" *atmet lautvoll ein* und wiederholt es. Legt das Kind wieder ab. Kind und Mutter schauen sich kurz an, die Mutter fragt: „ja? Mein Süßer?" und *lächelt etwas*. Das Kind schaut zur Seite, die Mutter zieht es weiter an. Das Kind macht *einen stöhnenden Laut*, zieht sich etwas hoch, schaut die Mutter an. Die Mutter guckt nicht. Das Kind schaut daraufhin zur Seite. Die Mutter fragt: „Mein Süßer?" allerdings ohne das Kind anzusehen. Der Kopf des Kindes ist noch zur Seite gedreht, es macht *einen sehr leisen, stöhnenden Laut*. Das Kind schaut dann etwas hin und her, während es angezogen wird. Es schaut die Mutter wieder an. Die Mutter sagt etwas Liebevolles, ohne das Kind dabei anzusehen. Das Kind hat sich nun mit dem Kopf komplett zur Seite gedreht. Die Mutter ist fertig. Sagt: „So!" und wiederholt das vorher Gesagte. Die Mutter schaut dabei zunächst noch auf die Knöpfe. Dann wiederholt sie es und schaut das Kind an. Sie schaut wieder weg. Dann schaut sie es wieder an und bekräftigt nochmal das vorher Gesagte. *Ihre Mimik verändert sich kaum. Ihr Gesichtsausdruck ist nahezu neutral.* Das Kind kommt leicht hoch und schaut die Mutter *offen, interessiert an*. Die Mutter fragt: „Möchtest Du dich hochziehen?" Das Kind *lächelt* das erste Mal. *Der Blick der Mutter ist offen.* Sie hält die Hände des Kindes. Das Kind *wirkt entspannt*. Das Kind macht *einen lauten, ansteigenden Laut* und guckt die Mutter dabei an. Die Mutter wiederholt mit einem tiefen „jaaa".

Fazit:

Ich habe das Gefühl, dass Mutter und Kind selten zusammenkommen. **Die Gefühlslagen von Mutter und Kind scheinen sehr unterschiedlich zu sein. Die Mutter hält sehr wenig Blickkontakt, reagiert aber auf die Laute des Kindes.** *Das Kind wirkt freudig und entspannt.* **Die Mutter drückt ihre Gefühle zum Kind durch Sätze aus, unterstützt dies aber nicht mit ihrer Mimik.** *Sie wirkt etwas zynisch. Ich bin, wie das Kind, in einer wartenden Haltung, wann die Mutter auf das Kind länger eingeht.*

2. Durchlauf der Beobachterin 1:

Erster Eindruck:

Mutter und Kind *wirken beide recht unruhig.* Es entsteht kaum längerer Blickkontakt.

Die Mutter macht *recht hektisch* die neue Windel auf, das Kind *guckt sehr neugierig interessiert,* macht einen Laut. Die Mutter fragt: […] Guckt dabei aber weg zur Windel. Das Kind *bewegt unruhig* die Arme, *aufgeregt,* guckt dabei die Mutter an. Die Mutter wiederholt und schaut diesmal das Kind fest an und sagt einen Kosenamen. Guckt dann aber direkt wieder weg. Die Mutter cremt den Po ein. Das Kind macht einen *lauten Laut,* die Mutter reagiert nicht. Sie zieht das Kind weiter an. Das Kind macht einen hustenden Laut, steckt danach die Finger in den Mund. Die Mutter macht einen *registrierenden Blick,* schaut direkt wieder zur Windel. Ihr Gesichtsausdruck ist *leicht angespannt.* Das Kind „schlägt" die Hände auf die Wickelunterlage, es gibt ein Geräusch, das Kind wiederholt dies, keine Reaktion der Mutter. Nun führt das Kind die Hände vor seine Augen und schielt leicht. Schaut sich die eigenen Hände an. Die Mutter ist fertig damit Windel und Body anzuziehen, hält kurz inne, hat ihre Hände an den Beinen des Kindes. Dann schaut das Kind die Mutter an, sie haben Blickkontakt, das Kind *lautiert laut,* die Mutter reagiert darauf, macht „Jaa" und wiederholt dies noch ein paar Mal **rhythmisch.** Die Mutter streckt dem Kind die Zunge raus, das Kind lautiert wieder, **diesmal leiser absteigend.** Sie sprechen kurz miteinander. Als das Kind nichts mehr macht, hört die Mutter auch auf. Und fragt etwas. Sie beugt sich runter, hält den Fuß des Kindes solange fest. Das Kind guckt zur Seite, *wartet.* Es zieht sich derweil ein Kleidungsstück vors

Gesicht. Als die Mutter hochkommt, fragt sie mit *lauter, dynamischerer Stimme*, etwas lachend, was das Kind macht und zieht das Tuch vom Gesicht des Kindes weg. Das Kind guckt sie an. Und redet direkt weiter. Sie fordert das Kind auf her zugucken. Und zeigt ihm einen Pullover. Das Kind *guckt unbeteiligt*. Die Arme und Hände des Kindes sind immer noch *unruhig* in der Luft. Die Mutter ist ganz mit dem Body beschäftigt und knöpft ihn auf. Das Kind kommt nun mit dem Kopf hoch und *guckt neugierig* in ihre Richtung, legt sich dann wieder ab. Die Mutter beugt sich kurz runter, fragt das Kind etwas. Und redet dann weiter über Windeln. Sie klingt dabei *angestrengt*. Sie zieht das Kind an, nimmt es dabei hoch, sagt: „ja? Mein Süßer?" wiederholt dies noch viermal. Zuletzt, als sie es etwas *unbeholfen* hinlegt. Schaut es dabei aber noch einmal direkt an. Das Kind guckt beim Anziehen nach oben, macht ein *stöhnenden Laut*. Die Mutter wiederholt nochmal: „ja? Mein Süßer?" ist dabei aber **in einem vollkommen anderen Arousal** als das Kind, *schneller, geschäftiger*. Redet an dem Kind vorbei. Das Kind guckt weiter nach oben. Die Mutter sagt etwas Liebevolles. Das Kind reagiert nicht, guckt nach oben. Die Mutter wiederholt dies. Diesmal mit *ausdrucksvollerer Melodie*. Nun guckt das Kind die Mutter an und *lächelt*. Sie sagt es nochmal. Das Kind guckt mit einem *unruhigen Blick* die Mutter an, *lächelt ein wenig*, kommt etwas hoch. „Möchtest Du Dich hochziehen?" Das Kind macht nochmal einen Laut, **recht hoch ansteigend**, die Mutter reagiert mit „Joaa", aber **in einer ganz anderen Tonlage** und zieht das Kind hoch.

Fazit:

Beide kommen nicht zusammen, weder beim Blick noch beim Lautieren. **Einmal sind sie im Dialog, das Kind registriert das mit einem Lächeln, die Mimik der Mutter bleibt aber gleich.** *Und einmal lächelt das Kind, als die Mutter ihre Stimme absenkt und etwas Liebevolles ausdrückt.*

Beobachterin 2:

1. Eindruck:

Mutter geht insgesamt wenig auf das Kind ein und baut über Stimme, Blickkontakt

und Mimik wenig Kontakt auf. Sehr in Tätigkeiten behaftet. Kind sucht immer wieder Blickkontakt zu Mutter, sucht andere Möglichkeiten des Beruhigens/Beschäftigens (Finger, Strampler). Handlungen werden nicht erklärt, *teilweise plötzlich.* Guter gemeinsamer Moment als *Stimme sanft wird, eingehend,* gemeinsamer Körperkontakt, Hand halten, Kind wirkt häufig *fragend, wartend.* **Zeigt kein Gespür für Handlungen des Kindes,** *kein Feingefühl.*

Kind sucht Blickkontakt, Mutter schaut auf Windel und redet, ohne Stimmlage, **wenig auf das Kind eingehend,** Kind hält Kontakt (Blick) Mutter schaut nur kurz, *neutraler Gesichtsausdruck, wenig eingehend.* Redet mit Kind, *fragend, wenig einfühlend.* Kind folgt mit Blick den Tätigkeiten der Mutter, *strampelt leicht. Mutter guckt Kind kurz an,* handelt weiter, Kosewort → gemeinsame Aufmerksamkeit auf Creme. Kind lautiert, **sucht Kontakt zu Mutter,** Mutter schaut nur auf Po, *kein veränderter Gesichtsausdruck, keine Reaktion,* macht Windel zu. Keine Reaktion der Mutter, *gelangweilt.* Kind stimuliert sich mit Faust im Mund, Fingerspiele. Kind klopft mit Faust auf Tisch. Mutter guckt nur *kurz flüchtig* auf, und dann wieder Tätigkeit. Kind Fingerspiel. Kind dreht Köpfchen zur Seite und macht *leise Laute.* Kind hält Köpfchen auf Seite, reagiert nicht auf Laut der Mutter. Mutter *aufforderndes/ fragendes* Mm...? Kurzer Blickkontakt, dann wieder Tätigkeit. Kind dreht Köpfchen zur Seite und macht *leise Laute.* Erster gemeinsamer Blickkontakt. *Kind freut sich, schreit fröhlich laut,* Mutter antwortet mit *langgezogenem „Jaaa" sanft.* Mutter *sanft und eingehend...Jaa, Jaa.* Kind antwortet, Blickkontakt zwischen beiden, Kind *entspannt.* Mutter, *wenig Mimik.* Mutter streckt Kind Zunge raus, keine besondere Reaktion auf Kind. Kind hält immer noch *erwartungsvoll* Augenkontakt. Mutter unterbricht Blickkontakt, in dem sie nach Schlafanzug fragt, und weiter handelt. *Stimmlage normal, nicht eingehend, schnell.* Mutter fragt etwas, bückt sich, hält aber Kontakt in dem Sie Fuß des Kindes hält. Kind, wendet sich ab, dreht Kopf zur Seite. Mutter sucht, lässt Fuß los. Kind *guckt fragend, irritiert.* Zum Fußende, sucht nach Mutter und hält inne. Greift nach Strampler. Mutter *stöhnt,* Kind greift wieder nach Strampler, *wirkt als hätte Kind wieder Sicherheit.* Mutter zeigt erstes

Mal *offenere Gefühlsregung, überrascht, offener Gesichtsausdruck recht gelöst und locker und fröhlich.* Die Mutter fragt etwas lachend, was das Kind macht und nimmt Strampler weg. Kind guckt Strampler *irritiert* hinterher. Sie fordert das Kind auf her zugucken Mutter *guckt auffordernd u. fröhlich* zu Kind, *schnelle Bewegung*; Kind schaut, greift Richtung Schlafanzug. Mutter fragt etwas in **anhebendem Tonfall**, Kind verfolgt mit Blick die Mutter. Kind guckt zu Mama, hustet 3-mal, und hebt Köpfchen. Mutter reagiert nicht. Kind legt Kopf wieder ab, Mutter juckt an Nase und fragt schnell etwas. Neigt ihren Kopf zum ersten Mal zum Baby und spricht. Redet über Windeln, nimmt plötzlich Kind hoch um anzuziehen ohne Vorankündigung, *unerwartet.* Mutter sagt: „Mein Süßer?" *Liebevoll klingend,* **handelt aber weiter ohne wirklich auf Kind einzugehen.** Kind liegt wieder, schaut Mama an, Mutter erwidert Blickkontakt wiederholt *liebevoll und weich* **mit ansteigendem Tonfall** „Mein Süßer?" Kind streckt Köpfchen gen Mutter, antwortet Mutter, zieht Arm hoch und dreht Kind, um es anzuziehen. **Keine Reaktion auf Signal des Babys.** „Mein Süßer?" Kein Blickkontakt, knöpft weiter, Kind Köpfchen weggedreht. Mutter fragt etwas Liebevolles. Guckt Kind nicht an, nur auf Schlafanzug. Kind dreht Köpfchen zur Seite, sieht etwas spannendes, Mutter geht nicht drauf ein, nimmt es nicht wahr. Wiederholt das vorher Gesagte, *mitziehend*, Babystimme, Kind blickt Mutter an. Bekräftigt nochmal das vorher Gesagte, *nuschelnd, gelangweilt, keine Gesichtsmimik, flüchtig* zum Kind. Kind guckt Mutter an. Kind *grinst.* „Ja, Ja, Ja, Ja" *säuselnd* „willst du dich hochziehen" „Willst du dich hochziehen?" *Auffordernd,* Kind und Mutter greifen sich an Händen, erster gemeinsamer Kontakt, Kind *lacht*, Mutter hält Kontakt *schaut freundlich. Auffordernd, warm* „Jaaa? Fröhlich,* Kind antwortet. Mutter *fragend* „Jaaa?? Hände *gelöst.*

Fazit: Fehlt!

Beobachterin 3:

1. Eindruck:

Die Interaktion *wirkt hektisch* und **wenig abgestimmte Kommunikation** zwischen Mutter und Kind. Am Ende sind **beide zueinander zugewandt und kommunizieren angemessen und harmonisch miteinander.**

Das Kind schaut *sehr aufmerksam* seine Mutter an und sucht den Blickkontakt, den die Mutter nicht erwidert. Sie ist *konzentriert* dabei die Windel auseinander zu falten. Sie **redet handlungsbegleitend und in hoher Stimmlage**. Das Kind *beobachtet neugierig* die Mutter und *erwartungsvoll*. Die Mutter wirkt in ihren Bewegungen *hektisch* und *fahrig*. Sie erwidert nicht den Blickkontakt. Das Kind möchte Aufmerksamkeit und **ruft mit einem hohen Laut** die Mutter. Sie reagiert nicht. Das Baby guckt weg und schaut dann wieder zur Mutter, welche die Windel angezogen hat und den Body zuknöpft. **Sie beachtet immer noch nicht die Kontaktaufnahmeversuche des Kindes. Die Handlungen (Wickeln und Anziehen) stehen bei ihr im Vordergrund. Das Kind beschäftigt sich mit sich selbst und spielt mit seinen Fingern, da es keine Aufmerksamkeit bekommt.** Nachdem das Kind gewickelt und der Body ausgezogen ist, scheint die Mutter ihre Haupthandlung abgeschlossen zu haben und hat nun Zeit auf *das laute Quietschen* des Kindes mit „Jaha" zu reagieren. Sie schaut es *aufmerksam* an und baut Körperkontakt auf und wendet sich ihm zu. **Sie kommunizieren miteinander in dem sie sich in angemessenen Tempo miteinander unterhalten.** Das Kind wendet Blick ab, daraufhin wendet Mutter sich mit ihrem Körper ab und sucht Schlafanzug. Sie hält mit 1 Hand Körperkontakt zum Kind und hält es am Bein fest. **Das Kind soll das Gefühl haben, das sie noch da ist, auch wenn es sie nicht sehen kann.** Das Kind spielt mit einem Kleidungsstück, das es zufällig greift und die Mutter geht weg, hat keinen Körperkontakt mehr. Das Kind wird alleine gelassen. Sie kommt nach einigen Sekunden mit einem frischen Schlafanzug zurück. Sie *redet in hohem, schnellen Tonfall*. Die Mutter wirkt auch *körperlich distanziert* und ist mit dem Aufknöpfen des Schlafanzugs beschäftigt. Das Kind strengt sich an, seine Mutter zu sehen. Es hebt *mühevoll* den Kopf und Schulter, um Blickkontakt zu bekommen. **Die Beziehung wirkt distanziert.** Die Mutter ist *fahrig*. Sie zieht das Kind an und redet im *gelangweilten* Tonfall. Plötzlich hebt sie das Kind hoch, um es *umständlich* anzuziehen. Sie hat es auf dem Arm und beide sind sich *körperlich sehr nahe*. Sie zieht es weiter an.

Als sie es wieder auf den Wickeltisch legt, redet sie im *liebevollen, hohen und kurzen Intervallen* „Mein Süßer!" Es entsteht ein Blickkontakt zwischen beiden und die Mutter lächelt. Das Kind schaut wieder woanders hin, während es weiter ausgezogen wird. Der kurze *harmonische* Moment ist vorbei. Das Kind versucht noch ein paar Mal Blickkontakt aufzubauen, wendet sich aber wieder ab. Als das Kind fertig angezogen ist, und die Haupthandlung abgeschlossen, schauen sich beide *zufrieden an und lächeln*. Für einen kurzen Moment sind *beide aneinander interessiert und lächelnd zugewandt*. **Die Distanz zwischen beiden wird verringert. Beide kommunizieren angemessen miteinander.** Das *Kind freut sich* und die **Mutter reagiert auf die Laute in gleichen Tonfall und im angenehmen ruhigen, aber interessierten Tonfall.** Das Kind reagiert darauf und versucht höher mit dem Oberkörper und Kopf zu seiner Mutter zu kommen. Es **möchte ihr körperlich näher sein.** Sie nimmt es auf den Arm.

Fazit:

Mutter und Kind *wirken nicht harmonisch*. Die *Szene wirkt hektisch*. **Das Kind sucht immer wieder Kontakt durch Blicke und verringern der körperlichen Distanz. Beide schaffen es für 2 Momente abgestimmt und zufrieden miteinander zu kommunizieren. Es wirkt angemessen und der „Sprechrhythmus" ist gut angepasst in diesen kurzen Momenten.**

Die übergeordneten Daten:

Es besteht Unterstützung in drei Bereichen (Betreuung, Haushalt, emotional). Die Mutter fühlt sich arm und hat Schulden, die sie tagtäglich beschäftigen. Die TICS Werte sind in zwei Bereichen (Überforderung, Soziale Spannung) überdurchschnittlich hoch. Im Bereich der Analyse erreicht die Dyade nur die Phase des Aufbaus. Der Aufbau zeichnet sich durch ein mittelmäßig hohes Blickverhalten (18,68% – 29,27%) aus. Der Wert des Blickkontakts liegt bei 09,60%. Weiterhin besteht unterdurchschnittlich wenig Verbalisation/Vokalisation (19,19% – 07,18%). Auch der Wert des Körperkontakts ist bei der Mutter mit 11,66% und dem Kind mit 2,27% sehr niedrig.

Ergebnis

(1) Die persönliche Ebene:

Zwei der drei Beobachterinnen haben das Gefühl, dass Mutter und Kind nicht harmonisch zusammenkommen. Hingegen nimmt eine Beobachterin die Mutter zunächst als zugewandt wahr. Das Kind wird überwiegend als wartend, fragend, erwartungsvoll beschrieben, aber auch als freudig, sehr interessiert und engagiert an einer Kontaktaufnahme. Der mimische Ausdruck der Mutter ist gering bzw. wird als nicht kontingent zum Gesagten eingestuft. Die Mutter scheint mit sich beschäftigt und distanziert. Die Beobachterinnen befinden sich auch in einer erwartenden, fragenden Haltung, die jedoch nicht befriedigt wird.

(2) Die pädagogische Ebene:

Alle drei Beobachterinnen empfinden, dass die Mutter nicht ausreichend auf das Kind eingeht. Es kommt kaum langanhaltender Blickkontakt zustande. Es werden von allen drei Beobachterinnen zwei gemeinsame Momente wahrgenommen. Das Interesse des Kindes nimmt während des Verlaufs der Sequenz weiter ab. Die Mutter verwendet überwiegend eine Modalität in der Kommunikation.

(3) Die übergeordneten Daten:

Die Ergebnisse der INTERACT-Untersuchung unterstützen den Eindruck der Beobachterinnen, dass Mutter und Kind sehr wenig Kontakt (im Blickverhalten, Körperkontakt und in der Verbalisation/Vokalisation) aufbauen. Aufgrund der TICS Werte und der Tatsache, dass die Mutter sich arm fühlt und Schulden hat, die sie tagtäglich beschäftigen, liegt die Vermutung nahe, dass sie wenig Ressourcen hat, ihre Aufmerksamkeit vollends auf das Kind zu richten. Daher müsste der Förderfaktor darin bestehen, die Stressoren der Lebenslage zu verringern, um die Aufmerksamkeit der Mutter zu steigern. Das multimodale Einsetzen von Zeichenträgern sollte intensiviert werden. Als Ressource der Dyade können die Momente eingestuft werden, in denen eine lautliche Abstimmung stattfindet.

6.4.6 Relationale Fallanalyse Familie 06

(1) Die persönliche Ebene: beschreibendes Adjektiv, persönliche Erfahrungen als
    Mensch

(2) Die pädagogische Ebene: pädagogische Annahme, pädagogische Erfahrungen

(3) <u>Die übergeordneten Daten</u>

Beobachterin 1:

Erster Eindruck:

Mutter und Kind sind *müde aber entspannt.* **Lautieren gemeinsam viel.** Es passiert
nicht viel. **Gleichbleibende Dynamik.** *Ich fühle mich entspannt. Die Mutter wirkt etwas
aufgesetzt.*

Mutter macht eine liebevolle Geste. Das Kind hat die Arme geöffnet und schaut die
Mutter offen an. Es entsteht ein langer Blickkontakt. Sie fragt das Kind, ob alles gut ist.
Das Kind guckt die Mutter weiterhin an, nimmt die Hände vor der Brust zusammen,
öffnet den Mund. Die Mutter beantwortet ihre Frage selbst mit: „nee, ne" und schaut
runter zur Windel. Die Mutter *schaut zweifelnd* den Bauch des Kindes an, streicht mit
einem Finger darüber. Sagt: […] *Der Tonfall ist besorgt.* Das Kind schaut weiterhin die
Mutter *interessiert* an. Dann macht die Mutter wieder eine liebevolle Geste und *lächelt
leicht, voller Zuneigung.* Das Kind öffnet den Mund, macht *einen seufzenden Laut.* Die
Mutter wiederholt dies, *deutlich lauter.* Dann beugt sie sich zum Kind runter. Das Kind
lautiert nun mehr. Die Mutter streichelt den Bauch und lobt das Kind. *Die Tonlage har-
moniert ganz schön* mit den Lauten des Kindes. **Die Laute des Kindes sind** *gelöst,*
**absteigend. Die Mutter stimmt ein, etwas lauter aber ebenso absteigend und lang-
gezogen.** *Beide sind sich ganz nah,* **sind im Dialog.** *Beide haben ein leichtes Lächeln
auf den Lippen. Die Mutter fragt in liebevollen Ton*: […] Das Kind macht einen *leisen
Laut.* Dann beantwortet sie ihre Frage selbst: […] Sie klingt *sehr verständnisvoll.* Dann
sagt sie: […] Der Tonfall ist *immer noch sehr verständnisvoll, obwohl der Inhalt des
Gesagten einen leichten Vorwurf beinhaltet.* Das **Kind lautiert leise mit.** Die Mutter
beendet den Dialog mit einem langgezogenen „Jooaa". *Es scheint geklärt zu sein. Der*

gemeinsame Moment dauert eigentlich 20 Sek.. *Beide wirken zufrieden.* Dann geht die Mutter wieder zurück und sagt: „Ok..wir machen weiter". Ihr Ton ist nun *geschäftig.* Dann wird ihr Tonfall höher: „Los geht's." Es *klingt nun aufgesetzt, wie einstudiert.* Sie kommentiert nun das, was sie tut. Sie gähnt dabei. Ihre Stimme klingt nun *sehr kindlich.* Ihr Tonfall wechselt nun häufig. Bei der verbalen Begleitung des Anziehens ist er *flötend,* dann macht sie Geräusche in Form von „uiuiui", die ohne Zusammenhang scheinen. Der Blickkontakt ist immer noch da von Seiten des Kindes, allerdings hat es nun die Finger im Mund. **Es ist schwierig sich aufs Kind zu konzentrieren, weil die Mutter so viele Wechsel in ihrer Stimme hat und sie die Aufmerksamkeit auf sich zieht.** *Ihre Mimik ist entspannt.* Als das Kind zu lautieren anfängt, stimmt sie ein. Ist *lauter* als das Kind, **deutet den Laut um** in „uiuiuiui". Nun beginnt sie zu *lächeln.* Der **Laut des Kindes ist ansteigend, die Tonhöhe der Mutter ist der des Kindes wieder sehr ähnlich und erweiternd.** Das Kind schaut nun zur Seite. Die Mutter schaut auf die Hose. Als die Mutter das Oberteil anzieht, merkt sie, dass sie etwas falsch gemacht hat und *lacht ein wenig verlegen.* Sie sagt: […] Das Kind schaut nun wieder *interessiert* zur Mutter. Sie schauen sich an. Als die Mutter wegguckt, macht sie wieder Laute wie „uiuiuiui", wie zur Beruhigung oder weil sie nicht weiß, was sie sonst sagen soll. Das Kind beginnt zu husten. Die Mutter macht lauter „oh" und guckt das Kind an. Ihr Blick ist nun *beobachtend.* Dann gibt es wieder einen Laut vom Kind, den die Mutter **perfekt aufnimmt und imitiert bzw. erweitert.** Die Mutter zieht nun *etwas umständlich* den Strampler an. Sie ist *abgelenkt.* Sie redet über das Anziehen. *Ihr Tonfall ist nun wieder kindlich, näselnd.* Das Kind hat sich nun komplett mit dem Kopf zur Seite gedreht. Die Mutter begleitet nun wieder verbal das Anziehen. Ihr Tonfall klingt wieder *etwas einstudiert.* Als das Kind einen *stöhnenden Laut* macht, **imitiert die Mutter ihn sofort.** Das Kind gähnt stark. Beim Anziehen macht die Mutter wieder diese Geräusche „uiuiui", als wenn das Anziehen eine Herausforderung wäre. Aber es klingt auch wie Füllworte. Während des Anziehens guckt das Kind die ganze Zeit zur Seite. Als die Mutter fertig ist, lobt sie das Kind. Und *lächelt ein wenig.* Ihr *Tonfall ist säuselnd.* Das Kind guckt zur Seite. Sie beugt sich runter, aber das *Kind ist jetzt mit sich beschäftigt.* Es hat die Finger im Mund und guckt zur Seite. Die Mutter möchte die Aufmerksamkeit des Kindes, aber es guckt nicht. Die Mutter redet mit dem Kind, **aber nun ist es kein Dialog mehr.** Selbst als sie sich wieder runter beugt, und sagt: „Zu Ende" in **abschwellendem Ton,** schaut das Kind nicht mehr. Die Mutter *lächelt trotzdem kurz.*

Fazit:

Mutter und Kind haben einen langen, gemeinsamen Moment, in dem ein vollkommen harmonischer Dialog entsteht. Danach klingt die Stimme der Mutter immer wieder einstudiert, etwas zu hoch mit vielen Fülllauten. Scheinbar kann sich die Mutter aber mühelos auf die Tonhöhe des Kindes einstellen, intuitiv und es durch angemessene Erweiterungen zum Lautieren animieren. Die Mutter wirkt auch etwas besorgt. Innerhalb der Sequenz entfernen sich Mutter und Kind. Zuerst sind sie sich sehr nah, dann geht die Aufmerksamkeit immer weiter weg. *Ich bin sehr interessiert, aber auch sehr skeptisch, weil sie in dem, was sie zeigt, so schwankend ist.*

2. Durchlauf der Beobachterin 1:

1. Eindruck:

Die Sequenz ist insgesamt *ruhig.* Mutter und Kind sind *eventuell müde.* Das Kind ist zuerst *sehr aufmerksam* der Mutter zugewandt, später wendet es sich mit dem Blick ab. **Die Mutter wirkt als spiele sie eine Rolle.**

Mutter und Kind schauen sich an. Die Mutter macht eine auffordernde, liebevolle Geste. „Mein Süßer?". Kind schaut *wartend, interessiert* Mutter an. Die Mutter fragt in *fürsorglichen Ton* „Alles gut?" Guckt das Kind an, das Kind guckt die Mutter an. Dann wendet die Mutter aber gleich den Blick ab und sagt: „Nee, ne." Dann betrachtet sie den Bauch des Kindes und sagt *sehr besorgt oder beunruhigt:* […]. Guckt dann aber direkt wieder auf, *lächelt leicht,* macht wieder eine Geste. Die **Mutter nimmt einen Laut des Kindes auf und deutet ihn um in einen Seufzer.** Dann ist sie fertig damit die neue Windel anzulegen, beugt sich runter, lobt das Kind. Das Kind lautiert nun mehr, **beide haben ein gleiches Arousal und eine gleiche Tonhöhe.** *Sie sind sich nah.* Das Kind hat beim Lautieren den Mund weit geöffnet. **Es macht lange Laute, die die Mutter imitiert bzw. erweitert.** Dann fragt sie das Kind: […] Beantwortet dies direkt: […] *Ihr*

Tonfall ist sehr verständnisvoll und sie hält die ganze Zeit Blickkontakt. **Hier sehe ich den gemeinsamen Moment.** Das Kind hält die Hände vor der Brust zusammen, während es *ganz ruhig und zugewandt lautiert.* Dann sagt die Mutter: […]. Ihr Tonfall ist aber *noch immer verständnisvoll.* Ihre Hände liegen auf dem Bauch des Kindes, sie *streichelt sanft.* Das Kind schaut abwechselnd auf die Mutter oder auf die Hände. Der Dialog scheint nun zu Ende zu sein. Die Mutter kommt wieder nach oben und sagt: „Ok, wir machen weiter." Sie beendet damit die *nahe Situation.* Das Kind schaut die Mutter wieder direkt an und hat die Hände geöffnet. Sie beginnt den Body zu zuknöpfen. Die Mutter redet nun vor sich hin, gähnt dabei. Dann hebt sie ein Kleidungsstück in das Blickfeld des Kindes und fragt etwas. Beide schauen sich an. Sie wiederholt die Frage und beginnt das Kind anzuziehen. Das Kind *lautiert leise kurz.* Die Mutter greift dies auf und erwidert einen *besorgten Ton:* „uiuiui". Aber sie schaut das Kind dabei nicht an, sondern sagt dies vor sich hin. Das Kind guckt die Mutter immer noch direkt an, sie ist aber mit dem Anziehen beschäftigt. **Das Kind scheint zu warten, ob etwas passiert.** Während sie das Kind weiter anzieht, lautiert sie, aber ohne das Kind wirklich länger anzusehen. Das Kind schaut nun auf die Hände. Dann beginnt das Kind nochmal *lauter zu lautieren,* die Mutter stimmt direkt mit ein *noch etwas lauter* als das Kind. Sie schaut das Kind *lächelnd* an, das Kind guckt aber seitlich zur Decke. **Die Mutter lautiert *deutlich länger und lauter,* wieder in diesem *„unnatürlich-besorgtem" Ton* (uiuiui), aber ohne wirklich auf das Kind einzugehen.** Das Kind guckt die Mutter mit offenen Mund an. Während des Anziehens verheddert sie sich und sagt dies *leicht lachend.* Das Kind zeigt aber nur kurz Aufmerksamkeit, indem sie sich beide ganz *kurz anlächeln.* Dann schaut es wieder auf seine Hände. Dann beginnt das Kind zu husten. Die Mutter macht viel lauter: „oh". Wie um dies abzustellen und schaut das Kind *kurz* an. **Wenn die Mutter diese Laute macht, ist *ihre Stimmlage meistens sehr hoch.*** Sie zieht *unbeholfen* den Strampler weiter an, redet in einer *sehr kindlichen Stimme.* Das Kind schaut zur Seite und scheint weit weg zu sein. Die Mutter kommentiert das Anziehen. Ihre Stimme hat nun wieder eine **reguläre Stimmlage.** Das Kind gähnt, die Mutter kommentiert dies, indem sie fragt: „Bist du müde?" Das Kind hat den Kopf nun zur Seite gedreht. Durch

das Anziehen dreht die Mutter das Kind erst zur einen dann zur anderen Seite. Sie begleitet dies mit *dem besorgten, ermahnenden oder auch „verhätschelnden" Tonfall*
(uiuiui), obwohl es keinerlei Grund dafür gibt. **Es ist, als müsste sie zeigen, wie schwer
dies alles ist.** Als die Mutter fast fertig ist, den Strampler anzuziehen, lobt sie das Kind.
Ihr Tonfall verändert sich dabei kaum. Das Kind schaut zur Seite. **Die Mutter versucht
die Aufmerksamkeit des Kindes zu bekommen, indem sie es direkt anspricht, sich
vorbeugt, es anguckt.** Es reagiert aber nicht auf sie. Die Mutter redet weiter, aber es
kommt keine gemeinsame Aufmerksamkeit mehr zustande.

Fazit:

Der schöne gemeinsame Moment ist *ein wirklicher Dialog.* **Die Mutter schafft es sich
direkt auf das Kind abzustimmen und das Kind lautiert gemeinsam mit der Mutter.** Allerdings *spricht sie insgesamt zu viel.* Irgendwann verliert das Kind das Interesse.
Der Tonfall der Mutter bleibt meistens gleich. **Diese *besorgten Laute* der Mutter scheinen kontextlos zu sein oder sie findet wirklich alles etwas schwer. Dadurch, dass
sich ihre Stimmlage nie wirklich verändert und auch ihr Blickverhalten relativ
gleichbleibt, verliert das Kind schnell die Aufmerksamkeit.** Sie kommen dann nicht
mehr zusammen.

Beobachterin 2:

1. Eindruck:

Die Mutter *redet ruhig* **mit viel Wiederholungen und Sing-Sang in der Stimme** mit
dem Kind. Das *Kind wirkt entspannt.* Eine *ruhige, entspannte Atmosphäre.* **Die Mutter
ist sprachlich im Kontakt.** Vor allem anfangs *eine schöne Dynamik,* **als die Mutter
sich noch mehr Zeit nimmt und Kind und Mutter abwechselnd sprechen.**

Blickkontakt zwischen Mutter und Baby. Die *Stimme der Mutter ist lieblich, ruhig zärtlich.* Sie macht eine liebevolle Geste und fragt, wie es dem Kind geht. Mutter handelt
weiter. Vorerst kein erneuter Blickkontakt oder innehalten und abwarten. Die Mutter
schaut auf den Körper des Kindes und streicht *vorsichtig* über diese. Sie macht eine
liebevolle Geste, *lächelt* und macht ein *aufmunterndes* „mh?". Mutter macht Windel zu.

Kind lautiert, **die Mutter geht auf die Laute des Kindes ein,** beugt sich vor und über das Kind. Es entsteht gegenseitiger Blickkontakt. Die Mutter lobt das Kind. Die Stimme der Mutter ist *sehr ruhig,* das Kind ist aufmerksam und schaut zur Mutter. [...] Die *Stimme der Mutter ist mitfühlend und sanft.* Die Mutter streichelt mit ihrem Zeigefinger über den Bauch des Kindes. **Das Kind blickt zu ihr und hält Blickkontakt, „antwortet" mit Lauten.** *Guter, liebevoller Kontakt* zwischen der Mutter und dem Kind. Die Mutter redet weiter, macht keine Pause zwischen den Sätzen und wartet nicht mehr ab, ob das Kind „antwortet". Sie *redet ruhig und liebevoll,* kurz auch von ihrem eigenen Bedürfnis nicht genug geschlafen zu haben, thematisiert dann aber wieder das Kind bzw. den schlechten Schlaf des Kindes. Sie streichelt dabei wieder den Bauch. „Ok, wir machen weiter." endet die ruhige Situation, bei der die Mutter vorgebeugt und *dem Kind näher ist.* Die *Bewegungen der Mutter werden schneller.* **Die Mutter erläutert in Zwei-Wort Sätzen Handlungen.** Sie zeigt dem Kind ein Kleidungsstück, spricht dabei *mit kindlicher Stimme.* Die Stimme ist *aufmunternd.* Das *Kind ist sehr ruhig und beobachtet* die Handlungen der Mutter. Die Mutter beschreibt mit *ruhiger Stimme,* was passiert. „Rein damit! Andere Seite!". Das Kind schaut zum Fenster (Lichtquelle). Das Kind schaut zur Mutter, die Hände sind am Mund. Mutter sagt: „Uy, Uy, Uy, Uy, Zack!" Die *Bewegungen der Mutter werden schneller,* sie dreht Kind zur Seite, um Hose über den Po zu ziehen. Das Kind lautiert, Mutter reagiert mit „Uy. Uy. Uy!" und *lächelt.* **Sie geht aber** *weniger intensiv auf Laute ein,* **wie im gemeinsamen Moment.** Die Mutter *lächelt* und sagt „Oi, Oi, Oi, Ay, Ay.." **Das Kind beobachtet die Mutter, reagiert aber nicht verbal.** Die *Mutter lächelt auffordernd* zum Kind. Das Kind *lächelt zurück, aufforderndes* „Mh?". Das Kind verschluckt sich und hustet. Die Mutter reagiert mit kurzem Blickkontakt und „ui, ui!" geht aber nicht weiter aufs Husten ein und zieht Strampler weiter an. Die Mutter setzt das Kind auf, um Strampler hochzuziehen. **Hier geht sie wenig auf das Kind ein bzw. erklärt ihre Handlung nicht.** Das *Kind wirkt etwas unbeteiligt.* Kind gähnt. Mutter sagt: „Ich bin müde." Die *Stimme ist ruhig und weich,* das Kind schaut zur Seite. Die Mutter dreht Kind auf die Seite, um Strampler über die Arme zu ziehen. *Bewegungen wirken schnell und etwas „ruppig".* Kind schaut noch immer zur Seite, nicht zur Mutter. Der Strampler ist angezogen. Die Mutter lobt das

Kind. Die Aufmerksamkeit des Kindes ist wieder bei der Mutter. „Zu Ende!" Mutter beugt sich wieder vor und beendet somit die Situation.

Fazit:

Ich finde die Situation wirkt *insgesamt sehr ruhig*. Die Mutter spricht mit einer *ruhigen, liebevollen, warmen Stimme*, **nutzt einfache Sätze, die wiederholt werden.** Beim Anziehen wird sie *etwas schneller in ihren Bewegungen* **und verliert somit die Aufmerksamkeit des Kindes. Wünschenswert wären ein paar mehr Pausen und Aufforderungen seitens der Mutter, damit das Kind reagieren kann.**

Beobachterin 3:

1. Eindruck:

Mein erster Eindruck ist, dass mich *die Sequenz sehr ermüdet und gleichzeitig entspannt. Mutter und Kind wirken antriebsarm und ruhig.*

Die Mutter wickelt das Kind und redet in **höherer, aber gleichförmiger Stimmlage.** Sie schaut das Kind an und macht eine liebevolle Geste. Das Kind schaut *interessiert* in das Gesicht der Mutter. Das reckt beide Arme hoch und hält Blickkontakt, als die Mutter fragt: „Alles gut?" und umgehend mit „dann wohl nicht!" in *monotoner Stimmlage antwortet.* Mutter wendet Blick ab, um weiter zu wickeln. Daraufhin schaut Mutter wieder Kind an und sagt etwas. Kind hält Blickkontakt weiter aufrecht und macht einen kurzen Laut bei einer Sprechpause. *Es streckt die Zunge entspannt raus.* Das Kind *wirkt müde und körperlich entspannt.* **Mutter verringert die Körperdistanz zum Kind** und beugt sich vor. **Sie erhöht die Stimmlage und das Baby antwortet mit hohem Laut.** Der Blickkontakt bleibt weiterhin bestehen. *Beide wirken sehr zueinander gewandt und die Atmosphäre ist ruhig und entspannt. Sie wirken zufrieden.* **Beide kommunizieren. Die Mutter lässt kurze Sprechpausen, so dass das Kind antworten kann mit lautieren.** *Die Mutter lächelt leicht und das Kind lächelt auch.* **Die Stimmlage der Mutter schwellt leicht in die Höhe,** *wirkt aber aus meiner Sicht trotzdem monoton und ermüdend.* Sie streichelt das Kind mit einem Finger an der Bauchaußenseite. Die andere Hand liegt auf der anderen Bauchaußenseite. Die Mutter redet weiter in kurzen Sätzen und **hält einen gleichen Körperabstand**, dem Kind weiterhin zugewandt. Das *Kind gluckst* in der Sprechpause. Der Körperkontakt bleibt bestehen, *wirkt sanft, ruhend und unbeholfen*. Die **Körperdistanz wird verringert** mit den Worten „Weiter geht´s!" Hierbei ist die Stimme *etwas lauter* und die Mutter beginnt den Body zuzuknöpfen und wendet ihren Blick ihrem Handeln zu. Das Kind *beobachtet* die Mutter weiter. Es berührt die Mutter mit seinem Fuß an ihrem Oberkörper. Das Kind spielt mit seinen Händen und beobachtet diese. Die Mutter zieht ihm die Strumpfhose an. Das Kind *schaut gelangweilt* zur Seite, blickt kurz zur Mutter, die sich ganz dem Anziehen widmet. Es beschäftigt sich noch mit seinen Händen. Die Mutter **redet gleichbleibend in erhöhter, langsamer Sprechweise**. Das Kind **probiert durch Lautieren die Aufmerksamkeit der Mutter zu bekommen** und breitet die Arme zur Seite aus. Es sucht Kontakt. Die Mutter reagiert mit „ui, ui, ui, ui!" in **kurzer, hoher Sprechabfolge**. Sie *lächelt* und blickt für einen Sekundenbruchteil dem Kind ins Gesicht. Die Mutter wirkt trotz der verbalen Interaktion *desinteressiert* am Kind. Das *Sprechen wirkt wie einstudiert und ein Selbstgespräch*. Das Kind will weiterhin Aufmerksamkeit, indem es mit den Beinen zappelt und *konstant und interessiert die Mutter beobachtet*. Die Mutter *lächelt angestrengt und die Mimik ist sonst teilnahmslos*. Als das Kind hustet, blickt sie es an und reagiert etwas überrascht mit „Hui!". *Ihre Mimik ist im Mundbereich überrascht mit leicht geöffnetem Mund*. Sie zieht das Kind weiterhin an. Das Kind wendet den Kopf zur Seite und die Gesichtsmuskeln der Mutter ziehen sich zusammen. Sie dreht das Kind zum Anziehen des Schlafanzugs zur Seite und redet weiter. Das Kind gähnt. Die Mutter kommentiert das Gähnen mit einem „Haaa". Das **Sprechen der Mutter scheint sie selbst zu beruhigen** und *sie wirkt teilnahmslos*. Das Kind bekommt keine Möglichkeit eigene Anteile der verbalen Kommunikation zu erhalten. Das Kind hat immer noch den Blick abgewandt und *fühlt sich eingelullt und müde von dem monotonen Sprechen*. Es schaut die Mutter *flüchtig* an, als diese die Hand durch den Ärmel zieht. Blickt aber umgehend woanders hin. Es wirkt *desinteressiert* an seiner Mutter. Die Mutter sucht Blickkontakt und Aufmerksamkeit ihres Kindes und **verringert die Körperdistanz**, indem sie sich vorne zum Kind beugt. Währenddessen knöpft sie den Body am Bauch zu. Der *unbe-holfene Versuch* die Aufmerksamkeit zu bekommen, endet, indem sie wieder die Distanz erhöht. Sie redet fortlaufend in der *beruhigenden, langweiligen Tonlage* weiter. Als das Kind fertig angezogen ist, beugt sie sich etwas nach vorne und legt ihre Hände auf seinen Bauch und sagt: „Zu Ende!" **Das Kind hat weiterhin kein Interesse mit der Mutter zu kommunizieren.**

Fazit:

Die Mutter wirkt, als würde sie einen inneren Monolog mit sich selbst führen, um sich zu beruhigen. Bis auf einen kurzen Moment ist jeder emotional mit sich selbst beschäftigt. Das Interesse des Kindes, die Aufmerksamkeit der Mutter zu bekommen, endet nach einer Weile. *Es ist von dem monotonen Sprechen eingelullt und ruhig. In dem Moment, in dem beide zueinander gewandt sind, wirkt die Kommunikation beidseitig freudig und harmonisch zugewandt.*

Mich hat das wellenförmig gleichmäßige Sprechen der Mutter mit den gleichbleibenden Höhen und Tiefen ihrer Stimmlage sehr ermüdet.

Mein 1. Eindruck wurde durch den positiven Moment ergänzt, jedoch wirkte diese im Gesamtkontext kurz, da hier zu wenig freudige Höhepunkte waren.

Die übergeordneten Daten:

Es besteht keine Unterstützung. Die Mutter fühlt sich arm, hat ein Nettohaushaltseinkommen unter 1400 Euro und bezieht SGB II Leistungen. Die TICS Werte sind in vier Bereichen (Überforderung, Mangel an sozialer Anerkennung, Soziale Spannung, Soziale Isolation) überdurchschnittlich hoch. Im Bereich der Analyse erreicht die Dyade nur die Phase des Aufbaus. Der Aufbau zeichnet sich durch einen relativ hohes, ausgeglichenes Blickverhalten aus (35,32% – 51,29%). Der Wert des Blickkontakts liegt bei 20,21%. Die Mutter verbalisiert überdurchschnittlich viel mehr als das Kind (57,25% – 5,84%). Die Werte des Körperkontakts von der Mutter mit 18,15% und dem Kind mit 1,55% sind eher gering.

Ergebnis

(1) Die persönliche Ebene:

Die Sequenz wurde von allen Beobachterinnen als insgesamt sehr ruhig wahrgenommen. Der besondere Moment ist bei allen Beobachterinnen gleich, auch die Zufriedenheit, die dadurch bei Mutter und Kind entsteht, wurde von allen beschrieben. Nach dem gemeinsamen Moment verliert die Mutter dann die Aufmerksamkeit des Kindes und bekommt sie nicht zurück. Das Kind wird insgesamt als interessiert und in Kommunikationserwartung wahrgenommen. Durch die teilweise kindliche Stimme der Mutter und ihr kontextloses Lautieren wird sie als mit sich beschäftigt eingestuft. Die Sequenz erzeugt nach dem gemeinsamen Moment keine besondere Dynamik bei den Beobachterinnen, es wird als relativ monoton beschrieben.

(2) Die pädagogische Ebene:

Die verbale Abstimmung innerhalb des gemeinsamen Moments wird von allen Beobachterinnen als Dialog wahrgenommen. Während dieses Dialogs nutzt die Mutter gleichzeitig auch andere Modalitäten wie Körperkontakt, Blickkontakt und Stimme. Es können Vitalitätsformen beobachtet werden, die den Dialog stützen und bereichern. Hier sind eindeutig die Ressourcen zu erkennen. Die Mutter wird von zwei Beobachterinnen wahrgenommen, als spiele sie eine Rolle. Dies beruht insbesondere darauf, dass sich ihre Mimik und die Tonlage später kaum noch ändern. Das heißt, die Vitalitätsformen entsprechen einer viel geringeren Dynamik. In der Beratung sollten die Themen Authentizität und Multimodalität thematisiert werden.

(3) Die übergeordneten Daten:

Die Mutter zeigt eine hohe Belastung in ihrer finanziellen Situation, besonders dadurch, dass sie sich arm fühlt. Auch sind vier Bereiche des TICS auffällig und sie fühlt sich in keinem Bereich unterstützt. Daher sollte ergründet werden, inwiefern die Familie unterstützt werden kann, um die Stressoren zu verringern und Unterstützungsmöglichkeiten, besonders im Bereich der emotionalen Stabilisierung durch z. B. Anbindung an andere

Eltern in Kursen, etc., zu erreichen. Da die Mutter überdurchschnittlich stark mehr verbalisiert, sollte in der Beratung auf Pausen im Dialog hingewiesen werden, damit dem Kind die Möglichkeit gegeben wird, den Dialog häufiger mitzugestalten. Auch der Einsatz von multimodalen Zeichenträgern sollte erläutert werden.

6.5 Überraschende Entwicklung und weitere Ergebnisse

Bevor ich diese neue Perspektive auf das Forschungsmaterial und somit unsere Familien anwendete, ging ich davon aus, dass durch diese Analyseform eine Erforschung des „gemeinsamen Moments" möglich werden und es einen Aufschluss über das Zustandekommen bringen würde. Jedoch standen dann die Einfühlung und Reaktionen der Beobachterinnen im Fokus, die mich zwangen, die Reflektionen und Schlussfolgerungen in eine neue Richtung zu lenken. Dies kann als impulsgebende Irritation durch das Feld verstanden werden.

Obwohl es keine Aufforderung an die Beobachterinnen gab, eine Allianz mit dem Kind zu schließen bzw. die Bedürfnisse des Kindes in den Vordergrund zu stellen, geschah dies in der Analyse automatisch. Es ist möglich, dass diese Form der Beobachtungshaltung dadurch entstanden ist, dass alle drei Beobachterinnen gegenwärtig primär mit Kindern arbeiten und nur sekundär mit Eltern. Um nun speziell die Bedürfnisse und Hintergründe des Verhaltens der Mutter aufzuspüren, würde es einen weiteren Analysedurchlauf bedürfen.

Das, was in der Analyse als „Langeweile" (negativ) oder „Ruhe" (positiv) ausgedrückt wurde, kann auf einen zu niedrigen Stimulus seitens der Mutter eingestuft werden. Um ein optimales Arousal zu entwickeln, dass aufmerksam und neugierig ist, braucht es Reize auf verschiedenen Ebenen und vor allem auch Reize, die sich nicht ständig wiederholen. Der Säugling ist extrem anpassungsfähig und gewöhnt sich sehr schnell an Reize (vgl. Stern, 2011, 141). Die Emotion und das Empfinden von Anstrengung kann wiederum auf ein asynchrones, nicht rhythmisch aufeinander abgestimmtes Arousal zurückgeführt werden, da es dem Beobachtenden nicht möglich ist, das Gesehene, ausgehend von beiden Dialogpartnern, zu integrieren.

7. Das Forschungsethische Paradoxon und die Reflektion der „relationalen Fallanalyse"

In dieser Untersuchung sollen die beteiligten relationalen Emotionen sowohl auf der dyadischen als auch auf der Dyade-Beobachter-Ebene fokussiert und nutzbar gemacht werden. Daher ist es notwendig die einzelnen Prozesse zu reflektieren, um unter anderem zu erwirken, auch versteckte Emotionen, die den Analysevorgang bzw. die nachfolgende Beratungstätigkeit beeinträchtigen können, aufzuspüren. Dies deckte ein forschungsethisches Paradoxon auf, welches ich nicht vorhersehen konnte. Durch die intensive Auseinandersetzung mit dem Datenmaterial und der dadurch entstandenen Dynamik innerhalb der Analyse, standen teilweise die negativen Emotionen der Beobachterinnen gegenüber den Müttern im Mittelpunkt. Dies ist ein Produkt des Forschungsprozesses, dass mich, trotz oder wegen des Bedürfnisses der hundertprozentigen Einhaltung der Forschungsethik, vor das Problem stellt, dass ich die Tabuisierung von negativen Emotionen innerhalb der Pädagogik nur auf Kosten der Familien thematisieren kann und das bedeutet, dass ich sie als „Bauernopfer" missbrauche. Die Einsicht, dass dies eines der wichtigsten Erkenntnisse aus dem Forschungsprozess ist, war langwierig und schwer zu ertragen. Allerdings, so sehr meine persönliche Dankbarkeit aufgrund der Teilnahme an der Studie gegenüber den Familien im Vordergrund steht und es mir dadurch persönlich sehr schwerfiel, negative Emotionen zuzulassen, ist doch der Gewinn, eine Entwicklung zu thematisieren, die die Pädagogik weitreichend betrifft, sich folgenschwer auswirkt und in den vergangenen zwanzig Jahren wieder in den Hintergrund gerückt ist (siehe Kap.10). Mir bleibt hier nur die Möglichkeit des Benennens und Enttabuisierens, um mit diesem Konflikt umzugehen.

Die Reflektion des Forschungsprozesses möchte ich mit dem Problem der Objektivität und Subjektivität beginnen, da sich dieser Konflikt als ein Schwerpunkt im Vorgehen herauskristallisiert hat. Anlehnend an den Vorschlägen für Kernkriterien zur Bewertung qualitativer Forschung bezüglich der „reflektierten Subjektivität" von Steinke (1999, 231ff.) wird die Reflektion des Vorgehens auf zwei Ebenen vollzogen. Auf der ersten

© Springer Fachmedien Wiesbaden GmbH, ein Teil von Springer Nature 2019
S. Lück, *Das Zwischen im Dialog*, Diversität in Kommunikation und Sprache / Diversity in Communication and Language,
https://doi.org/10.1007/978-3-658-25833-7_8

Ebene reflektiere ich meine eigene Rolle in diesem Prozess, die sich aus der Entwicklung des ersten Forschungsdesigns, der Durchführung der Erhebung und der Erarbeitung und Durchführung der entwickelten Methode zusammensetzt. Auf der zweiten Ebene werden die Schwierigkeiten in der Durchführung und den Konflikten basierend auf der emotionalen Beteiligung angeführt, die sich während der Analyse bei den Beobachterinnen gezeigt haben. Zuletzt werden die Konsequenzen, die sich dadurch ergeben, beleuchtet. Anschließend werden weitere Gütekriterien qualitativer Forschung einbezogen.

7.1 Die eigene Rolle während des Forschungsprozesses

In der Erarbeitung des ersten Forschungsdesigns wurde ein möglichst standardisiertes Verfahren priorisiert, dass den derzeitigen Gütekriterien der quantitativen Forschung entsprach. Schon an diesem Punkt der Auseinandersetzung zeigten sich erste Konflikte in den eigenen persönlichen Ansprüchen, vervollständigt durch eine langjährige theoretische Fundierung und den Standards für sozialwissenschaftliche Forschung, basierend auf naturwissenschaftlichen Zugängen, die in der wissenschaftlichen Gemeinschaft vorherrschen (siehe Kap. 6). Der Anteil an qualitativen Aspekten wurde im fortschreitenden Prozess immer geringer. Dieser Konflikt prägte den Zeitraum der Erarbeitung des Forschungsdesigns. Und auch nach der Phase der Erhebung, während der ersten Analyse mithilfe des Programms INTERACT, stand die Entfremdung zu den Familien aufgrund der quantitativen Fokussierung im Mittelpunkt, so dass sich diese Zerrissenheit in der ersten Analyse widerspiegelt.

Die Tatsache, dass der subjektive Anteil innerhalb des Forschungsprozesses nicht von Beginn an dokumentiert wurde, ist dem vorherigen Vorgehen geschuldet. Aus diesem Grund ist diese nachträgliche Reflektion gewählt worden.

Unser Zugang zu den Familien basierte auf der Notwendigkeit, eine größtmögliche Vertrauensbasis herzustellen. Dies zum einen da wir durch die Aufnahmen im häuslichen Umfeld die Intimsphäre der Familie betraten und zum anderen aufgrund des Wunsches, auch Familien zu erreichen, die gegebenenfalls Vorbehalte gegenüber Forschungsprojekten im Allgemeinen hegen. Daher begleiteten wir, meine Kollegin Marie Bansner und ich, die Familien durchgehend vom Erstkontakt am Telefon bis zum Hausbesuch. Das bedeutet, dass ich als durchführende Person vielfältige Eindrücke (Wohnverhältnisse, das Kennenlernen der Familie, Reaktionen auf unseren Besuch, etc.) gewonnen habe, die in die Untersuchung des Datenmaterials einflossen, jedoch aus datenschutzrechtlichen Gründen nicht zum Ausdruck gebracht werden können. Aufgrund dieser Tatsache ergab sich das Erfordernis weitere Beobachterinnen hinzuzuziehen, um dem qualitativen Kriterium der Intersubjektivität zu entsprechen.

7.2 Die Ebene der intersubjektiven Beobachterinnen

In der Durchführung dieser Analyse wurde deutlich, dass es auch den Beobachterinnen, die keine Verbindung zu den Familien hatten und beide einen langjährigen pädagogischen Werdegang durchlaufen, schwer möglich war, die eigenen Emotionen deutlich zu benennen und sich somit gegenüber der Dyade zu positionieren. Besonders zu Beginn, das heißt innerhalb der Analyse der ersten und zweiten Dyade, wurde hauptsächlich die Handlungsebene im Text fokussiert. Der Eindruck, das bedeutet das innere Bild, welches sich aufgrund der ganzheitlichen Wahrnehmung gebildet hat, konnte deutlicher verbal in Form eines Nachgesprächs geäußert werden.

In Analysen, die überwiegend negative Emotionen bei allen Beobachterinnen hervorriefen, stieg die Tendenz, sich auf die pädagogische Ebene „zurückzuziehen" und „rationalistische Aussagen" zu treffen (siehe Kap. 10). Allerdings war es den Beobachterinnen nach mehrmaliger Durchführung der Methode zunehmend möglich, negative Emotionen zuzulassen und auch aufzuschreiben.

Da in der Ausbildung der pädagogischen Fähigkeiten über Jahre versucht wurde, die eigene emotionale Beteiligung „abzutrainieren", muss entweder nach dem ersten Anschauen der Eindruck notiert werden, bevor sie im Detail analysiert wird und/oder es wird ein Nachgespräch geführt, indem genau die Frage: „Wie war das Gefühl?" das

Gespräch leitet. Außerdem kann in diesem Nachgespräch gezielt nach der Dynamik gefragt werden, z. B. „Gibt es eine Veränderung in der Atmosphäre?", „Wie war das eigene Arousal?".

Das Zulassen von negativen Emotionen wird auch durch häufige Anwendung einfacher. Dies ist wichtig, um sie in einem reflexiven Prozess mit den Kolleginnen und Kollegen abbauen zu können, damit sie nicht unbewusst in die Beratung einfließen (siehe Kap. 11) bzw. sie zu nutzen, um daraufhin neue Perspektiven zu erlangen (vgl. Devereux, 1967).

Die Beobachterinnen sollten Erfahrungen in der Fähigkeit der Selbstreflexion besitzen (wie dies häufig in pädagogischen oder psychologischen Berufen vorausgesetzt wird) bzw. sich dem „Öffnen jedweder Emotion" offen gegenüberstellen (vgl. Steinke, 1999, 233).

7.3 Weitere Gütekriterien

Nun werden weitere Gütekriterien qualitativer Forschung auf den vorliegenden Forschungsprozess angewendet. Auch diese Gütekriterien orientieren sich an Steinke (1999, 207-248).

„Intersubjektive Nachvollziehbarkeit"

Dieses Kriterium ist in zweierlei Hinsicht gegeben. Zunächst wurde der eigene Forschungsprozess, das heißt der Perspektivwechsel innerhalb des Untersuchungs-zeitraums, beschrieben, um somit dem Leser oder der Leserin die Notwendigkeit des weiteren Vorgehens zu demonstrieren. Da die hier vorliegende Methode erst entwickelt wurde und im idealen Fall in der Praxis zu einer Anwendung kommen soll, ist die intersubjektive Nachvollziehbarkeit unerlässlich und wurde die Darstellung der gesamten Analyseverfahren gewährleistet.

„Indikation"

Die Indikation ist insofern gegeben, da die Methode unter der Voraussetzung entstanden ist, zuvor eine „dem Datenmaterial nicht angemessene" Methode verwendet zu haben. Dadurch entstand eine intensive, theoriegeleitete Auseinandersetzung über eine angemessene Verfahrensweise und die notwendige Analyseform. Irritationen im Forschungsprozess zu zulassen – dies schließt auch die Auswahl der Sequenzen mit ein - war in der vorliegenden Untersuchung nicht nur möglich, sondern der gesamte Forschungsweg wurde dadurch geleitet.

„Empirische Verankerung der Theoriebildung -und Prüfung"

Den Entstehungsprozess der Methode und die Notwendigkeit eine eigene Methode zu entwickeln, wurde ausführlich in Kapitel 6. bis 6.2 beschrieben.

„Limitation"

Wie schon in Kapitel 6.1 beschrieben, wurde innerhalb des Forschungsprozesses eine Vergleichbarkeit der Familien aufgrund der jeweiligen Einzigartigkeit und des geringen Outputs an Aussagekraft abgelehnt und somit das weitere Vorgehen verändert. Das bedeutet, es können keine generellen Aussagen getroffen werden. Laut Steinke (1999) ist die Problematik der „Grenzen der Verallgemeinerbarkeit" in qualitativen Forschung überwiegend vorzufinden. Es sollen weder „universell geltende, d. h. unabhängig von Zeit und Kontext gültige Theorien" noch auf die „Entwicklung 'kleiner aber feiner Theorien' reduziert werden" (a.a.O.). Um diesem Konflikt zu entgehen, empfiehlt sie die „*präzise Beschreibung des Kontextes*" und des „Geltungsbereichs" (a.a.O., 228, Herv. i. O.). Da in der vorliegenden Untersuchung die Methode für eine kollegiale Beratung (hauptsächlich für Beratungsstellen mit dem Schwerpunkt „Frühkindliche Kommunikation") genutzt werden soll bzw. diesen Rahmen vorsieht, ist die Aussagekraft und der Geltungsbereich vorab limitiert. Verallgemeinerungen der Ergebnisse können nicht erfasst werden. Trotzdem ist die vorliegende Untersuchung meines Erachtens auch für weitere Forschende insofern relevant, als dass sie maßgeblich dazu beiträgt, Forschung als innovativen und kreativen Prozess zu begreifen, um somit neue Gedankenverknüpfungen zu generieren.

„Kohärenz"

Der affektiv-emotional regulierte Dialog zwischen Mutter und Kind wurde innerhalb der Analyse durch drei Beobachterinnen nachvollzogen und auf die eigene Wahrnehmung übertragen. Dadurch konnten die zuvor angenommenen theoretischen Annahmen in die Methode implementiert werden. Die Tatsache der konstruierten Wirklichkeit innerhalb dieses Prozesses wurde miteinbezogen.

„Relevanz"

Das Gütekriterium der Relevanz, besonders für die Praxis, ist bei dieser Untersuchung als relativ hoch einzustufen. Nicht nur die Möglichkeit zur Verwendung einer für die Praxis entwickelten Methode sind dabei hervorzuheben, sondern auch die „Neu-Thematisierung" bzw. Enttabuisierung negativer Emotionen von Pädagogen, die den pädagogischen Alltag beeinflussen können (siehe Kap. 10 und 11).

8. Kritische Betrachtung der Methode

Aufspaltung der Beobachtungsebenen

Eine Aufspaltung des Selbst der Pädagogin auf der ersten und zweiten Ebene innerhalb der Methode scheint in Anbetracht der theoretischen Herleitung innerhalb dieser Untersuchung als paradox, da zuvor die Vereinheitlichung von Affekten, Emotionen, Gefühlen, Empfindungen, Kognitionen und den verkörperten Habitusstrukturen fokussiert wurde. Allerdings war diese Vorgehensweise zur qualitativen Untersuchung insofern notwendig, als dass dadurch die Möglichkeit zur Rekonstruktion bestand. Außerdem sollte dem Konflikt der „Objektivität vs. Subjektivität" innerhalb der Forschungsperspektiven mit einer objektivierten Subjektivität begegnet werden.

Sinnkonstruktion

Die Sinnkonstruktion der Dyaden sollten in dieser Untersuchung durch das Vorgehen ermittelt werden. Wurde dies erreicht?

Um einen Sinn in dem Verhalten eines Interaktionspartners ermitteln zu können, müssen zusätzlich zu der gemeinsam erlebten Erfahrung über Emotionen, Annahmen über den Sinn gemacht werden. Es müsste gezielt die Frage gestellt werden, warum die Interaktionspartner sich in dieser Art und Weise verhalten. Dies wurde in dieser Untersuchung nur ansatzweise verfolgt. Die Ebene der Beschreibung und Einfühlung in die Dyade nahm in diesem ersten Analyseschritt den größten Raum ein. Um nun Annahmen über den Sinn anstellen zu können, müsste der Analysevorgang mindestens noch ein weiteres Mal durchgeführt werden. Es gab jedoch vereinzelt Annahmen darüber, warum das Kind in einer speziellen Form agiert. Es scheint eine Hemmschwelle zu geben, Annahmen über den Sinn des Verhaltens der Mutter zu äußern.

Intersubjektivität

In letzter Konsequenz hätten bei dieser intersubjektiven, rekonstruierenden Methode die Mütter als Bestandteil in die Analyse miteinbezogen werden müssen (siehe dazu Kap. 9.2). Die Tatsache, dass dies nicht geschehen ist, ist dem Umstand geschuldet, dass das

© Springer Fachmedien Wiesbaden GmbH, ein Teil von Springer Nature 2019
S. Lück, *Das Zwischen im Dialog*, Diversität in Kommunikation und Sprache / Diversity in Communication and Language,
https://doi.org/10.1007/978-3-658-25833-7_9

ursprüngliche Forschungsdesign und somit das Ziel, ein anderes war und dadurch der Entwicklungsweg hin zu einer relationalen Analyse sehr viel Zeit beansprucht hat. Außerdem ist die Wahrscheinlichkeit, dass die Mütter noch einen Bezug zu ihren damaligen Handlungen hatten, sehr gering.

Zeiteinsatz und Effektivität

Auch wenn diese Form der Methode, zumindest in den ersten Anwendungen, mehr Zeit beansprucht als dies bei anderen Formen der kollegialen Beratung der Fall ist, sollte doch im Sinne der weiteren Zusammenarbeit mit der Familie und der Erhöhung der Qualität dieser in diesen Zeitfaktor investiert werden. Durch die intensive Auseinandersetzung mit der dyadischen Regulation und der eigenen Rolle während des Betrachtens wird es möglich, verschiedene Perspektiven einzunehmen und „gemeinsame Momente" der Dyade zu ermitteln.

Fokussierung

Der Fokus auf die Dynamik, den Rhythmus und die Atmosphäre innerhalb einer Sequenz der Dyade ergab sich, umso häufiger die Methode angewandt wurde. Auch konnte durch häufiges Ansehen und ggf. zweimaliges Analysieren der gleichen Sequenz die Konzentration auf die Vitalitätsformen und die sich daraus ergebende Dynamik intensiviert werden. Das bedeutet, dass der Effekt dieser Methode ansteigt, wenn sie häufig praktiziert wird.

Konzentration auf die Einhaltung der Form

Umso häufiger die Methode angewandt wird, desto eher besteht eine Wahrscheinlichkeit, dass die Beobachtenden nur noch Stichworte verwenden. Dies ist allerdings für die Analyse nicht zuträglich, da hierdurch zum Beispiel wichtige bezugnehmende Verben und Adjektive verringert werden. Daher muss zu Beginn jeder Analyse darauf hingewiesen werden. Gleichermaßen muss vor der Analyse kenntlich gemacht werden, dass die Interpunktion durch die Beobachtenden bewusst eingesetzt wird.

9. Implikationen und Anregungen für die Weiterarbeit in Theorie, Empirie und Praxis

In dieser Forschungsarbeit konnten verschiedene Aspekte hinsichtlich der theoretischen, empirischen und praktischen Weiterarbeit aufgrund des strukturellen Rahmens nicht weiterverfolgt werden. Daher werden im Folgenden diese Aspekte aufgezeigt, um Anregungen zu geben. Eine Trennung der drei Bereiche erscheint aufgrund der eigenen Erfahrungen während des Forschungsprozesses als Beschränkung einer offenen Haltung gegenüber dynamischen Entwicklungen in der Auseinandersetzung mit theoretischen Zugängen, dem Feld und der Praxis. Um dennoch einer Struktur zu folgen, werden Schwerpunkte gesetzt. Beginnend werden Aspekte zu den Inhalten und Ergebnissen der Studie, auch in Bezug auf die vorausgegangene Untersuchung durch Bansner (2017), beleuchtet. Anschließend wird das theoretische Konstrukt der Intersubjektivität auf empirische und praktische Prozesse bezogen.

9.1 Inhalte und Ergebnisse der Studie und der Bezug auf die Praxis

Die ursprüngliche Forschungshypothese, die das Team des BabyLabs INCLUDE zu Beginn des Projekts SMILE aufgestellt hat, lautete:

„Eine soziokulturell benachteiligte Lebenslage beeinflusst die Qualität der emotionalen Regulation in der Mutter-Kind-Dyade und hat Auswirkungen auf den frühkindlichen Kommunikations- und Spracherwerb."

Diese Hypothese konnte aufgrund des Wandels innerhalb des Forschungsansatzes, in dieser Arbeit nicht bearbeitet werden. Jedoch möchte ich fortführende Gedanken, die sich durch die theoretische und praktische Auseinandersetzung gebildet haben, zur Diskussion stellen. Die Belastungen bzw. die belastenden Lebensumstände innerhalb der Familien, die wir durch die übergeordneten Daten ermittelt haben, scheinen insofern einen Einfluss auf den frühen Dialog zwischen Mutter und Kind zu haben, als dass die

© Springer Fachmedien Wiesbaden GmbH, ein Teil von Springer Nature 2019
S. Lück, *Das Zwischen im Dialog*, Diversität in Kommunikation und
Sprache / Diversity in Communication and Language,
https://doi.org/10.1007/978-3-658-25833-7_10

Ressourcen zur Abstimmung zwischen Mutter und Kind auf der Ebene der Dialogent-wicklung und des Arousals eingeschränkt sind, wenn die Mutter Auffälligkeiten in Be-zug auf ihren chronisch erlebten Stress und/oder in den sozioökonomischen Daten zeigt. Dies konnte auch Bansner (2017) anhand ihrer Ergebnisse bestätigen.

In der Auswertung der Studie SMILE war die Grundlage zur Ermittlung der Qualität der emotionalen Regulation der Dyade, die Komplexität der Narrative. Um ein gemeinsa-mes Narrativ durchlaufen zu können, muss mindestens ein Interaktionspartner den Kon-takt initiieren. Verfehlen sich beide Partner, weil sie unterschiedliche Zeichenträger ver-wenden, kommt kein Kontakt und somit auch kein Narrativ zustande. Bansner (2017, 180) konnte zeigen, dass eine Korrelation zwischen den „verfehlten Initiierungen der Dyade" und dem Nettohaushaltseinkommen (unterhalb der Armutsgrenze) liegt. Durch die Untersuchung der Dyaden mit geringer Komplexität der Narrative (Narrativ I), das heißt die Dyaden, die auch hier ausgewählt wurden, konnte Bansner weiterhin zeigen, dass dieser Wert mit „Verzicht auf Anschaffungen im Alltag", „sozialer Isolation" und „innerem Stress" korreliert (a.a.O., 178). Durch den qualitativen Zugang in der vorlie-genden Arbeit konnte dieses Ergebnis bestätigt werden. Die Beobachterinnen beschrie-ben bei betreffenden Familien das Gefühl, dass sich „Mutter und Kind verpassen", nicht „zusammen kommen" oder dass die „Mutter mit sich beschäftigt" ist und somit keine affektiv-emotionale Abstimmung stattfinden konnte. Bansner schlussfolgert daher:

> Dieser Befund lässt einen mit Bedacht zu lesenden Vergleich zu, der sich an die Forschungslandschaft anschließt, und zwar dahingehend, dass ein steigen-der Interaktionsanteil des Narratives I Parallelen zu einem gestörten kommu-nikativen Rhythmus ermöglicht, wie ihn Feldman (2007), Marwick und Mur-ray (2009) sowie Robb (2000) für depressive Mütter in der Interaktion mit ihren Kindern nachgewiesen haben. (Bansner 2017, 178)

Das bedeutet für die praktische Arbeit, dass schon zum Zeitpunkt der Geburt ermittelt werden sollte, ob sich die Familie in einer belastenden Lebenslage befindet, um früh-möglich Maßnahmen anzubieten, die Dimensionen wie „belastende Schuldensituation", „soziale Isolation" oder „innerer Stress" bearbeiten können. Die Möglichkeiten heraus-zufinden, ob eine Familie belastet ist oder nicht, können in dieser Phase nur Hebammen,

Krankenhäuser oder freie Träger, die Geburtsvorbereitungskurse anbieten, da sie eine außerordentlich wichtige Position in diesem Prozess einnehmen. Aus diesem Grund müssten an diesen Stellen Ressourcen geschaffen werden, die Lebenslage der Familie einzuordnen und Netzwerkarbeit, z. B. mit Schuldenberatungsstellen, leisten zu können.

Weiterhin konnte Bansner (2017) zeigen, dass bei einem „eingeschränkten Raum der Perspektiven", insbesondere, wenn die Mutter „keine Unterstützung im Bereich der Betreuung des Kindes" durch ihr soziales Netzwerk erfährt, sich das mütterliche Interaktionsverhalten verstärkt (a.a.O., 187). Diese quantitative Erhöhung hatte jedoch keinen Einfluss auf die emotionale Regulation der Dyade. Außerdem konnte sie verdeutlichen, dass die Quantität der „Initiierungen der Mutter", dem „Interaktionsverhalten" und einem „positiv emotional-motivationalen Zustand" auch nicht gleichbedeutend mit einer hohen emotionalen Regulation der Dyade einhergeht, da dadurch keine weiteren Effekte auf eine Entwicklung eines Narrativs ermittelt werden konnten.

Bansner (2017) formuliert aufgrund ihres Ergebnisses der Erhöhung des Blickverhaltens der Mutter bei keiner Unterstützung durch ein soziales Netzwerk, gegebenenfalls das Kind als potenzieller Ersatz hierfür genutzt wird. Daher sollte die Ressource des Blickkontaktes in den jeweiligen Kontext der Lebenslage eingeordnet werden, weil dies nicht zwangsläufig zu einer Erhöhung der Qualität in der emotionalen Regulation der Dyade führt. Auch das Gefühl der „Langeweile" bzw. „der wartenden Haltung", das heißt der eingeschränkten dynamischen Vitalitätsformen im Dialog, dass von den Beobachterinnen in der vorliegenden Arbeit beschrieben wurde, kann mit dem unimodalen Einsatz von Zeichenträgern in Verbindung gebracht werden.

Sowohl in der quantitativen als auch in der qualitativen Untersuchung des Datenmaterials der Studie SMILE konnte gezeigt werden, dass sich die emotionale Regulation der Dyade nur durch einen multimodalen Einsatz der Zeichenträger und einer kontingenten Abstimmung des Arousals erhöhen lässt. Festzuhalten ist außerdem, dass in der dialogischen Entwicklung zwischen Mutter und Kind im dritten bis vierten Lebensmonat belastenden Umstände der Lebenslage einen maßgeblichen Einfluss haben und Ähnlichkeiten aufweisen, wie sie auch bei Müttern mit psychischen Erkrankungen zu finden sind. Es besteht die Möglichkeit, dass die Vitalitätsformen und Fähigkeiten zur wechselseitig affektiv-emotionalen Abstimmung innerhalb des Dialogs gleichermaßen begrenzt zu sein scheinen.

Die Beratungsangebote und therapeutischen Maßnahmen, die bisher bestehen, beziehen bisher kaum diese Dimensionen der Lebenslage als Einflussquelle ein. In dem ausführlichen Überblick über Eltern-Säuglings-Beratungsmöglichkeiten, den Cierpka (2014) und Kollegen geben, findet sich keine Form der Beratung, die die Lebenslage der Familie bezüglich der ökonomischen, kulturellen und sozialen Kapitalien, geschweige denn des subjektiven Empfindens in Bezug auf die „gefühlte Armut" schwerpunktmäßig beleuchtet und zusammen mit der Familie bearbeitet.

9.2 Der Forschungsprozess als intersubjektiver Raum

Der Aufhebung der Kluft zwischen Beobachtenden und Proband kann nur durch wahrhafte Partizipation begegnet werden. Das bedeutet, dass die Analyse nicht nur durch mehrere intersubjektive Beobachterinnen, sondern auch durch die Mutter selbst geschehen muss. Dieser Ansatz bedarf auf Basis der Arbeit eines speziell ausgearbeiteten Konzepts, um die unterschiedlichen Perspektiven miteinander zu verknüpfen und einen einflussreichen Effekt zu erzielen. Ein Phänomen, das in der relationalen Fallanalyse wahrgenommen werden konnte, könnte z. B. durch den Einbezug der Mutter explizit untersucht werden. Es konnte ein Wandel in der Dynamik der Dyade, das Abstimmen des Arousals und dadurch das Hervorrufen von Nähe, dann verzeichnet werden, wenn das Kind einen Laut von sich gab, der als leise, sanft, seufzend oder auch bedürftig wahrgenommen wurde. Der wichtige Aspekt hierbei ist, das Wahrnehmen des Lautes durch die Mutter.

Ob ein Laut zu einem Informationsträger wird und welche Information er übermittelt, hängt entscheidend auch davon ab, ob und wie er vom Partner wahrgenommen, interpretiert und beantwortet wird (Smith, 1977; Papoušek, 1992).
(Papoušek, 2001, 157)

Interessant in der weiteren empirischen Auseinandersetzung wäre es demnach zu untersuchen, was genau in diesen Momenten bei der Mutter ausgelöst wird bzw. wie sie selbst
diesen Laut interpretieren würde. Dies könnte mit dem Einbezug der Mutter in den Forschungsprozess vollzogen werden.

In der ursprünglichen Analyse der Studie SMILE wurde auf eine Operationalisierung
von Emotionen aufgrund des rein mimischen Ausdrucks verzichtet und stattdessen auf
eine Bewertungsskala der Intensität von positiven und negativen Emotionen zurückgegriffen. Laut Papoušek (2001, 156) äußert sich die affektiv-emotionale Befindlichkeit
eines Säuglings hauptsächlich über vokalisatorische Äußerungen, so dass besonders
Operationalisierungen, die sich auf die Mimik beschränken, nicht für Untersuchung von
Emotionen bei Säuglingen geeignet sind. Allerdings wird meines Erachtens auch durch
eine Bewertungsskala der Funktion der Emotionen der Probanden nicht Sorge getragen.
Die Übermittlung der Emotionen der Probanden schließt den Forschenden nicht aus.
Das heißt, die Bewertung, um die Emotionen kontextbezogen interpretieren zu können,
müssen durch den Forschenden bewertet werden. Daher sollte sich der Forschende in
die Probanden einfühlen, und dies nicht im Sinn von Empathie, sondern die Emotionen
des Gegenübers entschlüsseln, indem sie durch den Prozess des Einfühlens nachemp-
funden werden. Außerdem, wie im Kapitel 2.1.2 herausgearbeitet wurde, ist die Übereinkunft darüber, wie Emotionen definiert werden wissenschaftsübergreifend nicht abgeschlossen.

9.3 Die Arbeit mit der Familie im intersubjektiven, ressourcenorientierten Raum

Um diese Methode durchzuführen, ist es notwendig, Videoaufnahmen der Dyade zu erstellen und auszuwerten. Über diese Mittel verfügen immer häufiger Beratungspraxen
(vgl. Papoušek, 2000). Ob in jedem Fall das 3-Kamera-System im häuslichen Umfeld

aufgestellt werden muss, ist diskutabel. Allerdings bin ich der Ansicht, dass die Möglichkeit selbständig darüber zu entscheiden, wann eine Aufzeichnung entsteht, der Bezugsperson Kraft vermittelt, die eigenen Ressourcen anzuwenden und zu zeigen. Die Tatsache, dass die Bezugsperson im eigenen häuslichen Umfeld Sicherheit verspürt und sich als selbstwirksamer, verantwortlicher Teil der Untersuchung fühlt, trägt dazu bei, eine positive und somit motivational verstärkende Situation für die Mutter zu schaffen, um „gemeinsame Momente" der Dyade zu ermöglichen.

Durch die ungleiche Machtverteilung der Positionen des Hilfesuchenden und des Helfenden in der Elternarbeit kann davon ausgegangen werden, dass ein grundsätzliches emotionales Gefälle zwischen Klient und Beratendem besteht. So wie die Kluft zwischen Proband und Forschendem besteht, bestehen auch in der praktischen Arbeit Annahmen über eine „Pseudo-Objektivität" oder auch „Neutralität" der beratenden Person, die missverständlich als „Professionalisierung" begriffen wird (vgl. Daßler, 1999). Dem Fakt des Ungleichgewichts ist an dieser Stelle nichts entgegen zu setzen. Jedoch wäre durch die Grundlage von Intersubjektivität in Elterngesprächen eine Annäherung an eine Kompensation möglich, z. B. durch das Thematisieren und Zulassen von eigenen Emotionen, Authentizität, transparente Strukturen und wahrhafte Selbstreflektion.

Was diesen Forderungen jedoch entgegen steht, möchte ich im folgenden Kapitel aufgreifen.

10. Umgang mit Emotionen von Pädagoginnen innerhalb der Pädagogik

Bevor ich diese neue Perspektive auf das Forschungsmaterial und somit unsere Familien anwendete, war mir nicht klar, dass sich der Schwerpunkt im Nachhinein auf den Umgang der (negativen) Emotionen der Pädagoginnen verlagern würde. Ich hatte die Vermutung, dass wir auf diese besondere Art und Weise der Analyse Ressourcen der Dyade herausfiltern können, die innerhalb von anderen Analysen nicht sichtbar wären. Dies geschah auch anteilig, jedoch nahm dies nicht den größten Stellenwert in der Entwicklung der Methode ein. Das größte Problem, das sich mir zeigte, war der Umgang mit den eigenen Emotionen bei nicht gelingenden Abstimmungsprozessen durch die weiteren Beobachterinnen und letztendlich auch durch mich selbst. Die Angleichung des Arousals und die Interpretation durch die Beobachterinnen bedeutete, sich in Empfindungen wie „Langeweile" oder in Teilen auch „das an dem Kind vorbei agierende Verhalten der Mutter" einzufühlen. Sind dies negative Emotionen? Ist diese Einteilung in positive und negative Emotionen hilfreich? Wie gestaltet sich der Umgang mit Emotionen und Gefühlen in pädagogischen Kontexten?

Die Tatsache, dass eine emotionale Beteiligung der beobachtenden Pädagoginnen vorhanden ist, ist dabei nicht der herausfordernde Aspekt, sondern das Gefühl oder die Emotion zuzulassen, das Verhalten der Mutter (gegenüber den Kindern kam dies nicht vor) also zunächst einzustufen und dieses Gefühl aufzuschreiben, ohne schon beim Beobachten einen positiven Aspekt zu suchen bzw. sich innerhalb der Beobachtung nur auf das positive zu fokussieren. Das Zulassen dieser Emotionen ist notwendig, weil zum einen, sie Teil des pädagogischen Alltags sind und zum anderen, weil sie Teil der Pädagogin oder des Pädagogen sind. Durch die grundsätzliche Fokussierung auf das positive, wird sofort die „Rolle als Pädagogin" eingenommen und der andere Teil der Person negiert oder verdrängt. Wichtig hierbei zu Bedenken ist, dass diese Emotionen, besonders wenn sie negativ erscheinen bzw. so eingestuft werden, nicht handlungsleitend sind (vgl. Daßler, 1999). Die Ausbildung der Pädagogen und Pädagoginnen schließt „Gefühlsarbeit" bzw. den Umgang mit Gefühlen ein, so dass der Pädagoge oder die Pädagogin in der Lage ist, mit Emotionen des Gegenübers reflektiert umzugehen. Diese Form

© Springer Fachmedien Wiesbaden GmbH, ein Teil von Springer Nature 2019
S. Lück, *Das Zwischen im Dialog*, Diversität in Kommunikation und
Sprache / Diversity in Communication and Language,
https://doi.org/10.1007/978-3-658-25833-7_11

der Professionalisierung sollte allerdings nicht bedeuten, dass jegliche eigene Emotionen abgespalten oder gar tabuisiert werden. Hier besteht meines Erachtens der stärkste Konflikt in der pädagogischen Praxis.

Daßler (1999) bestimmt unterschiedliche Dimensionen des Umgangs mit Gefühlen innerhalb sozialpädagogischer Handlungsfelder. Unter anderem bezieht er sich auf Hochschild (1990, 55f.), die das 'surface acting' und das 'deep acting', als Varianten der „Gefühlsarbeit" beschreibt. Das 'surface acting' bezieht sich auf das oberflächliche, das äußerlich wahrnehmbare Verhalten, das der Situation angepasst wird. Das 'deep acting' ist die Fähigkeit, die eigenen Gefühle so zu manipulieren, um den Anforderungen innerhalb eines (pädagogischen) Prozesses gerecht zu werden. Dies sieht Hochschild jedoch als Entfremdung und somit als risikoreich an, weil die Orientierungsfunktion des eigenen Gefühls für die Person verloren geht. Diese Fähigkeit kann auch in den „Freizeitbereich" bzw. die persönliche Ebene übergehen, so dass sich ein Authentizitätsverlust entwickeln kann (vgl. Daßler, 1999, 209). Dem Risiko des Authentizitätsverlusts kann, bezogen auf die Erfahrungen, die in der vorliegenden Analyse gemacht wurden, nachvollzogen werden, da das Zulassen der eigenen Emotionen innerhalb der „Pädagogen-Rolle" den Beobachterinnen sehr schwer fiel. Das Risiko des Authentizitätsverlusts kann auch durch Fenglers (1991, 37ff.) Annahmen untermauert werden. Er beschreibt mögliche Formen der Deformation der Persönlichkeiten von Helfern jeder Art, unter anderem durch die „Abrufbarkeit von Gefühlen". Das bedeutet z. B., dass jemand in jeder Hinsicht Wärme und Zuversicht verströmt, ob dies nun der Situation und den eigenen Emotionen angemessen ist oder nicht. Deformationen können so zu Automatismen auch im privaten Kontakt werden.

In Belastungssituationen können diese Deformationen noch intensiver, in Form von Reaktionsbildungen sein, das heißt der Verkehrung des eigenen Affekts in das Gegenteil.[68]

---

[68] Fengler (1991) bezieht sich hier auf Rauchfleisch (1983).

> Der Helfer erlebt dann den Klienten nicht als Last, sondern zwingt sich, sich auf ihn zu freuen, und spürt statt Ungeduld besonders tiefklebrige Anteilnahme. (Fengler, 1991, 80)

Lüdtke (2004, 122) verweist in Bezug auf die Gefühlsabwehr bzw. -negierung bei Lehrenden auf eine Erhöhung der Rationalität, um die eigene Emotionalität zu schützen. Sie beschreibt den Vorgang des „dicken Fells anlegen", wie dies häufig Sonderpädagoginnen und -pädagogen empfohlen wird, wenn sie mit „schweren Fällen" arbeiten. Es ist jedoch möglich, dass genau durch dieses „dicke Fell" bzw. dieser Form der Professionalisierung eine Distanz zu meinem Gegenüber entsteht, die dem „Verstehen" entgegenwirkt. Schmidt-Lellek (2006) beschreibt die Machtverhältnisse in der Psychotherapeut-Klienten-Beziehung und kommt zu dem Schluss, dass diese Form von Distanz erhebliche Auswirkungen haben kann.

> Auch eine *rigide* Abstinenzhaltung des Therapeuten kann man als Machtmissbrauch ansehen: Indem er sich auf diese Weise als Person unerreichbar und „unangreifbar" macht, hebt er sich aus der zwischenmenschlichen Situation heraus und kann eine quasi übermenschliche Macht ausüben und den Patienten in ein Ohnmachtsgefühl drängen. (Schmidt-Lellek, 2006, 355, Herv. i. O.)

Aufgrund der gewonnenen Erkenntnisse aus dieser Arbeit möchte ich hier die These aufstellen, dass durch die „Unangreifbarkeit" der Pädagogin oder des Pädagogen im Prozess des Helfens oder Beratens, die Möglichkeiten Einfluss zu nehmen und Irritationen im vorhandenen System zu erwirken, verringert werden. Eine „nicht-greifbare" Person im Dialog kann meine Empfindungen nicht berühren und wird daher zur flüchtigen Begegnung.

11. Weiterführende Gedanken

„Darf ich mich mal bei dir auskotzen?"

Diese Formulierung scheint für eine wissenschaftliche Arbeit sehr ungewöhnlich, wenn nicht gar unangebracht und despektierlich. Jedoch behaupte ich, dass ein Großteil der Menschen, die im pädagogischen Bereich arbeiten, diese Formulierung schon einmal verwendet haben. Daher ist sie wichtig und angebracht. Sie verkörpert einen Tabubereich. Was bedeutet diese Frage? Pädagoginnen und Pädagogen verwenden diese Formulierung, um ihre Emotionen „rauszulassen". Es sind ihre wahren Gedanken und Gefühle über ihre Kolleginnen, Vorgesetzten, Kinder und Familien, mit denen sie arbeiten. Diese Form der „Selbstfürsorge" oder auch „Psychohygiene" wird jedoch normalerweise hinter verschlossenen Türen in einem privaten Gespräch, häufig unter anderen Pädagoginnen und Pädagogen, die dafür Verständnis aufbringen, praktiziert. Oder sogar nur mit Menschen, die nichts mit ihrem Arbeitsplatz zu tun haben. Warum ist das so? Es gibt keinen offiziellen Raum im pädagogischen Alltag, der diese Form des „sich Öffnens" zulässt, geschweige denn nutzt oder in dem es erwünscht ist. Natürlich gibt es im Rahmen einer Supervision oder auch innerhalb einer kollegialen Beratung Fragen wie „Wie hast Du dich dabei gefühlt?". Aber die Wahrscheinlichkeit, dass ich abwäge, wie ich meine emotionale Beteiligung formuliere oder abschwäche, ist sehr groß. Die Bedenken, als „unprofessionell" eingestuft zu werden, wenn ich „Schwächen" eingestehe, überlagern das Bedürfnis, sich wirklich zu öffnen. Der Professionalisierungsprozess wäre demnach durchzogen von Emotionen, die keinen Raum bekommen.

Der gegenwärtige Zeitgeist verlangt eine positive Sicht auf Klienten, auf deren Ressourcen. Diese Herangehensweise hat sich etabliert. Diese Wandlung innerhalb der Pädagogik hat ermöglicht, dass innerhalb der pädagogischen Prozesse eine wertschätzende Haltung gegenüber den Klienten vorausgesetzt und sogar immer häufiger auch praktiziert wird. Teilweise wird dies sogar als Standard im qualitativen Prozessgeschehen in das Konzept aufgenommen. Diese Wandlung ist durchaus zu begrüßen und stärkt den einzelnen Klienten innerhalb seiner Selbstwirksamkeit. Jedoch ist innerhalb dieses Wandels die Pädagogin oder der Pädagoge als fühlender und empfindender Mensch kaum

© Springer Fachmedien Wiesbaden GmbH, ein Teil von Springer Nature 2019
S. Lück, *Das Zwischen im Dialog*, Diversität in Kommunikation und
Sprache / Diversity in Communication and Language,
https://doi.org/10.1007/978-3-658-25833-7_12

noch vorhanden oder eben nur hinter verschlossener Tür. Die Wahrscheinlichkeit, dass durch diese Form der Unterdrückung die Pädagogin oder der Pädagoge „negative" Emotionen in den Prozess einbringt bzw. unbewusst vermittelt, ist sehr groß. Und damit meine ich nicht nur in die direkte Arbeit mit den Klienten. Durch den unkontrollierten Einfluss der unerwünschten, negativen Emotionen können sich weit übergreifende Änderungen in der Haltung dem Klientel, oder auch weitreichender einer Kultur, gegenüber verstecken bzw. sich in verallgemeinernden Abwertungen verfestigen („Hier ernährt sich doch sowieso keiner gesund", „Die sitzen eh den ganzen Nachmittag vor dem Fernseher") oder auch generell zu einer pessimistischen Einstellung beitragen („Jetzt hat die Mutter ihr Kind zwar beim Sportkurs angemeldet, bringt es aber ja doch nicht hin. Wie immer."). Dass jedoch genau diese unterschwelligen Emotionen, die sich ihren Weg nach draußen dann auf unkontrollierte Weise suchen, die praktische Arbeit bestimmen können und außerdem zur Überlastung beitragen, möchte niemand gerne öffentlich hören. Daher muss dieser Tatsache in einem zwar geschützten, jedoch öffentlichem Raum Sorge getragen werden. Allen voran wäre davon Abstand zu nehmen „Professionalisierung" mit „Emotionsnegierung oder -abspaltung" gleichzusetzen. Darauffolgend müssten regelmäßig Räume, das bedeutet nicht nur in Krisenfällen, geschaffen werden, z. B. Supervisionen oder kollegiale Beratungen, in denen auch die negativen Emotionen, das heißt, die Einfühlung in diese, bearbeitet werden können. Das setzt allerdings eine Gesprächskultur voraus, die alle Ebenen des Pädagogen oder der Pädagogin (im Sinne der erarbeiteten Analyse) anerkennt.

Das, was einen gelungenen Dialog möglicherweise beeinträchtigt, sei es zwischen Mutter und Kind oder Pädagogin und Klient, kann sich auf vielfältigen Ebenen manifestieren. Doch scheint es, dass nur durch Transparenz diesem entgegengewirkt werden kann. Das „Zwischen" als intersubjektiver Raum sollte den emotional-regulierten Dialog nicht behindern, sondern vitalisieren.

Literatur

Ainsworth, M., Blehar, M., Waters, E. & Wall, S. (1978). *Patterns of Attachment. A Psychological Study of the Strange Situation.* New York: Psychology Press.

Bansner, M. (2017). *Die emotionale Regulation der Mutter-Kind Dyade in ihrer Lebenslage. Eine in-vivo Studie der frühkindlichen Kommunikations- und Sprachentwicklung. Diversität in Kommunikation und Sprache / Diversity in Communication and Language.* Wiesbaden: Springer Fachmedien.

Bateson, M.C. (1979). 'The epigenesis of conversational interaction': A personal account of research development. In M. Bullowa (Hrsg.), *Before Speech. The beginning of interpersonal communication* (S. 63-78). Cambridge [u.a.]: Cambridge University Press.

Bauman, Z. (2000). *Vom Nutzen der Soziologie.* Frankfurt a. M.: Suhrkamp.

Beebé, B., Knoblauch, S., Rustin, & J., Sorter, D. (2003). A Comparison of Meltzhoff, Trevarthen, and Stern. *Psychoanalytic Dialogues,* 13 (6), 809-836.

Berger, P. L. & Luckmann, T. (1972). *Die gesellschaftliche Konstruktion der Wirklichkeit.* Frankfurt a. M.: Fischer.

Bohnsack, R. (2014). Rekonstruktive Sozialforschung. Einführung in qualitative Methoden. 9. Überarbeitete und erweiterte Auflage. Opladen: UTB.

Böhme, J. (2016). Kombination von Grounded Theory und Ethnomethodologie. In C. Equit, C. Hohage (Hrsg.), *Handbuch Grounded Theory. Von der Methodologie zur Forschungspraxis* (S. 342-360). Weinheim: Beltz Juventa.

Bourdieu, P. (1983). Ökonomisches Kapital, kulturelles Kapital, soziales Kapital. In Kreckel, R. (Hrsg.), *Soziale Ungleichheiten. Soziale Welt* Sonderband 2, 183-198.

Bourdieu, P. (1987). *Die feinen Unterschiede.* Frankfurt a. M.: Suhrkamp.

Bourdieu, P. (1997). Verstehen. In P. Bourdieu & et al. (Hrsg.), *Das Elend der Welt: Zeugnisse und Diagnosen alltäglichen Leidens an der Gesellschaft* (S. 779-822). Konstanz: UVK.

Bourdieu, P. (1999). Narzißtische Reflexivität und wissenschaftliche Reflexivität. In Berg, E. & Fuchs, M. (Hrsg.), *Kultur, soziale Praxis, Text* 3. Auflage (S. 365-374). Frankfurt a. M.: Suhrkamp.

© Springer Fachmedien Wiesbaden GmbH, ein Teil von Springer Nature 2019
S. Lück, *Das Zwischen im Dialog,* Diversität in Kommunikation und
Sprache / Diversity in Communication and Language,
https://doi.org/10.1007/978-3-658-25833-7

Bourdieu, P. (2005a). *Was heißt sprechen? Die Ökonomie des sprachlichen Tausches.* Wien: Wilhelm Braumüller.

Bourdieu, P. (2005b). *Die verborgenen Mechanismen der Macht. In M. Steinrücke (Hrsg.) Schriften zu Politik & Kultur,* Hamburg: VSA

Bourdieu, P. (2009). *Entwurf einer Theorie der Praxis.* 2. Auflage, Frankfurt a. M.: Suhrkamp.

Bourdieu, P. (2014). *Sozialer Sinn.* 8. Auflage, Frankfurt a. M.: Suhrkamp.

Bourdieu, P. & Wacquant, L.J.D. (2006). *Reflexive Anthropologie.* Frankfurt a. M.: Suhrkamp.

Bowlby, J. (1975). *Bindung. Eine Analyse der Mutter-Kind-Beziehung.* München: Kindler

Bråten, S. (1998). *Intersubjective Communication and Emotion in Early Ontogeny.* Cambridge: Cambridge University Press.

Bråten, S. (2011). Intersubjektive Partizipation: Bewegungen des virtuellen Anderen bei Säuglingen und Erwachsenen. *Psyche – Z Psychoanal* 65, 832-861.

Bruner, J. S. (1997). *Sinn, Kultur und Ich-Identität: Zur Kulturpsychologie des Sinns.* Heidelberg: Auer.

Brisch, K.H. (2009). Die frühkindliche außerfamiliäre Betreuung von Säuglingen und Kleinstkindern aus der Perspektive der Säuglingsforschung. *Analytische Kinder- und Jugendlichen- Psychotherapie AKJP,* 142, 143-158.

Buber, M. (1983). *Ich und Du.* Heidelberg: Lambert Schneider.

Buccino, G., Vogt, S., Ritzl, A., Fink, G.R., Zilles, K., Freund, H.-J. & Rizzolatti, G. (2004). Neural circuits underlying imitation learning of hand actions: An event related fMRI study. *Neuron* 42, 323-334.

Bugge, P. (2008). *Neurophysiologische Erklärbarkeit phänomenaler Gehalte.* Dissertation. Verfügbar unter http://hss.ulb.uni-bonn.de/2008/1385/1385.htm. Zugegriffen: 05.11.2017.

Chartrand, T.L. & Bargh, J.A. (1999). The chameleon effect: the perception-behaviour link and social interaction. *Journal of personality, Social Psychology,* 76, 893-910.

Damasio, A. (1994a). *Descartes' Error: Emotion, Reason and the Human Brain.* London: Macmillan.

Damasio, A. (1994b). Descartes' error and the future of human life. *Scientific American* 271 (4):144.

Damasio, A. (2009). *Ich fühle, also bin ich. Die Entschlüsselung des Bewusstseins.* Berlin: Ullstein.

Damasio, A. (2000). *The Feeling of What Happens.* London: William Heinemann.

Daßler, H. (1999). Emotion und pädagogische Professionalität: Die Bedeutung des Umgangs mit Gefühlen für sozialpädagogische Berufe. Verfügbar unter http://www.digibib.tu-bs.de/?docid=00001104, Zugegriffen: 15.09.17.

Delafield-Butt, J. & Trevarthen, C. (2015). The ontogenesis of narrative: from moving to meaning. *Frontiers in psychology*, Volume 6, Article 1157.

Deneke, C. & Lüders, B. (2003). Besonderheiten der Interaktion zwischen psychisch kranken Eltern und ihren kleinen Kindern. *Praxis der Kinderpsychologie und Kinderpsychiatrie* 52, 3, 172-181.

Devereux, G. (1967). *Angst und Methode in den Verhaltenswissenschaften.* München: Carl Hanser.

Duncan, S. & Feldman Barett, L. (2007). Affect is a form of cognition: A neurobiological analysis. *Cognition and Emotion;* 21(6): 1184-1211.

Dornes, Martin (2006). *Die Seele des Kindes. Entstehung und Entwicklung.* Frankfurt a. M.: S. Fischer.

Ekman, P. (1992). An argument for basic emotions. *Cognition and Emotion*, 6, 169-200.

Esken, F. (2006). Spiegelneuronen: Die neurobiologische Antwort auf das Intersubjektivitätsproblem, die Husserl noch nicht kannte? Husserls Überlegungen zum Fremdpsychischen im Lichte der Kognitionswissenschaft. In D. Lohmar & D. Fonfara (Hrsg.), *Interdisziplinäre Perspektiven der Phänomenologie* (72-107). Dordrecht: Springer.

Fengler, J. (1991). *Helfen macht müde. Zur Analyse und Bewältigung von Burnout und beruflicher Deformation.* München: Pfeiffer.

Feuser, G. (1989). Allgemeine integrative Pädagogik und entwicklungslogische Didaktik. *Behindertenpädagogik*, 28 Jg., Heft 1/1989, 4-48.

Feuser, G. & Jantzen, W. (2014). Bindung und Dialog. In G. Feuser, B. Herz, W. Jantzen (Hrsg.), *Emotion und Persönlichkeit*, Band 10 (64-90). In W. Jantzen (Hrsg.), Behinderung, Bildung, Partizipation. Stuttgart: Kohlhammer.

Field, T., Healy, B., Goldstein, S., Perry, S., Bendell, D., Schanberg, S., Zimmerman, E.A. & Kuhn, C. (1988). Infants of depressed mothers show „depressed" behaviour even with nondepressed adults. *Child Development*, 59, 1569-1579.

Fonagy, P., Gergely, G., Jurist, E.L. & Target, M. (2008). *Affektregulierung, Mentalisierung und die Entwicklung des Selbst*. 3. Auflage. Stuttgart: Klett-Cotta.

Fraiberg, S. (1979). Blind infants and their mothers: An examination of the sign system. In M. Bullowa (Hrsg.), *Before Speech. The beginning of interpersonal communication* (S. 149 – 169). Cambridge: University Press.

Frank, B. (2009). Bindung. In M. Dederich & W. Jantzen (Hrsg.), *Behinderung und Anerkennung* (S. 192-198). Stuttgart: Kohlhammer.

Frank, B., Gratier, M. & Lüdtke, U. (2011). Frühe emotionale und kommunikative Entwicklung. In M. Dederich, W. Jantzen, R. Walthes (Hrsg.), *Sinne, Körper und Bewegung – Behinderung, Bildung und Partizipation. Enzyklopädisches Handbuch der Behindertenpädagogik*, Bd. 9 (71 – 81), Stuttgart: Kohlhammer.

Frank, B. & Trevarthen, C. (2012). Intuitive meaning. In A. Foolen, U. Lüdtke, T. Racine, J. Zlatev (Hrsg.), *Moving Ourselves, Moving Others: Motion and emotion consciousness, intersubjectivity and language* (S. 261-303). Amsterdam: John Benjamins.

Friebertshäuser, B. (2006). Verstehen als methodische Herausforderung für eine reflexive empirische Forschung. In B. Friebertshäuser, M. Rieger-Ladich & L. Wigger (Hrsg.), *Reflexive Erziehungswissenschaft. Forschungsperspektiven im Anschluss an Pierre Bourdieu* (S. 231-251), Wiesbaden: VS.

Fröhlich, G. & Rehbein, B. (2009). *Bourdieu Handbuch*. Stuttgart: Metzler.

Fuchs, T. (2003). Non-verbale Kommunikation: Phänomenologische, entwicklungspsychologische und therapeutische Aspekte. Verfügbar unter https://www.researchgate.net/publication/255656142_Non-verbale_Kommunikation_Phanomenologische_entwicklungspsychologische_und_therapeutische_Aspekte, Zugegriffen: 05.11.2017

Gadamer, H.G. (1960). *Wahrheit und Methode*. Tübingen: J. C. B. Mohr.

Gadamer, H.G. (1993). *Vom Zirkel des Verstehens*. Gesammelte Werke, Bd. 2. Tübingen: Mohr Siebeck.

Gallese, V. (2013). Den Körper im Gehirn finden. In M. Leuzinger-Bohleber, R.N. Emde & R. Pfeifer (Hrsg.), *Embodiment – ein innovatives Konzept für Entwicklungsforschung und Psychoanalyse* (S. 75-112). Göttingen: Vandenhoeck &

Ruprecht.

Gallese, V., Rochat, M., Cossu, G. & Sinigaglia, C. (2009). Motor cognition and its role in the phylogeny and ontogeny of action understanding. *Developmental Psychology*, 45, 103-113.

Göppel, R (2014). *Gehirn, Psyche, Bildung*. Stuttgart: Kohlhammer.

Gratier, M. (2003). Expressive timing and interactional synchrony between mothers and infants: cultural similarities, cultural differences, and the immigration experience. *Cognitive Development*, 18, 533-554.

Gratier, M. & Apter-Danon, G. (2008). The improvised musicality of belonging: Repetition and variation in mother infant vocal interaction. In S. Malloch & C. Trevarthen (Hrsg.), *Communicative musicality, Narratives of expression gesture and being human*, (S. 301-327), Oxford: University Press.

Gregor, A. (2002). *Exzessives Schreien bei Säuglingen und intrafamiliale Kommunikationsmuster: eine Längsschnittstudie*. Frankfurt a. M.: Peter Lang.

Herz, M. (1996). *Disposition und Kapital. Ein Beitrag zur Bourdieu Debatte*. Wien: Braumüller.

Heidegger, M. (1967). *Sein und Zeit*. Tübingen: Niemeyer

Hochschild, A.R. (1990). *Das gekaufte Herz*. Frankfurt a.M.: Campus.

Holodynski, M. (2004). *Die Entwicklung von Emotion und Ausdruck. Vom biologischen zum kulturellen Erbe*. 1-16, ZIF: Mitteilungen 3/2004, Verfügbar unter http://www.uni-bielefeld.de/(de)/ZIF/Publikationen/Mitteilungen/Aufsaetze/, Zugegriffen: 05.11.2017

Izard, C.E. (1999). *Die Emotionen des Menschen*. Weinheim: Beltz Psychologie.

Jantzen, W. (2005). *„Es kommt darauf an, sich zu verändern…" Zur Methodologie und Praxis rehistorisierender Diagnostik und Intervention*. Gießen: Psychosozial-Verlag.

Jantzen, W. (2008). Genesis und Zerfall von sozialem Sinn – Methodologische Annäherungen. In H. Giest & G. Rückriem (Hrsg.), *Kulturhistorische Psychologie heute. Methodologische Erkundungen zu L.S. Vygoskij*, Band 22, (S.360-376). ICHS International Cultural-historical Human Sciences, Berlin: Lehmanns Media.

Jantzen, W. (2012). *Auf dem Weg zum psychologischen Materialismus*. Neue Impulse Verlag, Verfügbar unter http://archiv.neue-impulse-verlag.de/artikel/414/1084-

auf-dem-wege-zum-psychologischen-materialismus.html,   Zugegriffen:
15.07.2017

Kelle, U. (2014). Mixed Methods. In N. Bauer, J. Blasius (Hrsg.), *Handbuch Methoden der empirischen Sozialforschung*, (S. 152-166). Wiesbaden: Springer VS.

Könneker, C. (2015). Themenheft: Bewusstsein und freier Wille, Reihe „Rätsel Mensch". In *Gehirn und Geist*, 2. Heidelberg: Spektrum der Wissenschaft

Kristeva, J. (1978). *Die Revolution der poetischen Sprache*. Frankfurt a. M.: Suhrkamp.

Kugiumutzakis, G. (1998). Neonatal imitation in the intersubjective companion space. In S. Bråten (Hrsg.), *Intersubjective Communication and Emotion in Early Ontogeny*. Cambridge: Cambridge University Press.

Lanz, P. (1996). *Das phänomenale Bewußtsein. Eine Verteidigung*. Frankfurt a. M.: Klostermann.

LeDoux, J. (1998). *Das Netz der Gefühle*. München [u.a.]: Carl Hanser.

Leimbrink, K. (2010). *Kommunikation von Anfang an. Die Entwicklung von Sprache in den ersten Lebensmonaten*. Tübingen: Stauffenburg.

Leont'ev, A. A. (1987). Existenzformen der Bedeutung. Die Bedeutung als allgemeinwissenschaftliche Kategorie. In W. Maiers, M. Markard, *Kritische Psychologie als Subjektwissenschaft*. Frankfurt a. M.: Campus

Lotman, Y. (1984). The semiosphere. In *Soviet Psychology*, 27, 1, 40-61.

Lüdtke, U. (2004). Emotionen im Unterricht. Theorie und Praxis einer Relationalen Didaktik im Förderschwerpunkt Sprache. In Grohnfeldt, M. (Hrsg.), *Lehrbuch der Sprachheilpädagogik und Logopädie*, Band 5 (106-126). Stuttgart: Kohlhammer.

Lüdtke, U. (2005). *Sprache und Emotion: Vom Logos zum Dialog. Zur Konstruktion einer Relationalen Theorie der Sprachbehindertenpädagogik: Erkenntnistheorie – Sprachtheorie – Didaktiktheorie*. Universität Bremen, unveröffentlichte Habilitationsschrift.

Lüdtke, U. (2006a). Sprache und Emotion: Neurowissenschaftliche und linguistische Relationen. *Die Sprachheilarbeit* 51 (4), 160-175.

Lüdtke, U. (2006b). Sprache und Emotion: Neurowissenschaftliche und linguistische Zusammenhänge. In R. Bahr & C. Iven (Hrsg.), *Sprache – Emotion – Bewusstheit. Beiträge zur Sprachtherapie in Schule, Praxis, Klinik*, 17-26. Idstein: Schulz-Kirchner.

Lüdtke, U. (2006c). Intersubjektivität und Intertextualität. Neurowissenschaftliche Evidenzen für die enge Relation zwischen emotionaler und sprachlicher Entwicklung. *Sonderpädagogische Förderung* 3, 275-297.

Lüdtke, U. & Frank, B. (2007). Die Sprache der Gefühle – Gefühle in der Sprache. Ausdruck, Entwicklung und pädagogische Regulation von Emotionen am Beispiel der Jugendsprache. In R. Arnold & G. Holzapfel (Hrsg.), *Emotionen und Lernen. Die vergessenen Gefühle in der Erwachsenenpädagogik. Reihe: Grundlagen der Berufs- und Erwachsenenbildung* (S. 119-142). Hohengehren: Schneider.

Lüdtke, U. (2012a). Relational emotions in semiotic and linguistic development. In A. Foolen, U. Lüdtke, T. Racine & J. Zlatev (Hrsg.), *Moving Ourselves, Moving Others: Motion and emotion consciousness, intersubjectivity and language* (S. 305-346). Amsterdam: John Benjamins.

Lüdtke, U. (2012b). Person und Sprache. In O. Braun & U. Lüdtke (Hrsg.), *Sprache und Kommunikation – Behinderung, Bildung und Partizipation. Enzyklopädisches Handbuch der Behindertenpädagogik*, Bd. 8, (S. 60-81). Stuttgart: Kohlhammer.

Lüdtke, U. (2015). Introduction. From Logos to dialogue. In: U. Lüdtke (Hrsg.), *Emotion in language.* (S. VII-XI). Amsterdam: John Benjamins.

Malloch, S. (1999). Mothers and infants and communicative musicality. *Musicae Scientiae*, Special Issue 1999-2000, 29-57.

Malloch, S. & Trevarthen, C. (2009): Musicality: Communicating the vitality and interests of life. In S. Malloch & C. Trevarthen (Hrsg.), *Communicative Musicality. Exploring the basis of human companionship* (S. 1-11). Oxford: Oxford University Press

Mangold (2011a). *INTERACT 9. Quick Start. Benutzerhandbuch.* Anstorf: Mangold International

Mangold (2011b). *INTERACT 9.* Anstorf: Mangold International

Mayring, P. & Fenzel, T. (2014). Qualitative Inhaltsanalyse. In N. Bauer, J. Blasius (Hrsg.), *Handbuch Methoden der empirischen Sozialforschung*, (S. 152-166). Wiesbaden: Springer VS.

Meltzoff, A.N., & Moore, M.K. (1977). Imitation of facial and manual gestures by human neonates. *Science* 198, 75-78.

Meltzoff, A.N. & Moore, M.K. (1983). Newborn infants imitate adult facial gestures. *Child Development*, 54, 702-709.

Meltzoff, A.N. & Moore, M.K. (1998). Infant intersubjectivity: Broadening the dialogue to include imitation, identity, and intention. In S. Bråten (Hrsg.), *Intersubjective Communication and Emotion in Early Ontogeny* (S. 47-62). Cambridge: Cambridge University Press.

Merleau-Ponty, M. (1966). *Phänomenologie der Wahrnehmung*. Berlin: Walter de Gruyter & Co.

Mol-Wolf, K. (2016). Themenheft: Wie gut ist Mitgefühl? Was Empathie wirklich bedeutet. In *Hohe Luft Magazin*, 03. Hamburg: Inspiring Network

Murray, L. & Trevarthen, C. (1985). Emotional regulation of interactions between two-month-old and their mothers. In T.M. Field, & N.A. Fox (Hrsg.), *Social Perception in infants*, 177-197. Norwood, NJ: Ablex.

Nagy, E. & Molnar, P. (2004). Homo imitans or homo provocans? Human imprinting model of neonatal imitation. *Infant Behavior & Development*, 27, 54-63.

Noë, A. (2011). *Du bist nicht dein Gehirn*. München: Piper.

Panksepp, J. (1998). *Affective neuroscience the foundation of human and animal emotions*. Oxford: Oxford University Press.

Panksepp, J. (2005). On the Embodied Neural Nature of Core Emotional Affects. *Journal of Consciousness Studies*, 12, No. 8-10, 158-184.

Panksepp, J., Asma S., Curran, G., Gabriel, R. & Greif, T. (2012). The Philosophical Implications of Affective Neuroscience. *Journal of Consciousness Studies*, 19 (3-4), 6-48.

Panofsky, E. (1975). Ikonographie und Ikonologie. Eine Einführung in die Kunst der Renaissance. In E. Panofsky, *Sinn und Deutung in der bildenden Kunst*, (S. 36-67). Köln: DuMont.

Papilloud, C. (2003). *Bourdieu lesen. Einführung in eine Soziologie des Unterschieds*. Bielefeld: Transcript.

Papoušek, Mechthild (2000). Einsatz von Video in der Eltern-Säuglings-Beratung und – Psychotherapie. In *Praxis der Kinderpsychologie und Kinderpsychiatrie* 49 8, 611-627.

Papoušek, M. (2001). *Vom ersten Schrei zum ersten Wort*. Bern: Hans Huber.

Pauen, M. (2012). *The second-person perspective.* Verfügbar unter: https://www.researchgate.net/publication/263731471_The_Second-Person_Perspective; Zugegriffen: 05.11.2017

Pauen, S., Frey, B. & Ganser, L. (2014). Entwicklungspsychologie in den ersten drei Lebensjahren. In M. Cierpka (Hrsg.), *Frühe Kindheit 0-3* (22-37). Berlin [u.a.]: Springer.

Pernlochner-Kügler, C. (2003). *Körperscham und Ekel – wesentlich menschliche Gefühle.* Philosophie Band 51. Münster: LIT.

Plamper, J. (2012). *Geschichte und Gefühl.* München: Siedler.

Polzin, C. (in Vorbereitung). *Das Wie der Spur – der Moment des Zusammentreffens von Radhia, ihren Pflegekräften und mir in einem tansanischen Waisenheim.* Unveröffentlichte Dissertation. Hannover.

Reddy, V., Hay, D. Murray, L. & Trevarthen, C. (1997). Communication in Infancy: Mutual Regulation of Affect and Attention. In G. Bremner, A. Slater, G. Butterworth (Hrsg.), *Infant Development: Recent Advances* (S. 247-273). Hove East Sussex: Psychology Press.

Reddy, V. & Trevarthen, C. (2004). What we learn about babies from engaging with their Emotions. *Zero to three,* 24 (3), 9-15.

Reddy, V. (2010). *How infants know minds.* Harward, MA: Harvard University Press.

Reisenzein, R. (2000). Worum geht es in der Debatte um die Basisemotionen? In F. Försterling, J. Stiensmeier-Pelster & L.M. Silny (Hrsg.), *Kognitive und motivationale Aspekte der Motivation* (S. 205-237). Göttingen: Hogrefe.

Russel, J. A. (2009). Emotion, core affect, and psychological construction. *Cognition and Emotion,* 2009, 23 (7), 1259-1283.

Scheer, M. (2012). Are emotions a kind of practice (and is that what makes them have a history)? A Bourdieuian approach to understanding emotion. *History and theory* 51, 193-220.

Schmidt-Lellek, C. (2006). *Ressourcen der helfenden Beziehung. Modelle dialogischer Praxis und ihre Deformation.* Bergisch-Gladbach: EHP

Schneider, W.L. (2004). *Grundlagen der soziologischen Theorie. Band 3: Sinnverstehen und Intersubjektivität – Hermeneutik, funktionale Analyse, Konversationsanalyse und Systemtheorie.* Wiesbaden: VS Verlag für Sozialwissenschaften.

Schore, A. N. (2001). Effects of a Secure Attachment Relationship on right Brain Development, Affect Regulation, and Infant Mental Health. *Infant Mental Health Journal*, Vol. 22 (1–2), 7–66.

Schore, Allan N. (2007). *Affektregulation und die Reorganisation des Selbst*. Stuttgart: Klett-Cotta.

Schroeger, E. & Koelsch, S. (2013). Bemerkungen zu einer affektiven und kognitiven Neurowissenschaft. In E. Schroeger & S. Koelsch (Hrsg.), *Affektive und Kognitive Neurowissenschaft*, 1-10. Göttingen: Hogrefe.

Schulz, P., Schlotz, W. & Becker, P. (2004). *Trier Inventar zum chronischen Stress (TICS)*. Göttingen [u.a.]: Hogrefe.

Schwarz-Friesel, M. (2013): *Sprache und Emotion*. 2. Auflage. Tübingen: A. Francke.
Schwarz-Friesel, M. (2015). Language and emotion: The cognitive linguistic perspective. In U. Lüdtke (Hrsg.), *Emotion in Language*, (S. 157-173). Amsterdam: John Benjamins.

Sidor, A. (2014). Dyadische Interaktionsdiagnostik. In M. Cierpka, *Frühe Kindheit 0-3. Beratung und Psychotherapie für Eltern mit Säuglingen und Kleinkindern*. 2. korr. Auflage, (S. 467-477). Berlin [u.a.]: Springer.

Smith, A. (1966). *The theory of moral sentiments*. New York: Augustus M. Kelley.

Smith, A. (2004). *Theorie der ethischen Gefühle*. Hamburg: Felix Meiner.

Spitz, René A. (1949). Diacritic und coënesthetic organizations. *Psychoanalytic Review* 32: 146-162

Spitz, René A. (1967). *Vom Säugling zum Kleinkind. Naturgeschichte der Mutter-Kind-Beziehungen im ersten Lebensjahr*. Stuttgart: Ernst Klett.

Spitz, R. (1976). *Vom Dialog*. Stuttgart: Ernst Klett.

Spitzer, M. (2013). Literatur, Empathie und Verstehen. *Nervenheilkunde*, 32, 962-965.

Sroufe, A.L. (1996). *Emotional development: The organization of emotional life in the early years*. Cambridge: Cambridge University Press.

Steinke, I. (1999). *Kriterien qualitativer Forschung. Ansätze zur Bewertung qualitativ-empirischer Sozialforschung*. Weinheim [u.a.]: Juventa.

Stern, D. (1998). Das narrative Selbst. In P. Buchheim, M. Cierpka, T. Seifert (Hrsg.), *Das Narrativ – Aus dem Leben Erzähltes. Lindauer Texte* (Texte zur psychotherapeutischen Fort- und Weiterbildung). Heidelberg: Springer.

Stern, D. (2005). *Der Gegenwartsmoment.* Frankfurt a. M.: Brandes & Apsel.

Stern, D. (2007). *Die Lebenserfahrung des Säuglings.* 9., erweiterte Auflage. Stuttgart: Klett-Cotta.

Stern D. (2010). *Forms of Vitality: Exploring Dynamic Experience in Psychology and Arts.* Oxford: Oxford University Press.

Stern, D. (2011). *Ausdrucksformen der Vitalität.* Frankfurt a. M.: Brandes & Apsel.

Stern, D. & Vorspohl, E. (2012). *Veränderungsprozesse.* Frankfurt a. M.: Brandes & Apsel.

Strübing, J. (2014). Grounded Theory. In N. Bauer, J. Blasius (Hrsg.), *Handbuch Methoden der empirischen Sozialforschung*, (S. 454-472). Wiesbaden: Springer VS.

Tiedemann, J.L. (2007). *Die intersubjektive Natur der Scham.* Verfügbar unter http://www.diss.fu-berlin.de/2007/659/, Zugegriffen: 05.11.17.

Thierbach, C., Petschick, G. (2014). Beobachtung. In N. Bauer, J. Blasius (Hrsg.), *Handbuch Methoden der empirischen Sozialforschung*, (S. 855-866). Wiesbaden: Springer.

Tomasello, M. (1999). *The Cultural Origins of Human Cognition.* Cambridge, MA: Harvard University Press.

Trevarthen, C. (1974): Conversations with a two-month-old. *New Scientist*, 2. May: 230-235.

Trevarthen, C. (1979). Communication and cooperation early infancy: a description of primary intersubjectivity. In M. Bullowa (Hrsg.), *Before Speech. The beginning of interpersonal communication* (S. 321-347). Cambridge: University Press

Trevarthen, C. (1993). The self born in intersubjectivity: An infant communicating. In U. Neisser (Hrsg.), *The Perceived Self*, (S. 121-173). Cambridge: Cambridge University Press.

Trevarthen, C. (1998). The concept and foundations of infant intersubjectivity. In S.

Bråten (Hrsg.), *Intersubjective Communication and Emotion in Early Ontogeny* (S. 15-46). Cambridge: Cambridge University Press.

Trevarthen, C. & Aitken, K. (2001). Infant Intersubjectivity. Research, Theory, and Clinical Application. *Journal of Child Psychology, Psychiatry and allied disciplines*, 425 (1), 3-48.

Trevarthen, C. (2002). Making Sense of Infants Making Sense. *Intellectica* 2002/1, 161-188.

Trevarthen, C. (2011). What is it like to be a person who knows nothing? Defining the active intersubjective mind of a newborn human being. *Infant and child development*. Special issue the intersubjective newborn. Vol. 20, Issue 1, 119-135.

Trevarthen, C. (2012). Intersubjektivität und Kommunikation. In O. Braun & U. Lüdtke (Hrsg.). *Sprache und Kommunikation. Band 8* (S. 82-157), In W. Jantzen (Hrsg.), Behinderung, Bildung, Partizipation. Stuttgart: Kohlhammer.

Tronick, E. (2007). *The Neurobehavioral and Social-Emotional Development of Infants and Children*. New York: W.W. Norton & Company, Inc.

Tuma, R., Schnettler, B. & Knoblauch, H. (2013). Videographie. Einführung in die interpretative Videoanalyse sozialer Situationen. Wiesbaden: Springer VS

Vogt, S., Bucciono, G., Wohlschläger, A.M., Canessa, N., Shah, N.J., Zilles, K., Eickhoff, S.B., Freund H.J., Rizzolatti, G. & Fink, G.R. (2007). Prefrontal involvement in imitation learning of hand actions: effects of practice and expertise. *NeuroImage*, 37 (4), 1371-1383.

Voss, C. (2004). *Narrative Emotionen*. Berlin: De Gruyter.

Vygotskij, L. (2002). *Denken und Sprechen*. Weinheim: Beltz

Wimmer, H. & Perner, J. (1983). Beliefs about beliefs: Representation and constraining function of wrong beliefs in young children's understanding of deception. In *Cognition*,13, 1983, 103-128.

Wurmser, H., Papoušek, M., (2004). Zahlen und Fakten zu frühkindlichen Regulationsstörungen. Datenbasis aus der Münchener Spezialambulanz. In M. Papoušek, M. Schieche, H. Wurmser (Hrsg.), *Regulationsstörungen der frühen Kindheit. Frühe Risiken und Hilfen im Entwicklungskontext der Eltern-Kind-Beziehungen, (S. 49-76).* Bern: Hans Huber.

Zechlin, L. (2006). Im Zeitalter des Wettbewerbs angekommen. *Forschung und Lehre* 08/06, 446-448, Verfügbar unter https://www.google.de/url?sa=t&rct=j&q=&esrc=s&source=web&cd=1&ved =0ahUKEwiF7LGDi_DUAh-WEaFAKHe1_CVAQFggqMAA&url=https%3A%2F%2Fwww.uni-due.de%2Fimperia%2Fmd%2Fcontent%2Fpolitik%2Fzechlin%2Fdifferenzie-rung_und_wettbewerb.pdf&usg=AFQjCNHmoH332tk-He3lMf20hnUgul50_w&cad=rja; Zugegriffen: 04.07.2017.

Zelazo, P. D. (1995). Towards a characterization of minimal consciousness. In *New ideas in Psychology* 14, 63-80.

Zelazo, P.D. (1999). Language, levels of consciousness, and the development of intentional action. In P.D. Zelazo, J. W. Astington and D.R. Olsen (Hrsg.). *Developing Theories of intention: Social understanding and self-control*, (S. 95-117) Mahwah, NJ (Erlbaum).

Zenklusen, S. (2010). *Philosophische Bezüge bei Pierre Bourdieu.* Konstanz: UVK.